Beide Ziele erreichen

Das Einkommen und die Ausgaben berufstätiger New Yorker Mädchen

Sue Ainslie Clark und Edith Wyatt

Writat

Diese Ausgabe erschien im Jahr 2023

ISBN: 9789359258461

Herausgegeben von
Writat
E-Mail: info@writat.com

Inhalt

VORWORT

Dieses Buch besteht aus den wirtschaftlichen Aufzeichnungen selbständiger Frauen, die weit weg von zu Hause in New York leben. Ihre Chroniken wurden der National Consumers' League lediglich als Beweis für die Wahrheit übergeben; und diese Erzählungen werden hier einfach als Beweis für die Wahrheit abgedruckt.

Die Untersuchung der Liga wurde eingeleitet, weil vor drei Jahren im Rahmen der Studie zur Einführung eines Mindestlohns nur sehr wenige Informationen über das Verhältnis zwischen Einkommen und Ausgaben selbständiger Arbeitnehmerinnen erhältlich waren. Die Untersuchung wurde anderthalb Jahre lang von Frau Sue Ainslie Clark durchgeführt, die von jungen Frauen, die in ihren Zimmern, Pensionen und Hotels sowie in Abendschulen und Clubs befragt wurden, die Budgets der Arbeiter einholte, wie sie verfügbar waren. Nachdem Frau Clark diese Berichte gesammelt und verfasst hatte, ergänzte ich sie auf die gleiche Weise weiter; und ordnete sie in einer Artikelserie für Herrn SS McClure neu. Die Budgets verteilten sich naturgemäß auf bestimmte Industriezweige; aber wie aus der Art der Untersuchung hervorgeht, handelte es sich bei den Aufzeichnungen nicht um erschöpfende Berufsstudien über die verschiedenen Berufe, in denen die Arbeiter tätig waren. Sie stellten eher eine genaue Kinetoskopansicht des Jahreslebens der zufälligen Arbeiter in diesen Berufen dar. Wo immer die ermittelten Fakten dies zu rechtfertigen schienen, waren sie jedoch so konzentriert , dass sie eindeutig und klar die Weisheit eines industriellen Wandels zum Ausdruck brachten.

In zwei Fällen wurden im Zuge der fortlaufenden Veröffentlichung der Haushaltspläne solche industriellen Veränderungen vorgenommen und sind jetzt im Gange. Die Firma Macy & Co. in New York hat einen monatlichen, bezahlten Ruhetag für alle Festangestellten eingeführt, die dieses Privileg wünschen. Die Änderung wurde zunächst in einer Abteilung vorgenommen und dann durch einen von der National Civic Federation bereitgestellten Plan auf alle Abteilungen des Geschäfts ausgeweitet.

Laundrymen's -Berichts eine Konferenz mit der Consumers' League ab und baten um Zusammenarbeit mit der League bei der Einrichtung einer Zehn- Stunden- Regelung Tag im Handel, zusätzliche Fabrikinspektionen und die Unterstellung von Hotels und Krankenhauswäschereien unter die Zuständigkeit des Arbeitsministeriums. Vor allem dank der Bemühungen der Laundrymen's Association des Staates New York wurde in der letzten Wahlperiode in Albany ein Gesetz verabschiedet, das jeden Ort, an dem Wäschereiarbeiten mit mechanischer Kraft erledigt werden, als Fabrik definiert . Auf der Konferenz wurde ein Standard für ein Messehaus diskutiert und vereinbart. Die Liga beabsichtigt, innerhalb des Jahres eine weiße Liste der New Yorker Dampfwäschereien zu veröffentlichen, die diesem Standard in Bezug auf Löhne, Stunden und Hygiene entsprechen.

Das New York der Arbeiter ist nicht das New York, das dem ganzen Land am besten bekannt ist. Das New York des Broadway, das New York der Fifth Avenue, des Central Park, der Wall Street, der Tammany Hall – das sind allgemeingültige Begriffe; und als die Tagespresse vor zwei Jahren die Nachricht vom Streik von dreißigtausend Hemdenschneidern in der Metropole veröffentlichte, wurde vielen Menschen vielleicht zum ersten Mal die Anwesenheit eines neuen und anderen New York bewusst – des New York der die große arbeitende Bevölkerung der Stadt. Der Schauplatz dieser Budgets ist eine Ecke dieses New York.

Die Autoren des Buches sind viel mehr als die Autoren, deren Namen auf der Titelseite erscheinen. Das zweite Kapitel besteht hauptsächlich aus der Mundpropaganda von Natalya Perovskaya , einer der Hemdblusenarbeiterinnen, einer alltäglichen Abenteuergeschichte, die genauso wiederholt wird, wie sie der Autorin, der Familie ihrer Gastgeberin und anderen Besuchern während eines Tages erzählt wurde Besuchen Sie an einem warmen Sommerabend die East Side. Das sechste Kapitel ist fast ausschließlich der Beitrag von Miss Carola Woerishofer , Miss Elizabeth Howard Westwood und Miss Mary Alden Hopkins, drei jungen College-Frauen aus Bryn Mawr , Smith und Wellesley, die eine Anfrage für die National Consumers' gestellt haben. Liga in den Krankenhäusern, Hotels und gewerblichen Dampfwäschereien von New York. Das fünfte Kapitel besteht größtenteils aus einer Chronik des New Yorker Streiks der Cloak Makers, verfasst von Dr. Henry Moskowitz, einem der effizientesten Anführer bei der Erzielung der endgültigen Einigung im vergangenen Herbst zwischen den Arbeitgebern und den siebzigtausend Mitgliedern des Cloak Makers Union. Herr Frederick Winston Taylor gab die Definition von „wissenschaftlichem Management", die dem letzten Kapitel vorangestellt ist. Es ist uns eine Freude, Frau Florence Kelley, Frau Perkins und Frau Johnson von der Consumers' League für ihre Hilfe in verschiedenen Formen zu danken. von Miss Neumann von der Woman's Trade-Union League; von Miss Pauline und Josephine Goldmark und Mr. Louis p. Brandeis; von Miss Willa Siebert Cather von *McClure's Magazine* ; und von Herrn SS McClure.

Einen kleinen Teil der Zeitgeschichte richtig aufzuzeichnen, ist eher eine gemeinschaftliche als eine individuelle Arbeit. Während kein so pompöser Titel wie der einer Kathedrale auf irgendeinen Zeitschriftenartikel angewendet werden könnte, ohne mit großer Absurdität, schon gar nicht auf diese stillen, journalistischen Aufzeichnungen, ist das Schreiben eines ernsthaften journalistischen Artikels vielleicht eher mit der Arbeit einer

Kathedrale vergleichbar als zu irgendeiner Art von Handwerk im Ausdruck. Wenn der Bericht einen echten gesellschaftlichen Wert als Erzählung der zeitgenössischen Wahrheit haben soll, wird er als Produkt zahlreicher menschlicher Intelligenzen und Verantwortlichkeiten entwickelt. Dies gilt insbesondere für jede Synthese von Fakten, die sozusagen von vielen Autoren, von vielen authentischen Quellen abgeleitet werden muss.

Unstandardisierte Bedingungen in der Frauenarbeit werden in den ersten sechs Kapiteln so häufig erwähnt, dass ihr Zusammenhang mit dem letzten Kapitel hinreichend deutlich wird. Welchen Ausweg gibt es aus den unstandardisierten und unbefriedigenden Bedingungen, die für eine Vielzahl von Arbeitnehmerinnen herrschen? Die Gesetzgebung ist zweifellos ein Ausweg. Die Handelsorganisation ist zweifellos ein Ausweg. Aber Gesetze sind wirkungslos, wenn sie nicht durch eine gewissenhafte Kontrolle und eine energische Durchsetzung gestützt werden. Bei den großen Bekleidungsstreiks in New York gingen die Handelsaufträge trotz ihrer Siege in so großer Zahl an andere Städte, dass weder der Geist des Streiks der Hemdenmacher noch die Weisheit der Cloak Makers' Preferential Union zu spüren war Die Vereinbarung hat seitdem dazu beigetragen, den Arbeitnehmern ausreichend Beschäftigung zu bieten. Darüber hinaus sind weder Gesetzgebung noch Handelsorganisation dauerhaft wertvoll, wenn sie nicht von Gerechtigkeit und Verständnis geprägt sind. Ebenso ist der im letzten Kapitel dargelegte neue Managementplan nicht in der Lage, eine dauerhafte und weitreichende industrielle Lösung herbeizuführen, wenn er nicht von diesen Eigenschaften geprägt ist. Aber es bietet einen bisher unerprobten Ausweg. Mit einem Bericht über diesen Weg, wie er heute erscheint, endet unser Buch, da ein Zeugnis lebendiger Tatsachen nicht mit der festen Mauer des Dogmas, sondern mit einer offenen Tür enden kann.

EDITH WYATT.

CHICAGO , 19. März 1911.

KAPITEL I

Das Einkommen und die Ausgaben einiger New Yorker Verkäuferinnen

ICH

Eines der bedeutendsten Merkmale der gemeinsamen Geschichte dieser Generation ist die Tatsache, dass mittlerweile fast sechs Millionen Frauen in diesem Land erwerbstätig sind. Seit Menschengedenken haben Frauen in der Tat gearbeitet, so dass es nicht ganz so ist, als ob ein ganzes Geschlecht, das bisher bequem zu Hause gelebt hatte, plötzlich in eine ungewohnte Tätigkeit geworfen worden wäre, wie viele Beobachter der Volkszählung zu glauben scheinen. Denn die Hausarbeit, der Frauen seit jeher nachgehen, kann genauso schwer und langwierig sein wie die gewerbliche Arbeit. Aber bis vor Kurzem wurden Frauen nicht in Massen gegen Entlohnung beschäftigt, und zwar unter vielen der gleichen Bedingungen wie Männer, ungeachtet der Tatsache, dass ihre Kräfte von Natur aus anders sind als die der Männer und dies vernünftigerweise für sie selbst und ihre Kinder tun sollten und für jeden tatsächlich durch unterschiedliche Industrievorschriften erhalten bleiben.

Wie sieht dann das Vermögen einiger dieser Scharen erwerbstätiger Frauen aus? Was geben sie in ihrer Arbeit? Was haben sie davon? Die eindeutig gesicherten Informationen zu diesen Punkten sind dürftig.

Vor etwa zwei Jahren startete die National Consumers' League auf Initiative ihrer Sekretärin, Frau Florence Kelley, eine Untersuchung zum Thema des Lebensstandards unter selbstständigen Arbeitnehmerinnen in vielen Bereichen, fernab von zu Hause in New York. Zu diesen Arbeitern gehörten Verkäuferinnen, Taillenschneiderinnen, Hutmacherinnen, Mantelveredlerinnen, Textilarbeiterinnen für Seide, Strumpfwaren und Teppiche, Tabakarbeiterinnen, Maschinenverkäuferinnen, Verpacker von Süßigkeiten, Drogen, Keksen und Oliven, Wäschereiarbeiterinnen, Handstickerinnen und Hutmacherinnen und Schneiderinnen.

Der Verbraucherverband hatte zu diesem Zweck eine Reihe von Fragen gedruckt, die in zwei Teile gegliedert waren. Im ersten Teil ging es um die Art der Arbeit jedes Mädchens – die Art ihres Berufes, Löhne, Stunden, Überstundenarbeit, Überstundenvergütung, Geldstrafen und Müßiggang. Der zweite Teil der Fragen befasste sich mit den Ausgaben der Arbeiterin – ihren Ausgaben für Unterkunft, Nahrung, Kleidung, Ruhe und Erholung sowie ihren Bemühungen, ihre Kraft und Energie zu erhalten. Auf diese Weise wurde die Untersuchung der Liga über Einkommen und Ausgaben so gestaltet, dass nicht nur der Geldgewinn und -aufwand der Arbeiterin ermittelt wurde , sondern, soweit möglich, auch ihr Gewinn und Aufwand an Gesundheit und Vitalität. Die Untersuchung wurde anderthalb Jahre lang von Frau Sue Ainslie Clark geleitet. [1]

Die Darstellung der Einkünfte und Ausgaben selbständiger Frauen, die nicht zu Hause in New York leben, kann zu Dokumentationszwecken unterteilt werden in die Chroniken von Verkäuferinnen, Hemdenschneiderinnen, Arbeiterinnen, deren Branche mit Spannungen verbunden ist, wie etwa Maschinenbedienerinnen, und Arbeitnehmerinnen, deren Beruf einen erheblichen Aufwand an Muskelkraft erfordert, wie zum Beispiel Wäschereiarbeiter.

Darunter steht die Erzählung über die Handelsschicksale einiger New Yorker Verkäuferinnen an erster Stelle. Mrs. Clarks Untersuchung über das Einkommen und die Ausgaben von Verkäuferinnen wurde durch Teile der Aufzeichnungen einer anderen Ermittlerin der Liga, Miss Marjorie Johnson, ergänzt, die während des Weihnachtsansturms von 1909–1910 in einem der Kaufhäuser arbeitete.

Weitere informelle Berichte der Ladenmädchen im Frühsommer 1910 bewiesen, dass die Einnahmen und Ausgaben der Arbeiterinnen in den Geschäften seit dem Winter, in dem Mrs. Clarks Bericht erschien, praktisch unverändert geblieben waren.

Es scheint also, dass die Budgets, Aufzeichnungen des Ermittlers und die Aussagen der im letzten Juni befragten jungen Frauen vernünftigerweise als das wahrheitsgetreueste zusammengesetzte Foto angesehen werden können, das über die Handelsgeschäfte der Armee der New Yorker Kaufhausmädchen erhältlich ist Heute. [2]

Die Grenzen einer solchen Untersuchung liegen auf der Hand. Die Tausenden von Frauen, die in den New Yorker Kaufhäusern beschäftigt sind, sind vielfältiger Natur. Im Hinblick auf die Beschreibung von Persönlichkeit und Charakter könnte man genauso intelligent eine Untersuchung unter Ehefrauen durchführen, mit der Absicht, typische Ehefrauen zu ermitteln. Die in den erhaltenen Industrieunterlagen zutreffend wiedergegebenen Handels- und Lebensbedingungen weisen jedoch zweifellos gewisse Gemeinsamkeiten auf.

Unter den fünfzig Lebensläufen von Verkäuferinnen, die zufällig in Geschäften unterschiedlicher Qualität gesammelt wurden, scheinen die folgenden mit den sie modifizierenden Aussagen diese gemeinsamen Merkmale – niedrige Löhne, Gelegenheitsbeschäftigung, hohe erforderliche Kosten – in der angegebenen Reihenfolge am deutlichsten und gerechtesten zum Ausdruck zu bringen in Sachen Wäsche und Kleidung,

Halbabhängigkeit , ungleiche Beförderung, mangelnde Ausbildung, Mangel an normalem Vergnügen, langes Stehen und ein Übermaß an Saisonarbeit.

Eine der ersten Verkäuferinnen, die der Liga von ihren Erfahrungen bei ihrer Arbeit erzählte, war Lucy Cleaver, eine junge Amerikanerin von 25 Jahren, die mit 20 Jahren in eines der New Yorker Kaufhäuser eingestiegen war, mit einem Gehalt von 4,50 Dollar pro Woche .

II

Im Laufe ihrer fünfjährigen Beschäftigung war ihr Gehalt um einen Dollar angehoben worden. Sie stand jeden Tag neun Stunden lang. Wenn sie in langweiligen Momenten des Handels, wenn keine Kunden in der Nähe waren, die gesetzlich für Angestellte vorgesehenen Sitzplätze nutzte, wurde ihr sofort von einem Flurgänger befohlen, etwas zu tun, das Stehen erforderte.

In der Woche vor Weihnachten arbeitete sie jeden Tag über vierzehn Stunden im Stehen, von acht bis zwölf Uhr fünfzehn Uhr morgens, ein bis sechs Uhr nachmittags und halb sechs abends bis halb elf abends. Das lange Stehen bereitet den Füßen so große Schmerzen, dass einige der Mädchen auf das Essen mittags verzichten, um sich vorübergehend ein Fußbad zu gönnen. Für diese Überstunden gab ihr der Laden 20 Dollar, die ihr nicht als Bezahlung, sondern als Weihnachtsgeschenk überreicht wurden.

Die Geschäftsleitung gewährte außerdem im Sommer eine Woche bezahlten Urlaub und überreichte ihnen ein Geschenk in Höhe von 10 US-Dollar.

Nach fünf Jahren in dieser Position hatte sie eine Meinungsverschiedenheit mit dem Flurförderer und wurde fristlos entlassen.

Anschließend verbrachte sie über einen Monat vergeblich mit der Suche nach einer Anstellung und bekam schließlich eine Stelle als Lagermädchen in einem Anzugladen in der Sixth Avenue für 4 Dollar pro Woche, eine Summe, die unter dem Lohn lag, für den sie vor fünf Jahren angefangen hatte zu arbeiten. Innerhalb weniger Wochen hatte die Trägheit des Handels zu ihrer Entlassung geführt. Ihr drohte erneut eine unbefristete Arbeitslosigkeit.

Ihr Jahreseinkommen betrug 281 Dollar. Sie lebte in einem großen, angenehmen Heim für Mädchen, wo sie nur 2,50 Dollar pro Woche für Verpflegung und ein gemeinsames Zimmer mit ihrer Schwester bezahlte. Ohne die Philanthropie des Heims hätte sie nicht über die Runden kommen können. Es war fünfzehn Minuten zu Fuß vom Laden entfernt, und indem sie diesen Spaziergang zweimal am Tag machte, sparte sie Fahrgeld und den Preis für das Mittagessen. Sie wusch ihre Wäsche selbst und da sie keine

Energie mehr für das Nähen aufwenden konnte, kaufte sie billige Konfektionskleidung. Sie fand, dass dies eine große Ausgabe war. Billige Taillen nutzen sich sehr schnell ab. In dem Jahr hatte sie 24 Exemplare zu je 98 Cent gekauft. Hier ist ihr Konto, so wie sie es ein Jahr lang aufbewahrt und in Erinnerung hatte: ein Mantel, 10 Dollar; 4 Hüte, 17 $; 2 Paar Schuhe, 5 $; 24 Taillen zu 98 Cent, 23,52 $; 2 Röcke, 4,98 $; Unterwäsche, 2 $; Brett, 130 $; Arzt, 2 $; Insgesamt 194,50 $. Damit verbleibt ein Restbetrag von 86,50 $. Mit diesem Geld waren die nicht aufgeführten Grundbedürfnisse bezahlt worden : Strümpfe, schwere Winterunterwäsche, Unterröcke, Fahrgeld, Urlaubskosten, jedes noch so kleine Geschenk, das sie gemacht hatte, und alle Freizeitaktivitäten.

Sie gehörte keinem Sozialhilfeverein an und hatte auch mit der Unterstützung des Heims in keiner Weise Geld sparen können. So viel zu ihren finanziellen Einnahmen und Ausgaben.

ohne die Hilfe der Philanthropie nicht genug Gegenleistung erhalten, um ihre Gesundheit in der Zukunft zu erhalten oder sie auch nur in der Gegenwart zu unterstützen . Sie war krank, anämisch , nervös und gesundheitlich angeschlagen.

Bevor das nächste Budget hinzugefügt wird, sollten im Interesse des gesunden Menschenverstandes vielleicht zwei Punkte in Lucy Cleavers Aufwand hervorgehoben werden. Das erste ist die bemerkenswerte Torheit, 24 Taillen für jeweils 98 Cent zu kaufen. In einer Kostenschätzung für Kleidung, die letztes Jahr von einem der arbeitenden Mädchenclubs von St. George's erstellt wurde [3], waren sich die Mädchen einig, dass Komfort und ein ansehnliches Aussehen beibehalten werden könnten, soweit es um die Ausgaben für Taillen ginge. für 8,50 $ pro Jahr. Dieser Betrag ermöglichte fünf Hemdtaillen zu 1,20 $ pro Stück und eine Nettotaille zu 2,50 $.

Um Lucy Cleavers schwaches Urteilsvermögen als Taillenkäuferin und den einzigen absurden Überschuss des armen Kindes abzuschwächen, muss jedoch gesagt werden, dass die Angewohnheit, viele Artikel von schlechter Qualität zu kaufen, statt weniger Artikel von besserer Qualität, häufig vorkommt , nicht aus Wahl, sondern aus Notwendigkeit. Der billige Kauf von der Hand in den Mund, der sich am Ende paradoxerweise als so teuer erweist, ist zweifellos oft auf die einfache Tatsache zurückzuführen, dass der Käufer zum Zeitpunkt des Kaufs kein Geld mehr anzubieten hat. Wie auch immer Sie denken, Sie können keine Taille für 1,20 Dollar kaufen, wenn Sie gerade nur 98 Cent besitzen. Die St.-George-Mädchen machten ihre Rechnungen auf der Grundlage eines Einkommens von 8 Dollar pro Woche. Lucy Cleaver hatte nie ein Einkommen von mehr als 5,50 Dollar pro Woche und manchmal sogar weniger. Bemerkenswert ist die Tatsache, dass sie für diesen einen Ausgabenposten fast dreimal so viel ausgab wie sie und dennoch nie „eine Nettotaille für 2,50 Dollar" für festliche Anlässe haben konnte.

Der andere Punkt, der hervorgehoben werden sollte, ist die Tatsache, dass sie ihre Wäsche selbst wusch. Die genauere Aussage wäre, dass sie ihre Wäsche selbst wusch, einschließlich der Prozesse, die nicht nur das Sauberreiben der Kleidung, sondern auch das Kochen, Stärken, Bläuen und Bügeln umfassten. Dies stellt nach einem Tag des Stehens in einer anderen Beschäftigung eine lebenswichtige Belastung dar, die schwerwiegender ist, als man sich vielleicht leicht vorstellen kann. Verkäuferinnen und Verkäuferinnen haben nicht die kräftigen Handgelenke und muskulösen Taillen gewöhnlicher Wäscherinnen und sind in den meisten Fällen nicht besser für die Wäscherei geeignet als Wäscherinnen für den Verkauf und die Fakturierung von Lagerbeständen. Aber der Brauch erfordert genau die gleiche Frische im Hemdbund, in den Krawatten und im Kragen einer Verkäuferin wie bei den Frauen mit dem höchsten Einkommen. Der Betrag, den die Mädchen des St. George's Working Club in einem Jahr unbedingt für das Waschen von Kleidung ausgeben mussten, war fast halb so hoch wie der Betrag, der für die Unterkunft ausgegeben wurde, und fast zwei Drittel so hoch wie der Betrag, der ursprünglich für Kleidung ausgegeben wurde.

Wo dieser große Wäscheaufwand von den Verkäuferinnen nicht finanziell bestritten werden kann, muss er aus reiner persönlicher Kraft bestritten werden. Eine Kaufhausfrau, die besonders ordentlich sein musste, weil sie in der Abteilung für Hemdblusen tätig war, erzählte uns, dass sie manchmal, nachdem sie einen Tag lang im Laden gestanden hatte, zu Hause bis zwölf Uhr abends an Wannen und Bügelbrettern arbeitete .

Als eine Ursache für die zahlreichen hilflosen Veränderungen der jüngeren Verkäuferinnen ist anzumerken, dass es ihnen fast unmöglich ist, die häusliche Wirtschaft zu erlernen, da sie, wie die meisten von ihnen, in einer Art Abhängigkeit von Verwandten oder Wohltätigkeitsorganisationen leben oder der Wert des Geldes für Lebenszwecke. Es scheint bezeichnend, dass die praktischste Geldgeberin unter den Verkäuferinnen eine Witwe war, Mrs. Green, deren Berichte weiter unten aufgeführt werden, die jahrelang die Verwalterin ihres eigenen Haushalts und ihrer Ressourcen war und erst ziemlich spät eine Lohnverdienerin war im Leben.

Diese Hilflosigkeit eines halbabhängigen und ungebildeten Mädchens kann durch die Chronik von Alice Anderson, einem siebzehnjährigen Mädchen, das dreieinhalb Jahre lang in den Kaufhäusern gearbeitet hatte, weiter veranschaulicht werden.

Sie war zunächst als Kassiererin in einem Geschäft in der Fourteenth Street angestellt, mit einem Lohn von 2,62½ Dollar pro Woche; das heißt, sie erhielt zweimal im Monat 5,25 Dollar. Ihr Arbeitstag dauerte fast das ganze

Jahr über neuneinhalb Stunden. Doch in den zwei Wochen vor Weihnachten wurde die Arbeitszeit von zwölf auf dreizehneinhalb Stunden verlängert, ohne dass irgendeine Zuzahlung erfolgte. Sie wurde zur Verkäuferin befördert, ihr Lohn blieb jedoch weiterhin bei 2,62½ Dollar pro Woche. Sie lebte bei ihrer achtzigjährigen Großmutter, arbeitete gelegentlich als Näherin, und Alice gab ihr drei Jahre lang ihr gesamtes Einkommen.

Damals hielt man es für besser, bei einer Tante zu wohnen, der sie die nominelle Verpflegung von 1,15 Dollar pro Woche zahlte. Da ihr Zuhause in West Hoboken lag, verbrachte sie jeden Tag zweieinhalb Stunden mit der Fahrt im Auto und auf der Fähre. Während der wochenlangen Überstunden konnte Alice erst gegen halb elf nach Hause kommen; und sie musste aufstehen, solange es noch dunkel war, um sechs Uhr, nach fünfeinhalb Stunden Schlaf, um pünktlich um acht an ihrem Schalter zu sein. Indem sie vom Laden zur Fähre ging, sparte sie 30 Cent pro Woche. Dennoch kosteten sie die Fahrpreise 1,26 Dollar pro Woche. Diese 1,26 Dollar pro Woche für das Auto (was immer noch nicht ausreichte, um die gesamte Strecke von der Tante zum Laden zurückzulegen) und die 1,15 Dollar pro Woche für die Verpflegung (mit denen die Tante immer noch nicht wirklich für Essen und Unterkunft ihrer Nichte bezahlte) verschlangen sie ganz Verdienst außer 20 Cent pro Woche.

Alice wollte wirklich unabhängiger werden. Sie verließ die Einrichtung ihrer ersten Anstellung und betrat ein anderes Geschäft in der Fourteenth Street als Cash-Girl für 4 Dollar pro Woche. Die Öffnungszeiten im zweiten Laden waren sehr lang, von acht bis zwölf Uhr morgens und von Viertel vor eins bis Viertel nach sechs nachmittags, an allen Tagen außer Samstag, wo die Ladenschlusszeit halb zehn war.

Nachdem sie 4 Dollar pro Woche statt 2,62½ Dollar hatte, gab Alice ihre tägliche Reise nach West Hoboken auf und zog nach New York, um dort zu leben.

Hier zahlte sie 6 Cent pro Nacht in einem Wohnheim eines gemeinnützigen Mädchenheims. Sie aß kein Frühstück. Ihr Mittagessen bestand aus Kaffee und Brötchen für 10 Cent. Ihr Abendessen am Abend bestand aus einer Wiederholung von Kaffee und Brötchen für 10 Cent. Da sie keinen Ort hatte, an dem sie ihre Wäsche selbst waschen konnte, zahlte sie dafür 21 Cent pro Woche. Ihre regelmäßigen wöchentlichen Ausgaben waren wie folgt: Unterkunft 42 Cent; Brett, 1,40 $; Waschen, 21 Cent; Kleidung und alle anderen Ausgaben: 1,97 $; insgesamt 4 $.

Natürlich überstieg sie ihre Kräfte, so zu leben. Sie war blass, krank und ihre gegenwärtige und zukünftige Gesundheit war stark beeinträchtigt. Ihre Erfahrung verdeutlicht die geringen Aussichten auf Werbung in einigen Kaufhäusern.

III

In diesem Zusammenhang ist es von Bedeutung, die Lebensgeschichten dieses heranwachsenden Mädchens mit denen einer fünfunddreißigjährigen Verkäuferin, Grace Carr , zu vergleichen, die seit zwölf Jahren im Beruf war. Bei ihrer ersten Anstellung in einer Strickerei war sie fünf Jahre lang dort geblieben und wurde schnell auf einen Wochenlohn von 12 Dollar befördert. Die Arbeitszeiten waren jedoch sehr lang, von zehn bis dreizehn Stunden am Tag. Die Flusen in der Luft, die sie atmete, füllten ihre Lungen so sehr, dass sie in ihrer kurzen täglichen Muße nicht in der Lage war, der Wirkung entgegenzuwirken. Nach fünf Jahren, weil sie hustete und Fusselpartikel aufwirbelte, musste sie sich ein Jahr ausruhen.

Da sie nicht stark genug war, erneut Fabrikarbeit zu leisten, erhielt sie eine Stelle in der Schuhabteilung eines der großen Geschäfte, wo sie nicht „beschleunigt" wurde und ihre tägliche Arbeitszeit von neun Stunden weniger streng war als die der Strickerei . Im Sommer hatte sie einen Samstag, einen halben Feiertag. Es gab ein Bußgeldsystem für Verspätung; aber in den seltenen Fällen ihrer eigenen Verspätung war es nicht durchgesetzt worden. Das Unternehmen war auch großzügig bei der Vergabe von Fünf-Uhr-Pässen, die es einem Mädchen ermöglichten, um fünf Uhr nachmittags ohne Abzug von ihrem Lohn für die freie Stunde zu gehen. Sie war sechs Jahre lang in diesem Betrieb tätig und verdiente 6 Dollar pro Woche; und sie hatte die Hoffnung auf ein Weiterkommen aufgegeben.

Miss Carr sagte, dass ihre Arbeit in der Schuhabteilung anstrengend sei, weil sie sich bücken, häufig hinsetzen und aufstehen musste und sich die Mühe machte, die Schuhe an- und auszuziehen. Als sie im Sommer vor dem Herbst von ihrem Erlebnis im Laden erzählte, hatte sie sich beim Griff nach einer Kiste Schuhe auf irgendeine Weise das Herz angestrengt, so dass sie sofort das Bewusstsein verlor und sieben Wochen lang krank war . Sie konnte sich nicht so schnell erholen, wie sie hätte tun sollen, weil sie durch die Überarbeitung so völlig geschwächt war.

Die Firma war zu dieser Zeit sehr gut zu ihr und schickte täglich einen Arzt, bis sie in der Lage war, aufs Land zu gehen. Anschließend wurden ihr die Kosten für zwei Wochen in einem Landhaus der Young Women's Christian Association und für die verbleibenden drei Wochen ihres Aufenthalts ihr voller Lohn gezahlt. Frau Carr lobte die allgemeine Fürsorge dieses Unternehmens für die Mitarbeiter. Ein Arzt und eine Krankenschwester standen kostenlos zur Verfügung, wenn ein Mädchen im Laden krank war. Eine Sozialsekretärin war angestellt.

Miss Carr lebte mit zwei anderen Frauen in einem möblierten Zimmer und zahlte jeweils einen Dollar pro Woche Miete. Sie kümmerte sich nicht um ihre Mitbewohner; Ihr einziger Grund, ihre Zeit so eng mit ihnen zu verbringen, war ihr Bedürfnis, billig zu leben. Sie bereitete ihr Frühstück und Abendessen in dem überfüllten Raum zu und kostete dafür 1,95 Dollar pro Woche. Sie sagte, ihre „deftige" Mahlzeit sei ein Mittagsessen gewesen, für das sie in einem Restaurant 15 Cent pro Tag bezahlt habe.

Nach ihrem Erlebnis im Sommer wurde ihr klar, dass sie sich im Krankheitsfall um ihr Einkommen kümmern sollte. Sie trat einem Hilfsverein bei, an den sie 50 Cent im Monat zahlte. Darin wurde eine wöchentliche Leistung von 4 US-Dollar pro Woche für dreizehn Wochen und 200 US-Dollar im Todesfall versprochen. Außerdem zahlte sie 10 Cent pro Woche für die Versicherung bei einer anderen Firma.

Das Zimmer lag nur wenige Gehminuten vom Laden entfernt, so dass sie nichts für die Fahrt mit dem Auto ausgab. Die Gottesdienste und das gesellschaftliche Leben einer Kirche waren ihr größtes Glück. Abgesehen von ihren Beiträgen zur Unterstützung hatte sie nur 1 Dollar pro Jahr für „gute Zeiten" ausgegeben. Sie wusch ihre Wäsche selbst.

Ihr Gesundheitsaufwand in diesen Jahren war enorm. Sie war sehr erschöpft, dünn und runzelig von harter Arbeit, schweren wirtschaftlichen Schwierigkeiten und Ängsten, obwohl sie sich noch in der Blüte ihres Lebens befand.

Ihr wöchentliches Budget betrug: Unterkunft, 1 $; Brett, 1,95 $; Mittagessen: 1,05 $; Versicherung, 21 Cent; Kleidung, Beiträge zur Kirche, gelegentliche Fahrgelder und andere Ausgaben: 1,79 $; Insgesamt 6 $.

Frau Carr sagte, dass ihre Firma in vielen ihrer Maßnahmen großzügig sei, sie empfand es jedoch als zutiefst entmutigend, nicht zu einem Lohn aufzusteigen, der ein anständiges Leben ermöglichen würde.

Im Zusammenhang mit Miss Carrs Budget ist das Benefit-System der New Yorker Geschäfte zu erwähnen. In vielen großen Kaufhäusern werden monatliche Gebühren, die sich nach dem Lohn des Mitarbeiters richten, vom Lohn jedes einzelnen abgezogen, obwohl sie in vielen Fällen nicht weiß, wie hoch die Rendite für die Gebühren sein wird. Diese Beiträge sichern ihr eine wöchentliche Leistung im Krankheitsfall und eine Sterbegeldleistung zu, während sie im Geschäft beschäftigt bleibt. Wenn sie jedoch das Geschäft verlässt oder entlassen wird, behält die Geschäftsleitung den Betrag ein, den sie an das Geschäft zahlen musste, und gewährt keinerlei Rückerstattung im Falle ihrer späteren Krankheit oder ihres Todes. Während sie im Geschäft angestellt ist, variiert das Krankengeld von der Hälfte des Lohns des Mädchens bis zu einer regelmäßigen Zahlung von 5 US-Dollar pro Woche für fünf bis dreizehn Wochen, je nach den besonderen Regeln in jedem Geschäft. Für den Bezug muss der Arbeitnehmer fünf Tage oder eine Woche krank sein. Andernfalls wird sie wegen Abwesenheit angedockt.

Der Mutual Benefit Fund der New York Association of Working Girls' Societies verfolgt in dieser Hinsicht eine bessere Politik als die Geschäfte. Mitglieder der Clubs zahlen 55 Cent pro Monat für einen Vorteil von 5 US-Dollar für sechs Wochen im Jahr und 20 Cent pro Monat für einen Vorteil von 3 US-Dollar. Die Beendigung der Mitgliedschaft in einem Club beendet nicht die Verbindung mit dem Förderfonds, es sei denn, der Grund für den Austritt ist für den Vorstand unbefriedigend. Frauen, die keine Clubmitglieder sind, können unter bestimmten Bedingungen als assoziierte Mitglieder dem Hilfsfonds beitreten und 50 Cent pro Monat für eine Leistung von 5 US-Dollar pro Woche, 30 Cent für eine Leistung von 3 US-Dollar pro Woche oder 80 Cent für eine Leistung von 5 US-Dollar pro Woche zahlen 8 $ pro Woche. Diese Beträge sind einzeln für sechs Wochen im Jahr zu zahlen.

In einigen Geschäften sind ausgebildete Krankenschwestern und Ärzte beschäftigt, an die sich die Mädchen wenden können, wenn sie krank sind. Einige der Geschäfte verfügen über Aufenthaltsräume; einige haben Sommerhäuser; Einige haben Mitarbeiterrestaurants, in denen man für 15 Cent eine wirklich nahrhafte Mahlzeit bekommt.

Miss Carr kämpfte gegen überwältigende Widrigkeiten und lebte ohne wohltätige Hilfe um die 6 Dollar. Mit ihrer Erfahrung lässt sich die Erfahrung zweier anderer älterer Verkäuferinnen vergleichen, die völlig auf sich selbst gestellt waren.

Mrs. Green, eine klug aussehende Frau von fünfunddreißig Jahren, verdiente erst seit zwei Jahren ein Gehalt. Sie begann in Philadelphia in einem Kommissionshaus als Verkäuferin und Korsettschneiderin zu arbeiten. Hier konnte sie von ihrem Gehalt sparen. Sie bewahrte auch sehr sorgfältig ihre Garderobe auf, die sie hatte, bevor sie ins Geschäft einstieg. Mit diesen Reserven kam sie nach New York, um in Kaufhäusern zu arbeiten, um Erfahrungen im Verkauf zu sammeln und tiefere Kenntnisse über Korsetts zu erlangen. Sie erwartete, ein hohes Gehalt erzielen zu können, sobald sie ihre Kompetenzen dadurch erweitert hatte. Sie ging zunächst in ein neues und attraktives Geschäft in der Sixth Avenue, wo sie mit achteinhalb Stunden am Tag 10 Dollar pro Woche verdiente. Nach fünf Monaten wurde sie entlassen und war einen Monat untätig, bevor sie eine Anstellung in einem anderen Geschäft in der Sixth Avenue fand.

Als sie sich hier bewarb , teilte sie dem Arbeitgeber mit, dass sie nicht weniger als 12 Dollar pro Woche arbeiten würde. Er bot ihr 9 Dollar und eine

Provision für alle Verkäufe über 400 Dollar pro Woche an. Sie lehnte ab und die Firma gab ihr schließlich, was sie verlangte.

Es zeigte sich, dass ihre Wahl klug war, denn sie stellte fest, dass ihr Umsatz in ihrer arbeitsreichsten Woche, als sie von der Hektik des Tages erschöpft war, nie die 400-Dollar-Marke pro Woche erreichte, so dass sie aus der angebotenen Provision überhaupt kein Einkommen erhalten hätte.

Sie hatte ein kleines Zimmer allein in einem attraktiven Hotel für berufstätige Mädchen. Dafür sowie für Frühstück und Abendessen zahlte sie 5,10 Dollar pro Woche. Das Mittagessen kostet außerdem etwa 1,50 Dollar pro Woche. Sie zahlte 50 Cent pro Woche für das Waschen und erledigte einiges davon selbst. Fast jeden Tag, wenn sie zur Arbeit fuhr, stiegen ihre wöchentlichen Ausgaben um 50 Cent. Damit blieben ihr 4,40 Dollar pro Woche für Kleidung und Kleinigkeiten.

Mrs. Green schien extravagant gekleidet zu sein; Sie sagte jedoch, dass es ihr gelungen sei, wirkungsvolle Taillen und Hüte zu haben, indem sie diese selbst angefertigt und zugeschnitten habe und indem sie beim Verkauf sorgfältig Materialien eingekauft habe. Geschicklichkeit und Geschicklichkeit halfen ihr dabei, sich ökonomisch zu kleiden, ohne dabei auf die Wirkung zu verzichten.

Sie war bei guter Gesundheit; und obwohl sie nicht sparte, hatte sie selbst in ihrem Leerlaufmonat keinen Teil der Rücklagen ausgegeben, die sie angesammelt hatte, bevor sie mit der Arbeit begann.

Eine weitere selbstständige Verkäuferin, die sich ihre Erfahrung in der heimischen Wirtschaft zunutze machte, war Zetta Weyman , eine junge Frau von 28 Jahren, die im Alter von elf Jahren begonnen hatte, für Lohn zu arbeiten; Zu dieser Zeit besuchte sie noch die Schule, erledigte aber außerhalb der Schulzeit Hausarbeiten. Als sie älter war, wurde sie als Dienstmädchen im Haus eines sehr freundlichen und aufgeschlossenen Ehepaares angestellt, das ihr freien Zugang zu seiner interessanten Bibliothek gewährte, in der sie eifrig las. Besonders anregend war eine Reise nach Europa. Ihr Arbeitgeber war rücksichtsvoll und versuchte, ihr die Möglichkeit zu geben, von dieser Erfahrung zu profitieren.

Während dieser Zeit achtete sie auf die Kleidung und das Benehmen der kultivierten Menschen, die sie traf, und wandte das Gelernte auf ihre eigene Kleidung und ihr Verhalten an. Als sie 26 Jahre alt war und sich größere Chancen wünschte, als sie in der persönlichen Dienstleistung haben konnte, nahm sie eine Stelle in einem Kaufhaus für 7 Dollar pro Woche an. Hier stieg sie in einer Abteilung, die überdurchschnittliche Intelligenz erforderte, bald auf 10 Dollar auf. Nach zwei Jahren interessierte sie sich sehr für ihre Arbeit. Dies stellte Anforderungen an ihr Urteilsvermögen und bot die Möglichkeit, ihr Wissen zu erweitern und ihren Wert für das Unternehmen zu steigern. Sie rechnete damit, bald einen höheren Lohn zu erhalten, da sie der Meinung war, dass ihre Arbeit mindestens 15 Dollar pro Woche wert sei. Abgesehen von der Unterbezahlung fand sie, dass sie fair behandelt wurde. Zwei Wochen Urlaub bei vollem Lohn hat sie sehr geschätzt.

Zetta gab 2,50 Dollar pro Woche für ein möbliertes Schlafzimmer im Flur und die Nutzung eines Badezimmers. Die Wärme des einzelnen Gasstrahls war die einzige Wärme. Zum Frühstück kochte sie in ihrem Zimmer Kaffee; ein leichtes Mittagessen genügte; und das Abendessen in einem Restaurant kostet 25 bis 35 Cent pro Tag. Sie wurde oft zum Abendessen von Freunden unterhalten.

Normalerweise fuhr sie zur Arbeit und zu Fuß acht Blocks nach Hause, wofür sie 30 Cent pro Woche für das Auto ausgab. Alle Lebenshaltungskosten für die Woche beliefen sich auf etwa 6 US-Dollar. Sie zahlte sechs Jahre lang 24 US-Dollar pro Jahr für eine Versicherungspolice, die ihr im Krankheitsfall 15 US-Dollar pro Woche zusagte und kumulativ war und während des Lebens des Inhabers eine Rendite erbrachte; In etwa einem Jahr wären davon 290 US-Dollar fällig.

Zetta sagte, sie sei verschwenderisch in ihren Ausgaben für Kleidung gewesen, aber sie war der Ansicht, dass ihre gesellschaftliche Stellung von ihrem Aussehen abhänge. Sie sah sehr attraktiv aus. Ihre Art war ruhig und anmutig, und die Würde ihres reinen, klaren Englisch, das sie sich mit einem Vermögen angeeignet hatte, das sie im Alter von elf Jahren dazu zwang, eine kleine Küchenjunge und Köchin zu sein, hatte etwas Berührendes, sogar Bewegendes. Zum Zeitpunkt des Interviews war sie geschmackvoll und sorgfältig gekleidet. Durch die Beobachtung von Verkäufen und durch Informationen von Abteilungsleitern gelang es ihr, Kleidung von ausgezeichneter Qualität, Seidenstrümpfe und gut geschnittene Anzüge vergleichsweise günstig einzukaufen. Indem sie bis zum Ende der Saison wartete, hatte sie im Winter zuvor 35 Dollar für einen Anzug bezahlt, der ursprünglich 70 Dollar gekostet hatte; 35 Dollar waren mehr, als sie eigentlich ausgeben wollte, aber der Anzug gefiel ihr und sie konnte dem Kauf nicht widerstehen. Sie schaffte es, hübsche und gut gestaltete Hüte für 2 bis 5 US-Dollar zu bekommen, weil eine Freundin sie zugeschnitten hatte.

Ihren Urlaub verbrachte sie bei Verwandten auf einem Bauernhof auf dem Land. Die Fahrkarten für die Eisenbahn und der gelegentliche Kauf einer Zeitschrift waren ihre einzigen Freizeitausgaben. Aber sie hatte im Sommer viele „gute Zeiten" an den Stränden mit Freunden, die für ihren Lebensunterhalt aufkamen.

Sie war der Meinung, dass ein Mädchen bei sorgfältiger Planung für 10 Dollar pro Woche einigermaßen komfortabel leben könnte. Aber sie hat nichts gerettet.

Der Nachteil, den sie in ihren eigenen Arrangements erwähnte – das Beste, was sie für ihren derzeitigen Lohn bekommen konnte – war nicht die Kälte ihres Schlafzimmers im Flur, das nur durch den Gasstrahler geheizt wurde, sondern dass sie keinen geeigneten Ort hatte, um männliche Freunde zu empfangen. Als sie Besuch von einem Mann bekam, war sie gezwungen, sich auf Straßenbahnfahrten, Spaziergänge und verschiedene Ausflüge (im wahrsten Sinne des Wortes auf die Straße) zu begeben, um Gastfreundschaft zu erlangen. Sie sprach häufig von einem Mann, mit dem sie viele „gute Zeiten" verbracht hatte. Sie konnte ihn nicht in ihr Zimmer mitnehmen. Trolleyfahrten und Spaziergänge im Winter wären langweilig. Sie hasste Parkbänke als Rückzugsort für ruhige Gespräche. Wo sollte sie ihn dann sehen? Obwohl sie damit nicht einverstanden war, hatten sie und ein anderes Mädchen, das ein größeres und attraktiveres Zimmer als ihr eigenes hatte, dort Männer empfangen.

Zettas Jahreseinkommen betrug 520 US-Dollar. Sie hatte 130 Dollar für die Miete ausgegeben; 105 $ für Abendessen; 55 $ für Frühstück, Mittagessen und Waschen; 195 $ für Kleidung, Sommerbahntickets und Nebenkosten; 15 $ für den Fahrpreis; und 20 $ für die Versicherung.

IV

Zettas Interesse an ihrem täglichen Beruf ist in den Handelschroniken der Ladenmädchen etwas ungewöhnlich. Man hört häufig Beschwerden über die Ineffizienz und Unaufmerksamkeit der New Yorker Verkäuferinnen und ihre Unhöflichkeit gegenüber schlicht gekleideten Kunden. Obwohl diese Kritik eine gewisse Wahrheit enthält, ist es natürlich unvernünftig, von einem Dienst, der häufig schlecht bezahlt, oft ungleichmäßig und unfair befördert wird und, abgesehen von der Kleidung, völlig unstandardisiert ist, Exzellenz zu erwarten.

Darüber hinaus muss man bedenken, dass die Welt, in der die Verkäuferin ihrem Beruf nachgeht, eine Welt der Äußerlichkeiten ist. Das Vermögen, die Talente, der Geschmack, die eifrige menschliche Anstrengung, die in den Schaufenstern der Fifth Avenue aufgewendet wird, der Schimmer und das Glitzern wunderschöner Seide und Juwelen, das Prestige des „Kutschenhandels", die besondere Präsenz einiger Kunden und ihr Reichtum und ihre Kauffreiheit – die ganze Weltlichkeit der wohlhabendsten Stadt der Vereinigten Staaten hier zieht ständig vor den Augen von Zettas in ihren 1,20-Dollar-Musselin-Taillen, die so um Mitternacht zuvor sorgfältig geschrubbt wurden, und von Alices, die für 10 Cent gefrühstückt haben. Ist es überraschend, dass sie das New Yorker Schaufenster-Lebensideal übernehmen, das sich überall um sie herum manifestiert?

Die Verkäuferinnen selbst sind die schlimmsten Opfer ihrer unstandardisierten Beschäftigung; und die Tatsache, dass sie viele Jahre ihrer Jugend mit Arbeiten verbringen, die einen erheblichen Einsatz ihrer Kräfte erfordern, ohne sie in Konzentration, Eigenverantwortung oder Einfallsreichtum zu schulen, sondern diese Kräfte offenbar zu vergeuden, scheint einer der schwerwiegendsten Aspekte ihres Berufs zu sein.

Eine stolze und sehr hübsche kleine englische Verkäuferin mit rosa Wangen und klaren haselnussbraunen Augen legte besonderen Wert auf die Ungleichmäßigkeit der Beförderung, als sie von ihrem Schicksal in diesem Land erzählte.

Während sie sprach, saß sie im Salon eines christlichen „Hauses", das, wie viele andere, in denen Ladenmädchen leben, hell und sauber war, aber die unverkennbar vorzügliche und kühle Atmosphäre hatte, die das Altruistische so subtil vermittelt Akt der Einrichtung für andere – die Atmosphäre, die Gästezimmer, Hotelsalons und eine große Anzahl von Empfangsräumen in Siedlungen charakterisiert.

„Ich wollte schon immer nach Amerika kommen", sagte sie in ihrer schnellen englischen Aussprache. „Und ich habe etwas gespart und zehn Pfund von meinem Bruder geliehen und bin gekommen. Oh, die erste Zeit, die ich hier war, war hart. Ich erinnere mich, als ich zum ersten Mal durch die Tür dieses Hauses hereinkam und eins registrierte Eine der anderen Verkäuferinnen hier stand am Schreibtisch. Ich hatte einen dicken Wintermantel an, nur einen einfachen, grob aussehenden Mantel, aber er ist warm. Das Mädchen warf mir so einen Blick zu, eine Art höhnischen Blick – oh, Es hat mich heiß gemacht! Aber so sind amerikanische Ladenmädchen. Ich habe noch nie mit diesem Mädchen gesprochen.

„Bevor ich einen Job bekam, kostete ich 50 Cent. Es gab ein Geschäft, in das ich nicht gehen wollte. Es war billig und hatte einen gemeinen Namen. Eines Nachmittags, als es kalt und dunkel war, ging ich dorthin Endlich war es da; und es sah so schrecklich aus, dass ich nicht hineingehen konnte. Gleich dahinter gab es einen weiteren Billigladen und noch einen. Alle Käufer eilten weiter. Oh, es war eine schreckliche Zeit an diesem Nachmittag, schrecklich, dort zu stehen, Ich schaue mir die großen, billigen New Yorker Läden um mich herum an.

„Aber schließlich bin ich reingegangen, und sie haben mich angenommen. Es war gar nicht so schlimm. In etwa zwei Monaten hatte ich die Chance, in ein besseres Geschäft zu gehen. Es gefällt mir ziemlich gut. Aber ich kann nicht." Sparen Sie alles. Ich hatte 8 Dollar pro Woche. Jetzt habe ich 9 Dollar. Ich zahle hier 4,50 Dollar pro Woche für Kost und Logis, aber ich komme immer zu meinem Gehalt und gebe es für Kleidung und Wäsche aus. Oh, ich mache mir große Sorgen um das Geld. Aber ich habe meine 50 Dollar zurückgezahlt. Ich habe jetzt ein schönes Seidenkleid und einen neuen Hut. Und jetzt habe ich sie", fügte sie lachend hinzu, „ich habe nirgendwo etwas, wo ich sie tragen könnte." An allen Wochentagen freue ich mich auf den Sonntag; aber wenn der Sonntag kommt, gefällt mir der Montag am besten.

„Obwohl ich denke, dass es keinen großen Unterschied macht, wie man im Laden Werbung macht. Ein Mädchen neben mir, das nicht halb so viel verkauft wie ich, bekommt 12 $, während ich 9 $ habe; und die Provision, die wir für Verkäufe haben in der Weihnachtswoche wurde mir nicht gerecht. Der Laden ist in vielerlei Hinsicht freundlich und lässt die Mädchen jede Minute sitzen, wenn die Kunden nicht da sind, und es gibt Abendkurse und Clubräume. Aber dennoch sind die Mädchen entmutigt Es gibt keine fairen Beförderungen und keine fairen Provisionen. Richtig ist richtig." [4]

Die Reizlosigkeit des Daseins, die in den meisten Häusern berufstätiger Mädchen spürbar ist, wurde von einer Verkäuferin in der Porzellanabteilung eines Broadway-Kaufhauses, Kate McCray, einer hübschen jungen Irin von etwa dreiundzwanzig Jahren, die in einem Hotel besucht wurde, wie sie sagte, betont wollte es den Leuten nicht sagen, aus Angst, sie könnten es für seltsam halten. „Sehen Sie, es ist ein Boot, ein Linienschiff, das ein Herr, der eine große Plantage besitzt, für ein Hotel für berufstätige Mädchen zur Verfügung gestellt hat. Für manche Menschen kommt es seltsam vor, dass ein Mädchen auf dem Fluss lebt."

Miss McCray zahlte 3,50 Dollar pro Woche für die Verpflegung im Maverick Deep-Sea Hotel. Ihr Gehalt betrug 8 Dollar pro Woche. Sie war seit vier Jahren in derselben Abteilung und hielt es für falsch, dass sie nicht befördert wurde. Sie konnte nichts sparen, da sie wegen der einsetzenden Müdigkeit ihre Wäsche nicht selbst wusch, und sie war verpflichtet, sich gut zu kleiden. Sie erfreute sich jedoch bester Gesundheit und lobte vor allem die Politik des Ladens, den Mädchen zu raten, sich hinzusetzen und auszuruhen, wenn keine Kunden anwesend waren.

Anlässlich meines Besuchs im Maverick Deep-Sea Hotel, einem im East River vor Anker liegenden Linienschiff, war es neblig und regnete; und Miss McCray führte mich in die Kabine zu einer großen Gruppe von Jungen, älteren Frauen und Kindern, die meisten von ihnen waren Besucher wie ich, und alle lauschten einem jungen Mann mit kräftigen Handgelenken, der fröhlich spielte: „Du kommst zurück und bleibst hier herum." " mit stark akzentuiertem Rag-Takt, auf einem Klavier.

„Etwa siebzig Mädchen gehen an Bord dieses Bootes. Die junge Dame, die jetzt in die Speisekammer geht, ist Stenographin – so ein aufgewecktes Mädchen."

Vertieft in das Spektakel der Hotelfreiheit, die es einem Gast erlaubt, nach Belieben in eine Speisekammer zu gehen, egal wie stark ihre Helligkeit war, folgte ich Miss McCray auf dem Boot. Es war, als gehörte das Hotel den Mädchen, während es in den christlichen Häusern so ausgesehen hatte, als ob alles nicht den Mädchen gehörte, sondern wohlwollenden, wenn auch sorgfältig besitzergreifenden Christen. Miss McCray lobte den Manager und seine Frau in höchsten Tönen.

„Etwa zwanzig Männer und Jungen bleiben auf einer Jacht, die direkt hier vor Anker liegt. Sie steigen auf dieses Boot und gehen zu ihrem eigenen Boot, wenn um zehn Uhr der Pfiff ertönt", fuhr sie fort und führte mich in den Raucherraum, wo Sie stellte eine Reihe sehr junger Herren vor, die Zeitschriften lasen und kehlig herumklopften. Auch sie schienen stolz auf ihre Position als Pensionsgäste zu sein, stolz auf das Maverick Deep-Sea Hotel. Es waren nette, knabenhafte junge Kerle, die auch junge Mechaniker hätten sein können.

Mit besonderer Zufriedenheit zeigte sie mir das Oberdeck, als wir an die frische, regnerische Luft kamen. Die East River-Schifffahrt und ein leerer Erholungspier erhob sich auf der einen Seite schwarz, dazwischen glitzerte das Wasser in spritzenden Reflexen; und auf der anderen Seite zitterten alle violetten und silbernen Lichter der Stadt. An Deck waren vielleicht ein halbes Dutzend Zelte aufgestellt.

„Einige der Mädchen schlafen hier oben draußen", sagte Miss McCray mit ihrer sanften Stimme. „Sie mögen es so, sie machen es den ganzen Winter über. Haben Sie viel Deckung und schlafen Sie einfach hier in den Zelten. Oh, es gefällt uns allen! Einige der Männer, die zuerst hier waren, haben geheiratet; und es gefällt ihnen so gut." „Sie kommen immer wieder mit ihren Frauen hierher, um uns zu sehen. Es ist so freundlich", sagte das Mädchen leise; „Und egal, wie müde ich bin, wenn ich abends hierherkomme, ich sitze draußen auf dem Deck und schaue auf das Wasser und die Lichter, und es ist, als würden alle meine Sorgen davonschweben."

Die gute Laune des Maverick Deep-Sea Hotels, seine Rag-Time, seine Entertainer von der Yacht, der Charme der Zeltreihe mit den Mädchen darin, die inmitten des Flusswinds ihren gesunden Schlaf schlafen, die Masten, Die Schornsteine, Sterne und Lichter der Stadt verstärkten den Eindruck des Mangels an normalem Vergnügen im Leben der meisten Ladenmädchen.

Dieser Mangel an Vergnügen sowie niedrige Löhne und Überarbeitung setzen die Frauen in den Geschäften einer leicht vorstellbaren Versuchung aus.

Die Mädchen in den Geschäften werden nicht nur von Männern von außerhalb dieser Geschäfte bedrängt, sondern, zur Schande der Geschäftsleitung, auch von Männern, die in den Geschäften beschäftigt sind.

Die ständige Präsenz dieser Kluft hat mehr als einen schmerzhaften Aspekt. Darunter leiden nicht nur die armen Mädchen, die fallen, sondern auch die Mädchen, die das ständige Gefühl haben, „auf der Hut zu sein" und es aus Angst vor dem schlimmsten Verdacht für klug halten, auf alle möglichen normalen Freuden zu verzichten Fröhlichkeit und jugendliches Vergnügen. Viele Mädchen sagten: „Ich bleibe für mich"; „Ich finde in den Läden nicht so schnell Freunde, weil man nicht sicher sein kann, wie jemand ist." Diese Angst vor der Freundschaft zwischen Gleichaltrigen, die das gleiche Vermögen teilten, ja vor der ganzen Welt, schien der grausamste Kommentar, den man sich über die Lebensatmosphäre der Mädchen in ihrem Beruf machen konnte.

Eine andere Art von Gemeinheit in menschlichen Beziehungen wurde von Miss Johnson, der Ermittlerin der Liga, die in der Weihnachtswoche in einem der Geschäfte arbeitete, reichlich beobachtet.

Der „Ansturm" hatte begonnen, als Miss Johnson in dieser Weihnachtswoche von der Halsbekleidungsabteilung in die Schalldämpferabteilung im ersten Stock eines der günstigeren Geschäfte versetzt wurde. Alle Mädchen standen den ganzen Tag – an den ersten Tagen von acht bis zwölf Uhr und von eins bis acht Uhr nachts; von ein Uhr mittags bis zehn und elf Uhr abends, im Verlauf der Saison; und in den letzten schrecklichen Nächten vom Mittag bis zur folgenden Mitternacht. Die Mädchen hatten 35 Cent Abendessengeld. Abgesehen davon war die ganze zusätzliche Arbeit unbezahlt.

Die Arbeit war unaufhörlich. Die Mädchen waren nervös, hasserfüllt und gehässig miteinander. Die Managerin, ein wunderschönes und äußerst raues Mädchen von neunzehn Jahren, beschimpfte sie ständig. Die Kunden waren von morgens bis abends, von abends bis Mitternacht zudringlich, beharrlich, unvernünftig. Hinter der Theke verwandelte sich der Laden im Laufe des Tages in ein Inferno aus nervöser Erschöpfung und Verzweiflung. In den zwei Wochen, in denen Miss Johnson im Dienst war, bedankte sich einmal ein Kunde bei ihr; und man gab ihr 5 Cent Trinkgeld für die schnelle Rücksendung eines Pakets. Beide Überlegungen fanden am Morgen statt. Miss Johnson sagte, dass dies ein Glück für sie sei, da sie glaubte, bei einem Wort gewöhnlicher Überlegung gegen Ende ihres langen Arbeitstages in Tränen ausgebrochen zu sein.

In der Abteilung gab es eine kleine Bündlerin, Catriona Malatesta, eine weiße, hungrig aussehende kleine Norditalienerin von vierzehn Jahren mit einem schmalen Kinn und einem dunklen, besorgten Gesicht. Sie hatte eine verehrte kranke Schwester von vier Kindern sowie sechs weitere jüngere Brüder und Schwestern und eine verehrte Mutter, der sie jeden Cent ihres Lohns von dreieinhalb Dollar pro Woche gab. Ein älterer Bruder, ein Tagelöhner, zahlte die Miete und versorgte sie alle mit Essen. Alle anderen Ausgaben der Familie wurden durch Catrionas dreieinhalb Dollar gedeckt, so dass sie die Angewohnheit hatte, nur fünf Cent für ihr eigenes Mittagessen auszugeben, und an den Abenden, an denen sie Überstunden machte, fünf Cent für ihr eigenes Abendessen, um etwas mitzunehmen die zusätzlichen dreißig Cent nach Hause bringen ; und jeden Tag sah sie weißer und älter aus.

Anfang der Woche vor Weihnachten erhöhte der Laden Catrionas Lohn auf vier Dollar. Ihre Mutter sagte ihr, dass sie zu Weihnachten vielleicht den zusätzlichen halben Dollar für sich haben würde. Obwohl Catriona einige Monate lang gearbeitet hatte, war dies das erste eigene Geld, das sie jemals hatte. Voller Stolz erzählte sie der Abteilung, wie das Geld ausgegeben werden sollte. Sie wollte ihre Mutter zu Weihnachten mit einer neuen Taille überraschen, einer Taille, die Catriona im Laden zum Preis von neunundvierzig Cent gesehen hatte. Den Mitarbeitern wurde ein Rabatt von zehn Prozent gewährt, so dass die Taille 45 Cent kosten würde. Von den restlichen fünf Cent würde Catriona ihrer kranken Rosa eine Puppe kaufen. Ihr ganzes Leben lang hatte sich Rosa eine Puppe gewünscht. Jetzt konnte sie endlich eins haben.

An dem Tag, an dem sie das Geld erhielt, hielt Catriona es immer griffbereit in einer kleinen, abgenutzten schwarzen Ledertasche und in einer schäbigen Tasche, die an ihrem Arm hing, und keinen Augenblick außer Sicht.

Ihre Einkäufe sollten innerhalb der für das Abendessen vorgesehenen Dreiviertelstunde erledigt werden. Die Zeit, die Catriona mit dem Verzehr ihrer Fünf-Cent-Mahlzeit verbrachte, war nie lang, so dass ihre Abwesenheit von einer Stunde, selbst wenn man den längeren Einkauf berücksichtigte, seltsam war.

„D-- deine Seele, wo zum Teufel warst du die ganze Zeit, Catie?" Der Manager schrie sie wütend an, ohne sie anzusehen, als sie endlich zurückkam.

Catriona sah ängstlicher und blasser aus als je zuvor. Ihr Gesicht war voller Tränen. „Ich habe meine Handtasche verloren", sagte sie mit benommener, unsicherer Stimme. „Es war weg, als ich meine Tasche in der Kantine öffnete. Ich habe überall danach gesucht."

In der Abteilung herrschte plötzlich eine atemlose Veränderung. Man hätte eine Stecknadel fallen hören können.

„Gehen Sie besser in den Keller und waschen Sie sich das Gesicht", sagte der Manager unbeholfen und mit unglaublicher Sanftmut.

„Nun", fuhr sie plötzlich fort, als Catriona außer Hörweite war, „ich bin nicht so arm, aber ich kann helfen, *das* wieder gutzumachen." Sie nahm einen Dollarschein aus ihrer Handtasche. Jeder spendete etwas, obwohl einige Mädchen zu diesem Zweck auf ihr Abendessen verzichteten und ein Mädchen nach Mitternacht vier Meilen nach Hause ging. Insgesamt könnten sie fast zehn Dollar spenden.

Der Manager schlich sich unbeholfen auf Catriona zu, als diese von der Gesichtswäsche zurückkam. „Hier, Junge", murmelte sie verlegen und drückte dem kleinen Mädchen das Geld in die Hand. Catriona, blass und benommen, sah zu ihr auf – blickte auf das Geld, und in ihren Augen dämmerte eine schüchterne Erregung und Freude. Dann weinte sie wieder vor Aufregung und Freude, und alle lachten und schickten sie wieder los, um ihr Gesicht zu waschen.

In dieser Nacht war in der Abteilung alles anders. Es hatte ein wahres Wunder der Verklärung gegeben. Die ganze Atmosphäre des Geschlechtsverkehrs war verändert. Alle Mädchen gingen sanft und würdevoll miteinander um. Catrionas Augen funkelten vor Vergnügen. Ihre sorgenvolle Miene war verschwunden. Sie war wieder ein Kind. Sie hatte noch nie zuvor körperliche Schönheit verspürt; Aber an diesem Abend betrachteten Hunderte vorbeikommender Käufer aufmerksam die Freude und Schönheit ihres Gesichts.

Am nächsten Tag ging alles weiter wie zuvor. Die Mädchen fuhren einander an und rempelten sich gegenseitig an. Die schöne Managerin fluchte. Ein Mädchen kam und sah so krank aus, dass Miss Johnson Angst hatte.

„Kannst du nicht aufhören, Kitty? Du siehst so krank aus. Um Himmels willen, geh nach Hause und ruh dich aus."

„Ich kann es mir nicht leisten, nach Hause zu gehen."

So verärgert und bissig die Mädchen auch waren, gelang es ihnen, Kitty zu schonen und sich vor sie zu stellen, um ihre Trägheit vor dem Bodengänger zu verbergen, und ihr ab und zu ein paar Minuten Ruhe im Sitzen zu gönnen. Sie verbrachte die ersten Morgenstunden so gut sie konnte, wenn auch offensichtlich unter dem Druck heftigen Leidens. Doch gegen zehn Uhr sah der Verkäufer, von dem man sagen muss, dass er für den Verkauf und die allgemeine Präsentationsfähigkeit der Abteilung verantwortlich war, sie sich setzen. „Warum bist du nicht beschäftigt?" er hat angerufen. "Aufstehen."

Am Heiligabend um Mitternacht, als die stille Mädchenschar matt aus dem großen Laden in die leuchtende New Yorker Straße ging , fragte jemand : „Wie geht es dir, Kitty?"

Eine Minute lang antwortete sie nicht. Dann sagte sie elend: „Oh, ich hoffe, ich werde vor dem nächsten Weihnachten tot sein."

V

Das schiere und grundlose Elend, das dieses Mädchen erduldete, war natürlich nicht nur auf die langen Arbeitszeiten und das hohe Ansehen zurückzuführen, das ihr Beruf erforderte, sondern auch auf die Tatsache, dass dieser Beruf zu einer Zeit ausgeübt wurde, in der die normale Gesundheit einer großen Zahl von Menschen gefährdet war Frauen verlangen angemessene Ruhe und Erholung.

Mit ein paar ehrenvollen Ausnahmen [5] kann man sagen, dass es in den Kaufhäusern dieses Landes seit jeher Brauch ist, weibliche Angestellte, soweit es um die Fähigkeit zu stehen und zu allen Jahreszeiten zu stehen, geht, genauso zu behandeln, als wären sie Männer.

Die Expertenaussage, die von der Veröffentlichungssekretärin der National Consumers' League, Miss Josephine Goldmark, für den Auftrag zur Verabschiedung des Zehn-Stunden-Gesetzes von Illinois gesammelt wurde, liefert den klarsten Überblick über den Aufwand an kommunaler Stärke, der mit diesen langen Stunden der Kandidatur verbunden ist Frauen.

Bericht der Sanitärkommission „Lancet" über Hygiene im Geschäft. 1892

Ohne auf die heikle Frage der Frauenrechte einzugehen, können wir dennoch darauf hinweisen, dass es sich um eine unbestreitbare physiologische Tatsache handelt, dass Frauen, insbesondere junge Frauen, größeren Verletzungen und größerem Leid ausgesetzt sind als Männer, wenn sie gezwungen werden, stundenlang zu stehen.

Britische Sitzungspapiere. Bd. XII. 1886. Bericht des Sonderausschusses zum Gesetzentwurf zur Regelung der Geschäftszeiten

Zeuge, W. Abbott, MD

„Wirkt sich ihre Beschäftigung nachteilig auf sie als gebärfähige Frauen in späteren Jahren aus?"

„Nach allen wissenschaftlichen Fakten würde es so sein."

„Und Sie als Mediziner mit langjähriger Erfahrung würden Mädchen, die so viele Stunden in einer Position gearbeitet haben, nicht als Gebärende gesunder, kräftiger Kinder betrachten?"

"Ich sollte nicht."

„Dann folgt daraus doch natürlich, dass es sich um eine sehr ernste Angelegenheit im Interesse der gesamten Nation handelt, abgesehen von der unmittelbaren Schädigung der betroffenen Person?"

„Ja. Was die körperliche Verfassung des zukünftigen Rennens betrifft."

Britische Sitzungspapiere. Bd. XII, 1895. Bericht des Select Committee on Shops.
Gesetzentwurf zum vorzeitigen Abschluss

Zeuge, Dr. Percy Kidd, MD, von der Universität Oxford, Fellow des College of Physicians und Mitglied des College of Surgeons, angeschlossen an das London Hospital und das Brompton Hospital.

„ Wäre das eine faire Formulierung: Es ist nicht die eigentliche Arbeit der Leute in Geschäften, sondern die Tatsache, dort zu sein und in schlechter Luft herumzustehen; es sind die langen Stunden, die den schädlichen Teil davon ausmachen?"

„Ganz richtig; die anhaltende Spannung."

Offizielle Informationen aus den Berichten der [deutschen] Fabrikinspektoren. Berlin,
Bruer, 1898

Der Inspektor in Hessen hält eine Verkürzung der Arbeitszeit für Frauen in Textilfabriken auf zehn Stunden für „unbedingt erforderlich", da das ständige Stehen für den weiblichen Organismus sehr schädlich sei.

Vierzehnter Internationaler Kongress für Hygiene und Demographie. Berlin, September
1907. Bd. II, Abschnitt. IV.
Berufsbedingte Müdigkeit. Berlin, Hirschwald, 1908

Doktor Emil Roth:

„Meine Erfahrungen und Beobachtungen erlauben es mir nicht, Zweifel an der Annahme zu hegen, dass der Gesundheitsschaden, der selbst voll fähigen Arbeitnehmern durch die besonderen Anforderungen eines periodisch erhöhten Arbeitsansturms zugefügt wird, niemals ausgeglichen wird. Unter dieser Überschrift können wir die Anforderungen betrachten aller

Saisonarbeiten, ... sowie der besonderen Stoßzeit in den Geschäften vor
Weihnachten."

Die angemessenen Grenzen der Arbeitszeit variieren von Person zu Person,
es ist jedoch anerkannt, dass nicht nur ein regelmäßig langer Arbeitstag
schädlich ist, sondern dass auch ein einziger Einzelfall von Überanstrengung
für eine Frau ihr ganzes Leben lang schädlich sein kann.

*Verfahren des französischen Senats, 7. Juli 1891. Bericht über die industrielle
Beschäftigung von Kindern, jungen Mädchen und Frauen.*

Wenn ich darum bitte, wenn wir um eine Verringerung der täglichen Arbeit
der Frauen bitten, denken wir nicht nur an die Frauen, nicht in erster Linie
an die Frauen, sondern an die gesamte Menschheit. Es ist vom Vater, es ist
vom Kind, es ist von der Gesellschaft, die wir auf ihrem Fundament
wiederherstellen wollen , von dem wir glauben, dass es vielleicht ein wenig
abgewichen ist.

Im Bundesstaat New York sind die Arbeitsstunden erwachsener Frauen
(Frauen über einundzwanzig) in Handelsbetrieben in keiner Weise gesetzlich
begrenzt.

Das Gesetz über Sitzplätze in Geschäften lautet wie folgt:

Sitze für Frauen in Handelsunternehmen

Stühle, Hocker oder andere geeignete Sitze müssen in Handelsbetrieben für
die Nutzung durch weibliche Angestellte bereitgehalten werden, und zwar in
der Anzahl von mindestens einem Sitzplatz pro drei beschäftigte Frauen, und
die Nutzung durch diese Angestellten muss zu diesen Zeiten und erlaubt sein
soweit dies zur Erhaltung ihrer Gesundheit erforderlich ist.

Die Durchsetzung dieses Gesetzes ist sehr schwierig. Die
Gewerbeaufsichtsbeamten können die erforderliche Sitzzahl erzwingen. Sie
haben in diesem Punkt erfolgreich einhundertvierzehn Anordnungen

erlassen [6] an die Geschäfte im Jahr 1909. Aber die Nutzung dieser Sitze in dem Umfang, der für die Erhaltung der Gesundheit der weiblichen Angestellten erforderlich ist, ist eine andere Sache. Aus Angst, von den Händlern auf die schwarze Liste gesetzt zu werden, werden die Verkäuferinnen nicht vor Gericht aussagen, wenn Arbeitgeber die Nutzung von Sitzplätzen praktisch verbieten, indem sie die Arbeitnehmer auffordern, bei jedem Sitzen etwas zu tun, was eine stehende Position erfordert. Daher können die Inspektoren in diesen Fällen mangels ausreichender Beweise keine erfolgreiche Strafverfolgung durchführen.

Darüber hinaus rät die Geschäftsleitung in einem Geschäft den Verkäuferinnen ausdrücklich, immer dann zu sitzen, wenn die Anwesenheit eines Kunden es nicht erfordert, zu stehen. Doch die Unfähigkeit der Verkäuferin, im Sitzen mögliche Kunden anzulocken, hält sie dennoch stehen, um ihren Umsatz nicht zu schmälern.

Merkwürdigerweise scheint es so, als würde das Einkaufspublikum einer angeblich demokratischen Nation nicht einmal eine Garnrolle von einer sitzenden Frau kaufen. Natürlich gibt es viel Arbeit für Frauen [7] – wie zum Beispiel beim Bügeln – wobei Stehen im Allgemeinen als unbedingt notwendig erachtet wird. Verkaufstalent ist keine Arbeit dieser Art. Es ist in erster Linie der Brauch, der den konstanten Stand in den Geschäften erfordert; Und bis sich die Käufer daran gewöhnen, bei sitzenden Verkäuferinnen einzukaufen, und die Geschäfte genügend Sitzplätze für alle Verkäuferinnen bereitstellen und ihnen erlauben, im Sitzen zu verkaufen, wird das gegenwärtige System, das die normale Gesundheit weiblicher Verkäuferinnen untergräbt, unkontrolliert weiterbestehen.

Das Gesetz des Staates New York in Bezug auf die Arbeit jüngerer Frauen (Minderjähriger) in Handelsbetrieben lautet wie folgt:

Arbeitsstunden von Minderjährigen [8]

Von weiblichen Arbeitnehmern im Alter zwischen 16 und 21 Jahren darf nicht verlangt, erlaubt oder geduldet werden, mehr als sechzig Stunden pro Woche in oder im Zusammenhang mit einem Handelsunternehmen zu arbeiten. oder mehr als zehn Stunden an einem Tag, es sei denn, der Arbeitstag soll aus einem Wochentag verkürzt werden; oder vor sieben Uhr morgens oder nach zehn Uhr abends eines beliebigen Tages. *Dieser Abschnitt gilt nicht für die Beschäftigung von Personen ab 16 Jahren zwischen dem 18. Dezember und dem folgenden 24. Dezember, jeweils einschließlich .* [9]

Das heißt, dass es für die Feiertage, die Zeit aller anderen, klug und natürlich erscheint, die Gesundheit der jüngeren Frauen zu schützen, die auf den großen Märkten der Metropolen arbeiten, und zwar für diese Jahreszeit aller anderen, insbesondere des Staates sieht vor, dass die Stärke seiner Jugend keinen rechtlichen Schutz hat und unbegrenzt der Arbeit unterworfen werden darf.

Im Wesentlichen wurde der gesamte derzeitige Rechtsschutz für die Arbeiter in den Geschäften im Jahr 1896 erreicht, nachdem die Rinehart-Kommission 1895 eine Untersuchung der Handelsbetriebe durchgeführt hatte. [10] Seitdem wurde jährlich versucht, das derzeitige Gesetz zu perfektionieren und seine Durchsetzung sicherzustellen, die in den Händen der örtlichen Gesundheitsämter belassen worden war und bis 1908 praktisch wirkungslos war. Die Durchsetzung wurde dann auf die übertragen Er wurde zum Arbeitskommissar ernannt und wird seitdem aktiv gepflegt.

Die Anhörungen zum Gesetz über Handelsbetriebe finden in Albany in einem kleinen Raum im Kapitol vor dem Justizausschuss des Senats und der Arbeitskommission der Versammlung statt. Diese Anhörungen sind sehr hitzig. Die Unterstützung wird vertreten durch Rechtsanwalt Mornay Williams und Frau Nathan, Frau Kelley, Frau Stokes, Frau Sanford und Frau Goldmark von der New Yorker und der National Consumers' League sowie Delegierten des Child Labour Committee, der Working-Girls' Vereine und die Frauengewerkschaftsliga. Sowohl Männer als auch Frauen sprechen sich über den Änderungsantrag aus. [11] Die Bemühungen des Supports um eine gesetzliche Begrenzung der Arbeitszeiten wurden regelmäßig von der Retail Dry-Goods Merchants' Association abgelehnt, die jedes Jahr eine einflussreiche Delegation nach Albany entsendet.

„Diese Damen kommen seit sechzehn Jahren hierher", sagte einer der Händler im vergangenen Frühjahr verärgert. Als er sich umsah und die Veränderungen in den Gesichtern der ihn beobachtenden Anhänger der Unterstützung bemerkte, fügte er hinzu: „Nun, vielleicht nicht die *gleichen* Damen. Aber sie sind gekommen."

„Diese Damen sind professionelle Agitatoren", sagte ein anderer Kaufmann bei einer anderen Anhörung. „Als er Gouverneur war, haben sie Herrn Roosevelt sogar dazu verleitet, die Verabschiedung ihres Gesetzentwurfs zu empfehlen."

Dies sind einige der Gründe, die die Opposition dafür anführt, die Arbeitszeit von Frauen in Handelsbetrieben nicht zu begrenzen.

Zu den mehreren gemeinsamen Merkmalen der Erfahrungen dieser New Yorker Verkäuferinnen gehören niedrige Löhne, Gelegenheitsjobs, hohe Kosten für Wäsche und Kleidung, Halbabhängigkeit , ungleiche

Beförderung, mangelnde Ausbildung, Fehlen normaler Freude, langes Stehen und ein Übermaß Bei der Saisonarbeit steht die Betrachtung dieser letzten häufigen Erkrankung an letzter Stelle, da ihre Folgen am weitreichendsten erscheinen.

Wenn man auf diese gemeinsamen Merkmale im Leben dieser durchschnittlichen amerikanischen Arbeitermädchen zurückblickt, hat man plötzlich das Gefühl, dass das Phänomen der New Yorker Kaufhäuser ein schmerzhaftes Scheitern der Demokratie darstellt. Wie werden die New Yorker Kaufhäuser in Zukunft aussehen? Denn New York wird zweifellos noch lange ein Handelshafen bleiben, einer der malerischsten und meistbesuchten Häfen der Sieben Meere. Zweifellos werden immer noch viele Frauen in seinen Märkten arbeiten. Wie werden ihre Chancen im Leben sein?

Erstens kann man darauf vertrauen, dass das staatliche Gesetz sich nicht für immer weigern wird, diese Frauen und ihre Zukunft, die auch die Zukunft der Gemeinschaft ist, vor der Gefahr unbegrenzter Arbeitsstunden zu schützen. Dann die Tatsache, dass in einem Geschäft in Cincinnati die Effizienz der Verkäuferinnen standardisiert und ihre Löhne erhöht wurden, die Tatsache, dass in einem Geschäft in Boston die Angestellten zu verantwortlichen Faktoren im Geschäft geworden sind, und die Tatsache, dass eine Verkäuferschule dies getan hat Die in New York eröffneten Gesundheitszentren scheinen auf die Möglichkeit hinzuweisen, dass der Verkauf eines Tages standardisiert und professioneller werden wird, wie es die Krankenpflege im letzten Jahrhundert getan hat. Darüber hinaus kann man davon ausgehen, dass Verkäuferinnen sich nicht für immer damit abfinden werden, ihr Gewerbe in rein maschineller Tätigkeit auszuüben, ohne dass ihre gemeinsame Position allgemein zum Ausdruck gebracht wird.

Sehr verblüffend ist die Tatsache, dass die Unionsfrauen Jahr für Jahr nach Albany gehen, um für bessere Lebenschancen der Ladenfrauen zu kämpfen, die diesen Kampf derzeit nicht klugerweise selbst bewältigen können. Die Tatsache, dass die Unionsfrauen scheitern, ist von geringerer Bedeutung als die Tatsache, dass sie weiterhin bestehen.

Aber was haben die organisierten Arbeiterinnen, die Fabrikmädchen, die so unerschütterlich für Gerechtigkeit für die Ladenmädchen eintreten, durch ihre Gewerkschaft für ihr Vermögen erreicht? Um eine Antwort auf diese Frage zu finden, haben wir uns an die New Yorker Hemdenfabrikanten gewandt, deren Einkommen und Ausgaben als nächstes in dieser kleinen Chronik über die Löhne von Frauen betrachtet werden.

FUSSNOTEN:

[1] In den letzten sechs Monaten gingen bei Miss Edith Wyatt, Vizepräsidentin der Consumers' League of Illinois, weitere Berichte von berufstätigen Frauen in den genannten Berufen in New York ein. Abgesehen von den Tatsachen, die durch die von den Arbeitern ausgefüllten Dienstpläne und durch die Besuche von Frau Clark und Frau Wyatt bei ihnen ermittelt wurden, wurden Informationen von Frau Helen Marot, Sekretärin der New York Woman's Trade-Union League, und Frau Marion MacLean, Direktorin, eingeholt des Soziologischen Untersuchungsausschusses der Young Women's Christian Association der Vereinigten Staaten, Miss May Matthews, leitende Mitarbeiterin von Hartley House, Miss Hall, leitende Mitarbeiterin der Riverside Association, Miss Rosenfeld, leitende Mitarbeiterin des Clara de Hirsch Home, die Clinton Straßenzentrale der Union, der St. George Working Girls' Clubs, der Consumers' League der Stadt New York und die Büros oder Akten des *Survey* , des *Independent* , des *Call* und der *International Socialist Review* .

[2] Es bleibt zu sagen, dass es sowohl unter den Verkäuferinnen als auch unter den Frauen in Kaufhausgeschäften Einkäufer, Hilfseinkäufer, Empfänger von Sonderbestellungen, Werber und Abteilungsleiter gibt, die Gehälter zwischen zwanzig und zweihundert Dollar verdienen Dollar pro Woche. Aber diese Erfahrung stellt nicht das durchschnittliche Vermögen dar, das die Liga erlernen wollte.

[3] Hier sind die Schätzungen des St. George's Working Girls' Club zu den kleinsten praktikablen Ausgaben für sich selbst versorgende Mädchen in New York: Allgemeine Ausgaben pro Woche: Zimmer, 2 $; Mahlzeiten, 3 $; Kleidung, 1,25 $; Waschen, 75 Cent; Fahrpreis: 60 Cent; Vergnügen, 25 Cent; Kirche, 10 Cent; Club, 5 Cent: insgesamt 8 $. Aufgeschlüsselte Kleidung für das Jahr zu 1,25 $ pro Woche oder 65 $ pro Jahr: 2 Paar Schuhe zu 2 $ und Reparatur zu 1,50 $, 5,50 $; 2 Hüte für 2,50 $, 5 $; 8 Paar Strümpfe zu 12½ Cent, 1 $; 2 Kombinationsanzüge für 50 Cent, 1 $; 4 Hemden zu 12½ Cent, 50 Cent; 4 Paar Schubladen zu 25 Cent, 1 $; 4 Korsettbezüge für 25 Cent, 1 $; 1 Flanellunterrock, 25 Cent; 2 weiße Unterröcke für 75 Cent, 1,50 $; 5 Hemdbündchen für 1,20 $, 6 $; 1 Nettotaille, 2,50 $; 2 Korsetts für 1 $, 2 $; Handschuhe, 2 $; 2 Paar Gummis für 65 Cent, 1,30 $; 1 Dutzend Taschentücher zu 5 Cent, 60 Cent; 3 Nachthemden für 50 Cent, 1,50 $; 1 Pullover, 2 $; 2 Anzüge für 15 $, 30 $: insgesamt 65,65 $.

[4] Diese Arbeiterin war jedoch später, im Winter 1911, der Ansicht, dass sie fair bezahlt und befördert worden sei.

[5] Macy and Company of New York gewährt denjenigen ihrer festangestellten weiblichen Angestellten, die dies wünschen, einen monatlichen Ruhetag gegen Bezahlung. Die Daniels and Fisher Company aus Denver erstattet jeder Mitarbeiterin, die dies beantragt, den Betrag, der für

einen monatlichen Abwesenheitstag wegen Krankheit abgezogen wird. Diese ausgezeichnete Regel soll hier jedoch eher ein Privileg als eine Praxis darstellen und nicht allgemein ausgenutzt werden, da sie nicht allgemein verstanden wird. Von weiteren Ausnahmen konnte der Autor dieses Artikels nichts erfahren.

[6] Neunter Jahresbericht des Arbeitskommissars, S. 127.

[7] Siehe Seite 16 (Fußnote), „Wissenschaftliches Management in seiner Anwendung auf die Arbeit von Frauen".

[8] Diese Aussage berücksichtigt nicht das ausgezeichnete New Yorker Kinderarbeitsgesetz für Kinder unter 16 Jahren, das zur Weihnachtszeit keine Ausnahme zulässt.

[9] Kursivschrift von uns.

[10] Eine New York State Commission, die zu diesem Zweck im Jahr 1895 durch die Bemühungen der Consumers' League der Stadt New York ernannt wurde.

[11] Aus Angst vor einem dauerhaften Positionsverlust wurden die Verkäuferinnen selbst nie aufgefordert, für diese Gesetzgebung aufzutreten, und sie waren, außer in einigen wenigen Fällen, in denen diese Schwierigkeit beseitigt wurde, auch nicht bei diesen Anhörungen anwesend.

KAPITEL II

DER STREIK DER HEMDTAILLENHERSTELLER

ICH

Urusova heißt . Sie ist klein, sieht kaum älter als zwölf Jahre aus, hat ein blasses, empfindliches Gesicht, klare dunkle Augen, sehr weiches, glattes schwarzes Haar, das im Nacken gescheitelt und zu Zöpfen geflochten ist, und die sanfteste Stimme der Welt. eine Stimme, die immer noch von den leichten Tönen eines Kindes begeistert ist.

Sie ist die Tochter eines russischen Hebräischlehrers, der vor etwa drei Jahren in einem Buchendorf in der Steppe Zentralrusslands lebte. Hier hatte ein Nachbar von Natalyas Familie, ein jüdischer Bauer, das Manifest des Zaren, das die freie Meinungsäußerung verkündete, missverstanden und den Sozialismus missverstanden Die Bevölkerung muss sich erheben und eine reiche Farm zwei Meilen entfernt unter sich aufteilen.

Fast unmittelbar nach dem Erscheinen dieser Rechnungen wurden dieser unglückliche Mann und ein junger jüdischer Freund, der zum Zeitpunkt seiner Verhaftung zufällig bei ihm war, von den Regierungsbeamten ergriffen und ermordet – der Freund ertrank, der Bauer wurde durch den Schlag tot erschlagen ein Knüppel. Es bildete sich ein christlicher Mob, und die Beamten und der Mob verwüsteten jedes jüdische Haus in der kleinen Stadt. Dreißig unschuldige Juden wurden zu Tode geprügelt und dann buchstäblich in Stücke geschnitten. Natalya und ihre Familie, die das letzte Haus auf der Straße bewohnte, schlichen unbemerkt zur Hütte einer römisch-katholischen Freundin, einer Frau, die sechzehn jüdische Menschen unter dem Stroh der Hütte auf den Feldern versteckte, mit der sie in einem Raum lebte acht Kinder und einige Schweine und Hühner. Diese Frau holte hastig ein kleines, bunt bemaltes Gipsbild eines verwundeten Heiligen aus einer Schublade und hängte es über die Tür, um Verdacht abzuwenden. Ihr Trick war erfolgreich. „Gibt es hier Juden?" Der Beamte rief ihr eine halbe Stunde später zu, als der Mob über die Felder zu ihrem Haus kam.

„Nein", sagte die Frau.

„Öffne die Tür und lass mich sehen."

Die Frau riss die Tür auf. Aber da er nichts ahnend war, warf der Offizier nur einen sehr beiläufigen Blick hinein; und in völliger Unwissenheit ging die

Wut des Mobs über die Felder, vorbei an dem überfüllten kleinen Raum atemloser Juden.

Sobald sich die Armee aus der Stadt zurückgezogen hatte, machten sich Natalya und ihre Familie auf den Weg nach Amerika, wo man, wie man ihnen gesagt hatte, das Recht auf freien Glauben und freie Meinungsäußerung habe. Hier ließen sie sich im sechsten Stock eines Mietshauses in der Monroe Street im Osten von New York nieder. Man könnte sich nichts anderes vorstellen als das offene, stille Land der Steppe als den Ort um sie herum.

Die Aussicht auf die New Yorker Straße wird von hohen Reihen schmuddeliger Backsteinhäuser flankiert, die von hervorstehenden Feuerleitern aus weißem Eisen gesäumt sind und in denen pralle Federbetten und Kissen hängen, die aus den Fenstern schnaufen. Tagsüber und nachts sind die Bürgersteige und Straßen voller Menschen: bärtige alte Männer mit Mützen, barhäuptige Frauen mit Perücken, schöne junge Mädchen, halbbekleidete Babys, die in den Dachrinnen herumschwirren und Buben spielen. Schubkarren, die nachts mit Fackeln beleuchtet werden, säumen die Bürgersteige und machen den ganzen überfüllten, redenden Ort zu einem offenen Markt, der mit Schildern beklebt und mit Waren und Tauschgeschäften gefüllt ist. Jeder hält sich so weit wie möglich im Freien auf. Im Sommer schlafen die Kinder auf den Stufen und in überdachten Hühnerställen am Gehweg; denn im Inneren sind die Räume zu oft klein und stickig, manche liegen in Innenhöfen und sind mit Wäsche vollgestopft, manche sind praktisch Schränke, ohne irgendeine Öffnung zur Außenluft.

Viele, viele von Natalyas Nachbarn hier sind im Bekleidungshandel tätig. Laut der Volkszählung der Vereinigten Staaten von 1900 betrug die Menge der in Fabriken in New York City hergestellten Herrenbekleidung fast dreimal so viel wie die, die in jeder anderen Stadt der Vereinigten Staaten hergestellt wurde. Die in Fabriken in New York City hergestellte Damenbekleidung war mehr als zehnmal so groß wie die in jeder anderen Stadt; Die Herstellung von Konfektionskleidung für Frauen liegt in diesem Land tatsächlich fast vollständig in den Händen der riesigen jüdischen Bevölkerung New Yorks. [12]

Sobald Natalya ihr Alter zuließ, nahm sie gleich nach ihrer Ankunft eine Anstellung in einer Hemdenfabrik als ungelernte Arbeiterin mit einem Gehalt von 6 Dollar pro Woche an. Wenn man die Treppe der Taillenfabrik hinaufsteigt, spürt man starke Vibrationen. Das Dröhnen und Surren der Maschinen nimmt zu, je mehr sich die Tür öffnet, und man sieht auf einem langen Dachboden, der normalerweise ziemlich hell und sauber ist, manchmal aber auch beides nicht, Reihen von Mädchen mit gesenkten Köpfen und Augen, die auf die blinkenden Nadeln gerichtet sind. Sie werden alle intensiv absorbiert; Denn wenn sie nach Stück bezahlt werden, beeilen sie sich aus Ehrgeiz, und wenn sie nach der Woche bezahlt werden, werden sie vom Vorarbeiter auf ein Tempo „beschleunigt", das von den flinksten Arbeitern vorgegeben wird.

In dem Broadway-Etablissement, das man Bruch Hemdenfabrik nennen könnte und in dem Natalya arbeitete, gab es vierhundert Mädchen – sechshundert in der Hauptsaison. Die Stunden waren lang – von acht bis halb zwölf, eine halbe Stunde zum Mittagessen und dann von eins bis halb sechs.

Manchmal arbeiteten die Mädchen bis halb acht, bis neun. Es gab nur zwei Aufzüge in dem Gebäude, in dem sich andere Fabriken befanden. In diesen Aufzügen konnten zweitausend Arbeiter untergebracht werden, die alle um acht Uhr morgens mit der Arbeit begannen; So kam es, dass Natalja, selbst wenn sie um halb acht am Fuße des Schachtes ankam, manchmal erst um halb acht vor der Hemdenfabrik im zwölften Stock ankam. Wegen dieser unvermeidlichen Verspätung wurde sie so oft angeklagt, dass sie oft nur fünf statt sechs Dollar pro Woche hatte. Diese Ungerechtigkeit und die Tatsache, dass der Vorarbeiter sie manchmal mehrere Stunden lang warten ließ, bevor er ihnen sagte, dass er keine Arbeit für sie habe, waren für die Mädchen besonders ermüdend.

Natalya war „Trimmerin" in der Fabrik. Nachdem sie fertig war, schnitt sie die Fäden der Taille ab – eine Aufgabe, die nur sehr wenig Geschick erforderte. Aber die Arbeit von Hemdblusenarbeitern ist vielfältig. Die Einnahmen der Hersteller von „importierten" Dessous-Taillen steigen manchmal auf bis zu 25 US-Dollar pro Woche. Ein solcher Lohn ist jedoch sehr außergewöhnlich und aufgrund des saisonalen Charakters der Arbeit dennoch weniger hoch, als es den Anschein haben könnte.

Der durchschnittliche erfahrene Taillenarbeiter verdient, wenn er sehr beschäftigt ist, manchmal 12 bis 15 US-Dollar pro Woche. Hier sind die Jahresbudgets einiger der besser bezahlten und qualifizierteren Arbeiter als Natalya – Mitarbeiter, die zwischen 10 und 15 US-Dollar pro Woche verdienen.

Rachael, eine achtzehnjährige Agentin mit Hemdblusen, war seit drei Jahren bei der Arbeit. Sie hatte mit 5 Dollar pro Woche angefangen und ihre Fähigkeiten verbessert, bis sie in einer sehr arbeitsreichen Woche durch Akkordarbeit 14 bis 15 Dollar verdienen konnte. „Aber", sagte sie, „ich verdiente zu viel, also wurde ich wieder auf die Wochenarbeit gesetzt, für 11 Dollar pro Woche. Der Vorarbeiter ist ein schlechter, fahrender Mann. Pfui! Er lässt uns schnell arbeiten – besonders die jungen Anfänger." "

Auch Rachael war durch Christenverfolgung aus Russland vertrieben worden. Ihre kleine Schwester war bei einem Massaker getötet worden. Ihre

Eltern waren in die eine Richtung gegangen, und sie und ihre beiden anderen Schwestern waren in die andere Richtung nach Amerika geflohen.

Hier in New York lebte sie in einem Mietshaus, teilte sich ein Zimmer mit zwei anderen Mädchen und arbeitete nicht nur in der Hemdenfabrik, sondern wusch auch selbst, machte ihre eigenen Hosen und ging zur Abendschule.

Ihr Einkommen wurde durch den saisonalen Charakter ihrer Arbeit erheblich beeinträchtigt. Von den zwölf Monaten des Jahres war sie einen Monat lang untätig, vier Monate lang hatte sie nur drei oder vier Tage Arbeit pro Woche, drei Monate lang hatte sie fünf Tage Arbeit pro Woche und vier Monate lang nur alle sechs Tage Arbeit haben. Unglücklicherweise bekam sie in diesen Monaten einen starken Husten, der sie sieben Wochen lang arbeitsunfähig machte und ihr in diesen Wochen die Kosten für Medikamente, einen Arzt und eine weitere Unterkunft im Internat einbrachte, da sie während ihrer Krankheit nicht mit ihren beiden Freundinnen schlafen konnte .

Ihr Jahreseinkommen betrug 348,25 $. Ihre Ausgaben waren wie folgt: Miete für ein Drittel des Zimmers zu 3,50 Dollar pro Monat, also 42 Dollar; Abendessen mit der Vermieterin zu je 20 Cent, 63 $; andere Mahlzeiten, etwa 90 $; Verpflegung im Krankheitsfall, sieben Wochen für 7 $, 49 $; Arzt und Medikamente (ca.) 15 $; Kleidung, 51,85 $; Club, 5 Cent pro Woche, 2,60 $; insgesamt 313,45 $, so dass ein Restbetrag von 34,80 $ verbleibt.

Allein Schuhe verschlangen mehr als die Hälfte des Geldes, das für Kleidung ausgegeben wurde. Sie nutzten sich so erstaunlich schnell ab, dass sie einmal im Monat ein neues Paar brauchte. Bei 2 US-Dollar pro Stück, mit Ausnahme eines besten Paares, das 2,60 US-Dollar kostete, belief sich ihr Jahrespreis auf 24,60 US-Dollar. [13]

Im Hinblick auf Rachaels Aufwand und Krafterhaltung hatte sie stark auf ihre Gesundheit und Energie zurückgegriffen. Ihr Husten erschöpfte sie weiterhin. Sie war erschöpft und gebrechlich, und mit achtzehn Jahren verschlechterte sich ihr Gesundheitszustand.

Anna Klotin , eine weitere ältere Facharbeiterin, ein fähiges und kluges russisches Mädchen von einundzwanzig Jahren, eine Arbeiterin und Trimmerin, verdiente 12 Dollar pro Woche. Wegen mangelnder Arbeit war sie zwölf Wochen lang untätig gewesen. Vier Wochen lang hatte sie drei Nächte pro Woche Nachtarbeit, und die Bezahlung dieser zusätzlichen Zeit hatte ihr Jahreseinkommen auf 480 US-Dollar erhöht. Von diesem Betrag zahlte sie 312 US-Dollar (6 US-Dollar pro Woche) für Unterkunft und Verpflegung allein in einem großen, angenehmen Zimmer bei einer freundlichen Familie auf der East Side. Sie hatte ihrer Familie in Russland

120 Dollar geschickt, und sie hatte es irgendwie geschafft, Schuhe zu kaufen und Fahrgeld und alle anderen Ausgaben zu bezahlen, indem sie ihre eigene Wäsche machte, ihre eigenen Taillen und Röcke anfertigte und Kleidungsstücke aus dem Vorjahr reparierte von den restlichen 48 $. Sie hatte fünf Paar Schuhe für jeweils 2 Dollar und einen Anzug für 15 Dollar gekauft.

Fanny Wardoff , eine zwanzigjährige Arbeiterin, die erst seit einem Jahr in den Vereinigten Staaten war, half ihrer Familie, indem sie ihren jüngeren Bruder unterstützte.

Für einige Zeit nach ihrer Ankunft in diesem Land war sie aufgrund der negativen Auswirkungen ihrer Zwischendeckreise zu elend, um zu arbeiten. Anschließend erhielt sie eine Anstellung als Finisherin in einer Rockfabrik, wo ihr bester Lohn 7 Dollar betrug. Aber ihr Einkommen an diesem Ort schwankte so stark, dass sie sich nicht sicher war, wie hoch ihr Gesamteinkommen vor den letzten dreizehn Wochen gewesen war. Zu Beginn dieser Zeit hatte sie die Rockfabrik verlassen und war als Finisherin in einer Taillenfabrik tätig, wo sie bei neuneinhalb Stunden am Tag zwischen 10 und 12 Dollar pro Woche verdiente.

Ihr Schlafplatz sowie Frühstück und Abendessen in einem Mietshaus kosteten 2,50 Dollar pro Woche. Das Gleiche zahlte sie für ihren jüngeren Bruder, der noch zur Schule ging. Die wöchentlichen Ausgaben wurden spürbar um 60 Cent pro Woche für das Mittagessen und 30 Cent für die Fahrt mit dem Auto zur Arbeit erhöht. Sie ging fünfzehn Blocks nach Hause.

Ihre Kleidung hatte während der achtmonatigen Arbeit etwa 40 Dollar gekostet. Davon wurden 8 Dollar für vier Paar Schuhe ausgegeben. Zwei fertige Röcke hatten 9 Dollar gekostet, eine Jacke 10 Dollar. Ihre Kosten für die Taillen beliefen sich nur auf die Materialkosten, da sie diese selbst hergestellt hatte.

Sie gab 35 Cent pro Woche für das Theater aus und sparte, indem sie ihre Wäsche selbst wusch.

Hier sind die Budgets einiger hemdsärmeliger Arbeiter, die zwischen 7 und 10 Dollar pro Woche verdienen, weniger qualifiziert als die oben beschriebenen Arbeiter, aber qualifizierter als Natalya.

Irena Kovalova , ein sechzehnjähriges Mädchen, ernährte sich und drei weitere Personen, ihre Mutter und ihre jüngeren Geschwister, von ihrem geringen Lohn von 9 Dollar pro Woche. Sie war ein sehr schönes Mädchen, klein, aber kräftig gebaut, mit ernsten dunklen Augen, einem quadratischen Gesicht und einem Verhalten, das reifer und verantwortungsbewusster war als das vieler Frauen mit vierzig Jahren. Irena Kovalova war in dem von ihr beschriebenen Jahr keine ganze Woche arbeitslos gewesen . Sie hatte noch nie Nachtarbeit geleistet; aber sie hatte am Sonntag fast immer einen halben

Tag gearbeitet – außer in arbeitsfreien Wochen. Sie war sich nicht sicher, wie viele es davon gegeben hatte; aber es gab genug freie Zeit, um ihr Jahreseinkommen für ihre Familie auf 450 Dollar zu reduzieren. Sie hatten 207 Dollar Miete für vier Zimmer auf der East Side bezahlt und lebten von den restlichen 243 Dollar, die Irena vollständig ihrer Mutter gegeben hatte.

Ihre Mutter half ihr beim Waschen und sie hatte bis auf die Schuhe die Kleidung getragen, die sie im Jahr zuvor hatte. Sie war gezwungen worden, vier Paar davon für 2 Dollar pro Paar zu kaufen. Sie alle erkannten, dass Irena ihre Schuhe länger tragen würde, wenn sie etwas mehr für sie ausgeben könnte. „Aber für Schuhe", sagte sie mit einem kleinen Lachen, „zwei Dollar – das ist das Höchste, was ich jemals bezahlen konnte."

Sie war ein Mädchen von ungewöhnlicher Gesundheit und Stärke, und obwohl sie manchmal nachts sehr müde war und unter einer Überanstrengung der Augen litt, weil sie auf die Nadel schaute, war es ein anderer Verlust ihrer Lebenskraft, den sie als alarmierend bezeichnete. Sie musste zu einer Zeit im Monat arbeiten, zu der sie normalerweise Ruhe brauchte, und litt zu dieser Jahreszeit unter Qualen an ihrer Maschine. Sie habe gedacht, sagte sie ernst, dass sie, wenn sie jemals Geld übrig hätte, versuchen würde, es zu nutzen, um sich dann ein wenig auszuruhen.

Molly Zaplasky , eine kleine russische Arbeiterin im Alter von fünfzehn Jahren, bediente sechsundfünfzig Stunden pro Woche eine Maschine, wusch ihre Wäsche selbst und ging sogar zur Abendschule. Sie hatte fünf Monate lang gearbeitet und davon fünf Wochen lang 9 Dollar pro Woche verdient, in der übrigen Zeit manchmal 6 Dollar, manchmal 7 Dollar. Sie und ihre siebzehnjährige Schwester Dora, ebenfalls Hemdenschneiderin, hatten ein Zimmer bei der Familie einer Cousine auf der East Side.

Dora hatte anderthalb Jahre gearbeitet. Auch sie verdiente in ganzen Wochen 9 Dollar pro Woche. Aber es hatte in diesem Zeitraum nur zweiundzwanzig solcher Wochen gegeben. Siebzehn Wochen lang hatte sie 6 Dollar pro Woche verdient. Vier Wochen lang war sie wegen mangelnder Arbeit untätig gewesen, und kürzlich war sie neun Wochen lang zu krank zum Arbeiten, weil sie an Tuberkulose erkrankt war. Auch Dora wusch ihre Wäsche selbst. Sie machte ihre eigenen Taillen und ging zur Abendschule. Sie hatte 2,75 Dollar pro Woche für Teilverpflegung und Unterkunft bezahlt. Das Essen, das nicht in ihrer Verpflegung enthalten war, kostete etwa 1 Dollar pro Woche. Die kleine Molly hatte Dora während ihrer neunwöchigen Krankheit für Unterkunft und Verpflegung bezahlt. Dora, die so tapfer gearbeitet hatte, erwartete in aller Stille, dass sie ebenso tapfer auf der langen Warteliste der Bewerber für das Montefiore-Heim für Schwindsüchtige an die Reihe kommen würde. Sie wusste, dass die Chance, zu Molly zurückzukehren, sehr gering war.

Ihre Ausgaben für Nahrung, Unterkunft und Kleidung beliefen sich in diesem Jahr auf Folgendes: Unterkunft und Verpflegung (ohne neunwöchige Krankheit): 161,25 $; Kleidung, 41,85 $; insgesamt 203,10 $. Da ihr Jahreseinkommen 297,50 US-Dollar betrug, blieb für alle anderen Ausgaben ein Restbetrag von 94,40 US-Dollar übrig. Kleidungsstücke waren: Anzug, 12 $; Jacke, 4,50 $; ein Hut, 2,50 $; Schuhe (zwei Paar), 4,25 $; Strümpfe (zwei Paar pro Woche für 15 Cent), 15,60 $; Unterwäsche, 3 $; Insgesamt 41,85 $.

Ein Punkt sollte in diesem Budget hervorgehoben werden: die hohen Kosten für Strümpfe, die durch den täglichen Weg zur und von der Arbeit und den Mangel an Kraft und Zeit des kranken kleinen Arbeiters zum Stopfen verursacht werden. Der Aufwand für Schuhe ist in allen Budgets der Betreiber hoch, obwohl sie einen Großteil ihrer Arbeit im Sitzen erledigen.

Hier sind die Budgets einiger Hemdenschneider, die Natalyas Lohn von 6 Dollar pro Woche oder weniger verdienten.

Rea Lupatkin , eine neunzehnjährige Hemdenschneiderin, war erst seit zehn Monaten in New York und arbeitete zunächst als Finisherin in einer Umhangfabrik. Als sie später eine Stelle als Bedienerin in einer Taillenfabrik annahm, konnte sie in 56 Stunden am Stück 4 Dollar verdienen. Sie war seit sechs Wochen in dieser Fabrik.

Rea zahlte 4 Dollar im Monat für die Unterbringung in zwei Zimmern eines Mietshauses bei einem Mann, seiner Frau, einem Baby und einem kleinen Jungen. Sie sparte Fahrkosten durch einen dreiviertelstündigen Fußweg ein und fügte zu den neuneinhalb Stunden, die sie bereits für den Betrieb aufgewendet hatte, täglich eineinhalb Stunden hinzu. Ihr Essen kostete 2,25 US-Dollar pro Woche, sodass ihre regulären wöchentlichen Lebenshaltungskosten bei 93 Cent pro Woche für die Unterkunft 3,18 US-Dollar betrugen und ihr 82 Cent für alle anderen Ausgaben übrig blieben. Trotzdem und obwohl sie gezwungen war, 3 Dollar für die Untersuchung ihrer Augen und für Brillen auszugeben, gelang es Rea, gelegentlich 2 Dollar an ihre Familie in Europa zurückzuschicken.

Ida Bergeson, ein kleines Mädchen von fünfzehn Jahren, wurde eines Abends um halb acht in einem Mietshaus in der Lower East Side besucht. Das Gas brannte hell im Raum; mehrere Leute redeten; und diese gebrechlich aussehende kleine Ida lag in ihrer Mitte auf einer Couch und schlief, in all dem Lärm und Licht, völlig erschöpft. Ihre Schwester erzählte, dass das Kind jede Nacht völlig erschöpft aus der Fabrik zurückkam und so hart und so schnell arbeiten musste.

Ida erhielt den gleichen Lohn wie Natalya: 6 Dollar pro Woche. Sie arbeitete 56 Stunden pro Woche – acht mehr, als das Gesetz für Minderjährige zulässt. Sie zahlte 4 Dollar pro Woche für Verpflegung und ein gemeinsames

Zimmer mit der besorgten älteren Schwester, die von ihrem Erlebnis erzählte. Den Rest ihrer 2 Dollar brauchte Ida für ihre Kleidung. Sie wusch ihre Wäsche selbst. Als die Fragestellerin wegging und das erschöpfte kleine Mädchen völlig erschöpft schlafen ließ, fragte sie sich, mit welcher Kraft Ida ihre mögliche Ehe und Mutterschaft angehen könnte – ob sie sich tatsächlich bis zur Reife durchkämpfen würde.

Katia Halperian , eine fünfzehnjährige Arbeiterin mit Hemdblusen, war erst sechs Monate in New York. Einundzwanzig Wochen lang war sie in einer Fabrik in der Wooster Street beschäftigt und verdiente für eine Woche mit neuneinhalb Stunden Arbeitstagen nur 3,50 Dollar. Katia war wie Natalya eine „Trimmerin".

Nachdem sie einer Tante 3 Dollar pro Woche für die Verpflegung gezahlt hatte, hatte sie einen Überschuss von 50 Cent für Kleidung, Freizeit, Arztrechnungen und Nebenkosten.

Um Fahrkosten zu sparen, ging sie zu Fuß zu ihrer Arbeit – die Entfernung betrug etwa vierzig Minuten. Ihre Tante wohnte im vierten Stock eines Mietshauses. Nachdem sie neuneinhalb Stunden gearbeitet und täglich eine Stunde und zwanzig Minuten gelaufen war, stieg Katia vier Treppen hinauf und half dann bei der Hausarbeit.

Sonia Lavretsky, ein zwanzigjähriges Mädchen, lebte seit vier Jahren selbständig. Sie lebte in einem äußerst elenden, ungepflegten Mietshaus bei einer Familie, die künstliche Blumen herstellte. In den letzten fünf Monaten war es ihr überhaupt nicht gelungen, Arbeit zu finden, aber diese Familie, obwohl sehr arm, hatte sie die ganze Zeit über ohne Bezahlung bei sich behalten.

Sie war seit drei Monaten im Einsatz und legte Handschellen an die Taille. Sie arbeitete auf Zeitbasis und verdiente in der ersten Woche 3 Dollar und in der zweiten 4 Dollar. Dann musste sie im Akkord arbeiten und konnte in vierundfünfzig Stunden nur drei Dollar verdienen. Nach ihrer Entlassung fand sie eine Anstellung beim Fällen von Umhängen und verdiente zwischen 3 und 6 Dollar pro Woche. Aber nach zwölf Wochen war auch der Handel an diesem Ort schwächer geworden.

Während ihrer Freizeit wurde sie „heruntergekommen" und war drei Wochen lang krank. Glücklicherweise konnte ein Bruder ihre Arztrechnungen bezahlen, bis auch er während eines Teils ihrer Freizeit entlassen wurde.

Als Sonia Geld hatte, gab sie ihrer Vermieterin für einen Teil eines Zimmers in dem armen Mietshaus bei den Blumenmachern 3,50 Dollar im Monat und etwa 2,50 Dollar pro Woche für Lebensmittel. Bevor ihre langweilige Saison und die Flaute der Arbeit begannen, hatte sie 20 Cent pro Woche Beitrag an einen Selbstbildungsverein und einen Sozialclub gezahlt.

Ihr Bruder hatte ihr alle Kleidungsstücke gegeben, die sie hatte. Die Last ihrer Unterstützung lastete offensichtlich schwer auf ihm und der armen Familie ihrer Gastgeberin. Und Sonia war zutiefst entmutigt. Sie wollte New York verlassen, in der Hoffnung, in Syrakus Arbeit zu finden.

Getta Bursova , ein attraktives russisches Mädchen von zwanzig Jahren, hatte acht Jahre lang gearbeitet – seit ihrem zwölften Lebensjahr. Sie war sechs Jahre lang in London und zwei Jahre lang in New York als Taillenspezialistin beschäftigt.

Hier arbeitete sie täglich neuneinhalb Stunden in einer Fabrik in der Nineteenth Street und verdiente 5 bis 6 Dollar pro Woche. Von diesem Lohn zahlte sie ihrer Schwester 4 Dollar pro Woche für Essen und Unterkunft in einem Mietshaus in einem sehr armen East Side-Viertel, so weit von ihrer Arbeit entfernt, dass sie gezwungen war, 60 Cent pro Woche für Fahrgeld auszugeben. In ihren arbeitsreichen Wochen hatte sie nie mehr als 1,40 Dollar pro Woche und oft nur 60 Cent für ihre Kleidung und alle anderen Ausgaben übrig.

Getta war außerdem fast sechs Monate lang untätig gewesen. Während dieser Zeit wurde sie von der Familie ihrer Schwester unterstützt.

Trotz dieser Niederlage in ihrem Schicksal strahlte ihre Erscheinung einen wunderbaren Glanz und Initiative aus, und ihr billiges Kleid hatte eine gewisse Zierlichkeit. Sie war wissbegierig und hatte in all ihren arbeitsreichen Wochen 10 Cent Beiträge an einen Selbstbildungsverein gezahlt.

Dennoch war ihre lange, langweilige Saison sowohl für sie selbst als auch für die kämpfende Familie ihrer Schwester eine belastende Belastung und Enttäuschung.

Betty Lukin , eine zwanzigjährige Hemdenschneiderin, fertigte seit zwei Jahren Ärmel an. Neun Monate im Jahr verdiente sie zwischen 6 und 10 Dollar pro Woche; für die restlichen drei Monate nur 2 $ pro Woche. Ihr durchschnittlicher Wochenlohn für das Jahr würde etwa 6 US-Dollar betragen. Davon gab sie 3 Dollar pro Woche für Abendessen und einen Platz zum Schlafen in einer Mietswohnung aus und etwa 50 Cent pro Woche für Frühstück und Mittagessen – ein Brötchen und etwas Obst oder Süßigkeiten aus einem Schubkarren. Ihr Vater war in New York und leistete kaum etwas für seinen Lebensunterhalt, so dass sie viele Wochen darauf verzichtete, ihm 3 oder 4 Dollar zu geben.

Sie gab 50 Cent pro Woche für den Theaterbesuch und 10 Cent für den Clubbeitrag aus. Sie hatte natürlich nur noch sehr wenig zum Anziehen übrig.

Sie sah schlecht gekleidet aus, war natürlich schlecht ernährt und sehr empfindlich.

Zwei Punkte in Bettys kleinem Bericht sind suggestiv: Zum einen konnte sie ihrem Vater immer helfen. Als ich mir den Bericht eines Organisators der Shirt-waist Makers' Union anhörte, eines Mannes, der etwa 40.000 Textilarbeiter gekannt hatte, schwärmte ich von den Härten des Gewerbes angesichts der Zahl verheirateter Männer, die es umfasste, und war dabei, eine herzustellen Notiz von diesem Punkt, als er mich eifrig aufhielt. „Warte, warte, bitte", rief er großzügig. „Wenn du es niederlegst, dann tu es auch. Das Gleiche gilt für die Mädchen. Die meisten von ihnen sind mit einer Familie verheiratet. Auch sie kümmern sich um andere."

Dafür sind Bettys Ausgaben von 3 bis 4 US-Dollar für ihren Vater bei ihrem Durchschnittslohn von 6 US-Dollar und der Posten der kleinen Molly für neun Wochen Kost und Logis für ihre Schwester ein beredtes Zeugnis. Von den Mädchen wurden sie lediglich als „alle in der täglichen Arbeit" erwähnt, und zwar mit der stillschweigenden Einfachheit jener gemeinsamen sterblichen Verantwortung, die heroisch ist.

Die andere Tatsache, die in Bettys Bericht erwähnt werden muss, ist, dass sie 60 Cent pro Woche für Clubbeiträge und Theaterbesuche ausgab und nur 50 Cent für all ihre zwanglosen Frühstücke auf dem Bürgersteig und Mittagessen an den Handkarren. Solch ein eifriger Hunger nach völligem Tapeten- und Gedankenwechsel, solch ein Wunsch nach Schönheit und Romantik, wie diese beiden Vergleichsstücke zeigen, erscheinen an sich schon als wahre Romanze. Fast alle russischen Hemdenmacher gehen ins Theater, besuchen Clubs und Abendkurse, unabhängig von ihrem Gehalt oder ihrer Arbeitszeit. Die meisten von ihnen tragen zum Unterhalt einer Familie bei.

Diese Hemdenschneider, allesamt Selbstversorger, deren Einkommen und Ausgaben oben beschrieben sind, lebten alle – mit Ausnahme von Irena Kovalova , die eine vierköpfige Familie ernährte – weit weg von zu Hause. Natalya lebte bei ihrer Mutter und ihrem Vater.

Sie wusch ihre Wäsche nicht selbst, sondern machte ihre eigenen Taillen und die ihrer Schwester und Mutter. Aber ihre Geschichte wird erzählt, weil ihre Erfahrung in anderer Hinsicht – in Gelegenheitsbeschäftigung, langen Arbeitszeiten, unfairer und unwürdiger Behandlung durch ihre Arbeitgeber und in den Bedingungen ihres friedlichen Bemühens um gerechtere und bessere Lebensbedingungen – charakteristisch für den Beruf zu sein schien Vermögen vieler der vierzigtausend Hemdenschneider, die in den letzten zwei Jahren in New York beschäftigt waren.

Unter den oben beschriebenen Bedingungen arbeiteten Natalya und andere Hemdenschneiderinnen letzten Herbst, als sie eines Tages ein Mädchen, eine Akkordarbeiterin, sah, die den Kopf schüttelte und sich traurig über den niedrigen Preis beschwerte, den der Vorarbeiter ihr für die Herstellung eines Hemdes anbot Taille. „Wenn es dir nicht gefällt", sagte der Vorarbeiter lachend, „warum gehst du dann nicht zu deinen alten ‚Schwestern' auf die Straße?"

Natalya fragte sich interessiert, wer diese „Schwestern" waren. Als sie nachfragte, stellte sie fest, dass die Arbeiter in anderen Hemdenfabriken aus verschiedenen Gründen gestreikt hatten, weil sie mit den Bedingungen ihres Gewerbes unzufrieden waren.

Die Fabriken hatten die Arbeit mit Streikbrechern fortgesetzt. Einige der Unternehmen hatten Straßenfrauen und ihre Kadetten vor den Geschäften postiert, um die Gewerkschaftsmitglieder zu beleidigen und anzugreifen, wann immer sie kamen, um mit ihren Kollegen zu sprechen, und um zu versuchen, sie davon abzubringen, ihre Arbeit zu unfairen Bedingungen zu verkaufen. Einige hatten besonderen Polizeischutz und Schläger gegen die Streikposten eingesetzt.

Natürlich gibt es kein Gesetz gegen Streikposten. Jeder in den Vereinigten Staaten hat das ebenso klare gesetzliche Recht, eine andere Person friedlich über die Frage zu sprechen, ob sie davon überzeugt ist, sein Werk zu verkaufen, wie über die Frage, ob sie an den Zoll glaubt. Doch am 19. Oktober wurden zehn der Gewerkschaft angehörende Mädchen, die am Tag zuvor friedlich mit einigen Streikbrechern gesprochen hatten, plötzlich verhaftet, als sie leise die Straße entlanggingen, wegen ungeordneten Verhaltens angeklagt und vor Gericht gestellt Jefferson Market Court und verhängte jeweils eine Geldstrafe von 1 US-Dollar. Der Vorsitzende der Streikenden eines Ladens wurde beim Geldsammeln von einer Schlägerbande überfallen , geschlagen und verstümmelt, sodass er wochenlang ans Bett gefesselt war.

Ein neunzehnjähriges Mädchen, eine der Streikenden, wurde eines Nachmittags auf dem Heimweg im offenen Tageslicht von einem Schläger angegriffen, der sie in die Seite schlug und ihr eine Rippe brach. Sie lag vier Wochen im Bett und wird durch ihre Verletzung immer etwas behindert sein. Diese und andere illegale Unterdrückungen der Streikenden veranlassten eine Reihe von Mitgliedern der Women's Trade-Union League, den Mädchen bei friedlichen Streikposten zu helfen.

Anfang November verhaftete ein Polizist Miss Mary E. Dreier, die Präsidentin der Women's Trade-Union League, weil sie ein stilles Gespräch mit einem der Streikbrecher begann. Miss Dreier ist eine Frau mit großen, unabhängigen Mitteln, die in ganz New York und Brooklyn gesellschaftlich bekannt ist. Als der Sergeant sie erkannte, als sie die Wache betrat, gab er ihren Fall sofort ab, tadelte den Beamten und versicherte Fräulein Dreier, dass sie nie verhaftet worden wäre, wenn sie gewusst hätten, wer sie war.

Dieser glatte Fall von Diskriminierung veranlasste die Beamten der Women's Trade-Union League, bei Polizeikommissar Baker gegen die willkürliche Unterdrückung der Streikenden durch die Polizisten zu protestieren. Er wurde gebeten, das Vorgehen der Polizei zu untersuchen. Er antwortete, dass die Streikposten künftig genauso berücksichtigt würden wie andere Menschen. Die Haltung der Polizei änderte sich jedoch nicht.

Auf diese Ereignisse bezog sich, wie Natalya Urusova herausfand, der Vorarbeiter der Bruch-Fabrik, als er die Mädchen höhnisch fragte, warum sie sich nicht zu ihren „Schwestern" gesellten. Als sie zum Hauptquartier der Union in der Clinton Street ging, erfuhr sie alles über die Union, was sie konnte. Wenn es später in der Bruch-Fabrik Beschwerden gab, sagte sie beiläufig und in gespielter Hilflosigkeit: „Aber was können wir tun? Gibt es eine Möglichkeit, das zu ändern?" Es würden vage Hinweise auf das Hauptquartier der Union auftauchen, und sie würde sich eifrig erkundigen und so tun, als würde sie sich zur Clinton Street führen lassen. So brachte sie nach und nach, während die langen Arbeitszeiten, die niedrigen Löhne und die Unverschämtheit des Vorarbeiters anhielten, etwa sechzig Mädchen dazu, sich mit der Organisation auseinanderzusetzen und sie positiv zu bewerten.

Am Abend des 22. November nahmen Natalya und wie viele andere aus der Fabrik, die sie nicht nennen konnte, an einer Massenversammlung bei Cooper Union teil, über die sie durch Flugzettel informiert worden waren. Sie wurde zu dem Zweck einberufen , über einen Generalstreik der Hemdblusenarbeiter in New York City zu diskutieren. Der Saal war voll. Überlauftreffen fanden in der Beethoven Hall, im Manhattan Lyceum und in der Astoria Hall statt. In der Cooper Union hielten Samuel Gompers, Miss Dreier und viele andere Ansprachen. Schließlich bat ein achtzehnjähriges Mädchen den Vorsitzenden um das Wortrecht. Sie sagte: „Ich habe mir alle Reden angehört. Ich bin jemand, der aus den Dingen, die sie beschreiben, denkt und fühlt. Auch ich habe gearbeitet und gelitten. Ich habe das Gerede satt. Ich beantrage, dass wir in einen Generalstreik treten." ."

Die Versammlung brach in tosenden Applaus aus. Der Antrag wurde einstimmig angenommen. Der Vorsitzende, Herr Feigenbaum, ein Gewerkschaftsfunktionär, klopfte auf den Tisch. „Meinst du den Glauben?" rief er den Arbeitern zu. „Wirst du den alten jüdischen Eid leisten?" Tausende rechte Hände wurden hochgehalten und das gesamte Publikum wiederholte auf Jiddisch: [14] „Wenn ich zum Verräter der Sache werde, die ich jetzt verpflichte, möge diese Hand von dem Arm, den ich jetzt erhebe, verkümmern."

Dies war der Beginn des allgemeinen Hemdenstreiks. Auf der Cooper Union-Sitzung wurde ein Ausschuss aus fünfzehn Mädchen und einem Jungen ernannt, der von einer der überzähligen Sitzungen zur nächsten wechselte, wo derselbe Antrag gestellt und einstimmig angenommen wurde.

II

„Aber ich wusste nicht, wie viele Arbeiter in meinem Betrieb diesen Eid bei diesem Treffen geleistet hatten. Ich konnte nicht sagen, wie viele am nächsten Tag in unserer Fabrik streiken würden", sagte Natalya anschließend. „Als wir am nächsten Morgen jedoch in die Fabrik zurückkamen, ging niemand in die Umkleidekabine. Wir saßen alle mit unseren Hüten und Mänteln neben uns an den Maschinen und waren bereit zu gehen. Der Vorarbeiter hatte keine Arbeit für uns, als wir angekommen. Aber wie immer sagte er nicht, wann es welche geben würde oder ob es an diesem Tag überhaupt welche geben würde. Und überall im Raum zwischen den Maschinen wurde leise geflüstert und geredet: „Sollen wir etwa warten?" Das?' „Es gibt einen Generalstreik", „Wer steht zuerst auf?" „Es wäre besser, als Letzter aufzustehen, dann könnte sich die Firma später vielleicht an Sie erinnern und es gut für Sie machen." Aber ich sagte ihnen", bemerkte Natalya mit einem leichten Schulterzucken, „„Was für einen Unterschied macht das?' Es macht aus, wer zuerst und wer zuletzt ist?' Nun, also blieben wir zwei Stunden lang flüsternd, ohne dass einer wusste, was der andere tun würde, und konnten uns nicht entscheiden. Dann begann ich aufzustehen." Ihre Lippen zitterten. „Und im selben Moment standen alle — wir alle zusammen, in einer Sekunde auf. Keiner nach dem anderen; niemand vorher. Und als ich es sah — dieses Mal — oh, es erregt mich noch immer so sehr, dass ich kaum sprechen kann darüber. Also standen wir alle auf und gingen alle zusammen raus. Und schon draußen auf dem Bürgersteig davor standen die Polizisten mit den Knüppeln. Einer von ihnen sagte: „Wenn du dich nicht benimmst, bekommst du das auf die Nase." Kopf.' Und er schüttelte seinen Schläger nach mir.

„ Wir wussten kaum, wohin wir gehen sollten — was wir als nächstes tun sollten. Aber eines der amerikanischen Mädchen, die telefonieren konnte, rief die Women's Trade-Union League an und sie forderten uns alle auf, in eine große Halle ein paar Blocks entfernt zu kommen . Nachdem wir dort angekommen waren, schrieben wir auf Papier, welche Bedingungen wir wollten: keine Nachtarbeit, es sei denn, sie würde aufgrund eines besonderen Bedarfs für das Gewerbe vereinbart; und kürzere Arbeitszeiten; und eine Lohnvereinbarung durch ein Komitee den Preis für jeden fair auszuhandeln und eine bessere Behandlung durch die Vorgesetzten zu erhalten.

„Dann sprach ein Anführer mit uns und erzählte uns vom stillen Streikposten und dem Gesetz." [15]

„Unsere Fabrik begann mit einigen italienischen Streikbrechern zusammenzuarbeiten. [16] Am nächsten Tag gingen wir zurück in die Fabrik und sahen, wie fünf italienische Mädchen zur Arbeit gebracht und anschließend in einem Auto weggebracht wurden. Ich war mit einem Älteres Mädchen aus unserem Laden, Anna Lunska . Am nächsten Morgen trafen Anna Lunska und ich vor der Fabrik einen großen Italiener, der mit einigen Mädchen in die Fabrik ging. Also sagte ich zu ihr: „Diese Mädchen haben irgendwie Angst vor uns." Sie verstehen es nicht, und ich werde mit ihnen sprechen und sie fragen, warum sie arbeiten, und ihnen sagen, dass wir ihnen überhaupt keinen Schaden zufügen werden – nur um über unsere Arbeit zu sprechen."

„Ich ging auf sie zu, um ihnen das zu sagen. Dann schlug der große Mann Anna Lunska so hart in die Brust, dass er sie fast umgeworfen hätte. Sie bekam keine Luft mehr. Und ich ging zu einem Polizisten, der genau dort stand, und sagte: „Warum verhaften Sie diesen Mann nicht, weil er meinen Freund geschlagen hat? Warum lassen Sie ihn das tun? Schauen Sie sie an. Sie kann nicht sprechen, sie weint. Sie hat überhaupt nichts getan." Dann verhaftete er den Mann und sagte: „Aber Sie müssen auch kommen, um eine Anklage gegen ihn zu erheben." Der große Italiener rief einen Mann aus der Fabrik und ging mit mir, Anna Lunska und den drei Mädchen zum Gericht.

Doch als Natalja und Anna den Gerichtssaal erreichten und den großen Italiener angeklagt hatten, wurden zu ihrer Verwirrung nicht nur er, sondern auch sie nach unten in die Zellen geführt. Er hatte ihnen vorgeworfen, die Mädchen angegriffen zu haben, die er in die Fabrik begleitete.

„Sie zwangen mich, in eine Zelle zu gehen", sagte Natalya, „und plötzlich sperrten sie uns ein. Dann bekam ich Angst und sagte zu dem Polizisten dort: ,Warum machen Sie das? Ich habe überhaupt nichts getan. Der Mann.' schlug meinen Freund. Ich muss jemanden holen lassen.'

„Er sagte: ,Sie können überhaupt niemanden holen. Sie sind ein Gefangener.'

„Da haben wir geweint. Wir hatten Angst. Wir wussten nicht, was wir tun sollten."

„Nach ungefähr anderthalb Stunden kam er und sagte , jemand würde nach uns fragen Also dachte er, dass etwas nicht stimmte, und war zur Liga gegangen und hatte es ihnen erzählt.

„ Also war Miss Pike von der Liga gekommen, und sie hat uns gerettet; und sie kam am nächsten Tag mit uns zu unserem Prozess zurück."

Am nächsten Morgen wurde der Fall gegen den großen Italiener rasch geprüft und der Italiener entlassen. Anschließend wurde er zur Widerlegung erneut vorgeladen und der Fall von Natalya und Anna wurde angerufen. Vier Zeugen, darunter der Fabrikbesitzer, wurden gegen sie vorgebracht und gaben an, dass Natalya und Anna eines der Mädchen geschlagen hätten, die der Italiener begleitete. Zum Abschluss des Verfahrens gegen Natalya und Anna sagte Richter Cornell: [17] „Ich halte die Mädchen für schuldig. Es wäre für mich völlig zwecklos, sie zu bestrafen. Einige wohltätige Frauen würden ihre Geldstrafen bezahlen oder sie könnten eine Kaution erhalten. Ich werde sie nach dem Cumulative Sentence Act in das Arbeitshaus einweisen." und dort werden sie Gelegenheit haben, darüber nachzudenken, was sie getan haben."

„Dann trat Miss Violet Pike vor", sagte Natalya, „und sagte: ‚Kann dieser Satz nicht besänftigt werden?'

„Und er sagte, es könne nicht besänftigt werden.

„Sie haben uns auf einer Patrouille zu den Gräbern mitgenommen.

„Wir warteten dort im Wartezimmer. Die Oberin sah uns an und sagte: ‚Ihr seid keine bösen Mädchen. Ich werde euch nicht in die Zellen schicken. Ihr könnt hier etwas für mich nähen.' Aber ich konnte nicht nähen. Mir ging es so schlecht, weil ich das Essen, das sie uns mittags zum Abendessen in der langen Halle mit allen anderen Gefangenen gaben , nicht essen konnte . Es war Kaffee mit Melasse darin, Haferflocken und Brot, so schlecht, dass es so schlimm war Nach einem einzigen Versuch konnten wir es nicht mehr hinunterschlucken. Dann gab es zum Abendessen das Gleiche, aber auch Suppe, mit ein paar Fleischknochen darin. Und noch bevor man sich an den Tisch setzte, rochen diese Knochen so sehr, dass einem ganz schlecht wurde . Aber sie zwangen einen, sich an den Tisch davor zu setzen, egal ob man etwas aß oder trank oder nicht. Und die Gefangenen gingen hinterher in einer langen Reihe vorbei und steckten ihre Löffel in einen Eimer mit heißem Wasser, ganz egal, ob sie es getan hatten ob man etwas mit dem Löffel gegessen hat oder nicht.

„Dann gingen wir zu unseren Zellen. Es war Nacht und es war dunkel – oh, so dunkel da drin, es war schrecklich! In der Zelle waren noch drei andere Frauen – einige von ihnen waren schreckliche Frauen, die von der Straße kamen. Die Betten." lagen übereinander, wie auf den Booten – eiserne Betten, mit einer Steppdecke und einer Decke. Aber es war so kalt, dass man beide über sich ziehen musste, und die eisernen Federn darunter waren kahl und es war schrecklich, darauf zu liegen. Es gab keine Luft, man konnte kaum atmen. Die schrecklichen Frauen lachten und schrien und sagten schreckliche Worte.

„Anna Lunska fühlte sich so krank und war so schwach, dass ich dachte, was sollten wir tun, wenn es ihr nachts in dieser schrecklichen Dunkelheit, in der man überhaupt nichts sehen konnte, noch viel schlimmer ging. Dann rief ich durch das kleine Gitter nach einer Frau." Wer war ein Wächter, der die ganze Nacht im Flur vorbeiging: „Mein Freund ist krank. Kannst du mir etwas besorgen, wenn ich dich nachts anrufe?"

„Die Frau lachte nur und sagte: ‚Wo glauben Sie, dass Sie sind? Aber wenn Sie mich bezahlen, werde ich kommen und sehen, was ich tun kann.'

„Nach ein paar Minuten kam sie mit einer Kerze zurück, mischte einige Karten im Kerzenlicht und rief uns zu: ‚Hier, stecken Sie Ihre Hand durch das Gitter und geben Sie mir einen Vierteldollar, und ich sage Ihnen, wer Ihre Kameraden sind.' die Karten.' Dann sagte Anna Lunska : „Solche Reden wollen wir nicht hören", und die Frau ging weg.

„Die ganze Nacht war es schrecklich. Am Morgen konnten wir nichts von dem Frühstück essen. Sie brachten uns in einen Wagen, der einem Gefängnis ähnelte, mit einem kleinen Gitter, und dann in einem Boot, das einem Gefängnis ähnelte und einem kleinen Gitter. Wie wir ankamen Darauf war ein anderes Mädchen, nicht wie die anderen weiblichen Gefangenen. Sie weinte und weinte. Und ich sah, dass sie ein arbeitendes Mädchen war. Es gelang mir, mit ihr zu sprechen und zu sagen: „Wer bist du?" Sie sagte: „Ich bin Stürmerin. Ich kann kein Englisch." Das war alles. Sie wollten nicht, dass ich mit ihr rede, und ich musste weitermachen.

„Vom Boot aus ließen sie uns in das Gefängnis gehen, das sie Blackwell's Island nennen. Hier zwangen sie uns, andere Kleidung anzuziehen. Alle Kleidungsstücke, die sie hatten, waren viel, viel zu groß für mich und sie waren schmutzig. Sie hatten Kleider in einem Stück Aus sehr schwerem, grobem Stoff, rundherum gestreift, und die Röcke sind gerafft und so schwer für die Frauen, dass sie einen fast zu Boden reißen. Alles war so viel zu groß für mich, die Ärmel hingen über meine Hände So weit und die Röcke auf dem Boden so weit, mussten sie immer wieder mit Sicherheitsnadeln feststecken.

„Dann hatten wir das gleiche Essen, das ich nicht essen konnte, und sie ließen uns Handschuhe nähen. Aber ich konnte nicht nähen, ich war so schwach und krank. Nachts gab es das gleiche Essen, das ich nicht essen konnte, Und die ganze Zeit wunderte ich mich über diese hemdsärmelige Stürmerin, die kein einziges Wort Englisch konnte, und sie war ganz allein und hatte dasselbe wie wir sonst. Als wir nachts an der Oberin vorbeigingen, um in unsere Zellen zu gehen, Zuerst fing sie an, Anna Lunska und mich in verschiedene Zellen zu schicken . Sie hätte mich allein mit einer der schrecklichen Frauen von der Straße gehen lassen. Aber ich hatte so schreckliche Angst und weinte so sehr und flehte sie so an, Anna Lunska zu lassen und ich bleiben zusammen, dass sie endlich sagte, wir könnten.

„Gleich danach sah ich das andere Mädchen weiter unten in der Reihe, so weiß, dass sie geweint und geweint haben musste und so verängstigt aussah. Ich dachte: ‚Oh, ich sollte sie auch bitten, mit uns zu kommen' Aber Ich wagte es nicht. Ich dachte: „Ich werde diese Matrone so wütend machen, dass sie Anna Lunska und mich nicht einmal zusammenbleiben lässt ." Also erreichte ich fast unsere Zelle, bevor ich aus der Schlange ging, über den Flur ging und ging zurück zur Oberin und sagte: „Oh, hier ist noch ein russisches Mädchen. Sie ist ganz allein. Sie kann kein Wort Englisch. Könnte dieses Mädchen bitte nicht mit meiner Freundin und mir kommen?"

„Sie sagte: ‚Um Himmels willen!' Sie wollen also alle Streikenden hier zusammenbringen, oder? Wie lange kennen Sie sie schon?'

„Ich sagte: ‚Ich habe sie bis heute nie gesehen.'

„Die Oberin sagte: ‚Um des Landes willen, was erwarten Sie hier?' aber sie sagte nichts weiter. Also ging ich weg, als würde sie das Mädchen nicht mitkommen lassen; denn ich wusste, dass sie auf keinen Fall so aussehen wollte, als ob sie es tun würde.

„Aber nachdem wir mit einer Irin und einer anderen Frau in der Zelle waren, öffnete sich die Tür und das russische Mädchen kam mit uns herein. Oh, sie war so froh!"

„Danach war es dasselbe wie in der Nacht zuvor, außer dass wir das Licht der vorbeifahrenden Boote sehen konnten. Aber es war dunkel und kalt, und wir mussten sowohl die Steppdecke als auch die Decke über uns legen und uns auf die Federn legen, Und du musst alle deine Klamotten anbehalten, um zu versuchen, warm zu sein. Aber die Luft und die Gerüche sind so schlimm. Ich glaube, wenn es wärmer wäre, würdest du dort fast ohnmächtig werden. Ich konnte nicht schlafen.

„Am nächsten Tag ließen sie mich schrubben. Aber ich wusste nicht, wie man schrubbt. Und Anna Lunska machte sich am ganzen Körper nass, von Kopf bis Fuß. Also sagten sie sehr verärgert: ‚Es kommt uns so vor, als wüssten Sie es nicht.' wie man ein bisschen schrubbt. Du kannst zurück in die Nähabteilung gehen.' Unterwegs ging ich durch einen Raum voller Negerinnen, und sie riefen: „Schau, sieh dir das kleine Kind an." Und sie packten mich und drehten mich um, und alle lachten und sangen und tanzten um mich herum. Diesen Frauen scheint es überhaupt nichts auszumachen, dass sie im Gefängnis sind.

„Die nächsten zwei Tage war ich in der Nähstube so krank, dass ich kaum nähen konnte. Die Frauen sagten oft schreckliche Dinge miteinander, und ich saß mit ihnen auf der Bank. Es gab eine Frau über uns beim Nähen, die so mit mir gestritten hat und erzählte mir, wie viel besser es für mich hier sei als in russischen Gefängnissen und wie dankbar ich dafür sein sollte.

„Ich sagte: ‚Wie ist das dann? Gibt es in diesen Gefängnissen nicht das gleiche Essen wie in diesen Gefängnissen? Und ich denke, es gibt genauso viel Freiheit.'"

Am letzten Tag von Natalyas Haftstrafe, nachdem sie wieder ihr eigenes Jäckchen und ihre Mütze angezogen hatte und gerade bereit war zu gehen, sagte eine der abstoßendsten Frauen der Straße zu ihr: „Ich bleibe hier drin und du gehst." raus. Gib mir zum Abschied einen Kuss. Natalya sagte, dass diese Frau für sie ein Graus sei. „Aber ich fand es nicht sehr nett, das abzulehnen; also gab ich ihr einen Abschiedskuss und ging weg."

Die Beamten bewachten die Mädchen auf dem Gefängnisboot für ihre Rückkehr nach New York. Dort, an der Fähre, wartete eine Delegation der Mitglieder der Women's Trade-Union League und der Union darauf, sie zu empfangen.

Dies ist der Bericht über eine der siebenhundert Festnahmen während des Hemdenstreiks, die Chronik eines friedlichen Streikenden.

Im Laufe der Wochen kam es jedoch entgegen dem Rat der Gewerkschaftsfunktionäre zu einigen Fällen von Gewalt seitens der Gewerkschaftsmitglieder. Unter dreißigtausend Mädchen konnte nicht erwartet werden, dass jede einzelne Person den Kampf um Gerechtigkeit und Mäßigung mit vollkommener Selbstbeherrschung aufrechterhält. In zwei oder drei Fällen schlugen die Gewerkschaftsmitglieder zurück, als sie angegriffen wurden. In einigen Fällen wurden sie aufgeregt und griffen Streikbrecher an. In einer Fabrik kam es zwar nicht zu Gewalt, die Arbeiter führten ihre Verhandlungen jedoch auf unfaire und unglückliche Weise. Sie hatten das Gefühl, dass alle ihre Bedingungen bis auf die Höhe der Löhne gerecht waren, und sie bewunderten und waren sogar außerordentlich stolz auf das Management, ein Unternehmen junger und wohlmeinender Fabrikanten. Zu Beginn des Generalstreiks gingen sie jedoch ohne ein Wort zur Unternehmensleitung hinaus, ohne ihr auch nur in irgendeiner Weise mitzuteilen, welchen Punkt sie für ungerecht hielten. Das Management schickte keine Anfrage. Nach einigen Tagen nahm es die Arbeit mit Streikbrechern wieder auf . Die ehemaligen Mitarbeiter begannen mit Streikposten. Das Management ließ ihnen mitteilen, dass es keines der Einschüchterungsmittel gegen sie einsetzen würde, die zahlreiche andere Firmen nutzten – Spezialpolizei und Schlägertypen – solange sie friedlich seien und sich an die Gesetze hielten. Die Mädchen schickten zurück, dass sie friedlich und ruhig demonstrieren würden. Aber danach wurden sie, wie sie selbst zugaben, was in seiner Offenheit äußerst entwaffnend war, nachlässig und „zu fröhlich". Sie demonstrierten in zu großer Zahl und waren zu laut. Sofort setzte die Firma Polizei ein. Zuvor hatten die Mädchen jedoch begonnen, darüber zu diskutieren und zu erkennen, wie unintelligent ihr Verhalten war, weil sie es versäumt hatten, einen Ausschuss an die Geschäftsleitung zu schicken, um ihre Position klar darzulegen und Bedingungen einzuholen. Sie ernannten und beauftragten nun ein solches Komitee, arrangierten sich rasch mit der Geschäftsleitung und pflegten seither freundschaftliche Beziehungen zu ihr.

Während der Streik im Allgemeinen sowohl in der Durchführung als auch in den Forderungen und Methoden der Streikenden friedlich verlief, müssen diese Ausnahmen natürlich im Interesse der Wahrheit erwähnt werden. Darüber hinaus würde es einen falschen Eindruck erwecken, wenn man behaupten würde, dass jeder verhaftete Streikende ebenso viel Sinn und Charakterstärke hätte wie Natalya Urusova . Natalya wurde in ihrem Leidensweg besonders durch eine lebenswichtige Beobachtungsgabe und einen Sinn für Humor beschützt, die in den Erfahrungen des Autors mit jungen russischen Mädchen und Frauen auf bezaubernde Weise häufig vorzufinden sind. Mit diesen Eigenschaften konnte sie Nacht für Nacht eingesperrt mit den Frauen der Straße verbringen, in ihrer lustigen, riesigen Gefängniskleidung, und von ihren Gefährten so unbeeinflusst bleiben, als wäre sie eine blühende Geranie oder Reseda, die in einem schmutzigen Keller steht Komfort für ein paar Minuten, und dann wieder an die frische Luft ihrer Heimat getragen. Aber solche Qualitäten wie ihre können nicht von allen sehr jungen und ungeschützten Mädchen verlangt werden, und sie mutwillig den Frauen der Straße zuzuordnen, ist im Allgemeinen eine ungeheuerliche Verantwortungslosigkeit und Torheit, die durch die Erfahrung eines Mädchens mit Natalyas individueller Durchdringung und Selbstständigkeit nur unzureichend zum Ausdruck gebracht wird. Vertrauen.

III

Seit Beginn des Streiks hatten sich viele Fabriken auf die Bedingungen der Union geeinigt. Aber viele Fabriken streikten noch immer, und die Streikposten seitens der Gewerkschaft gingen weiter, ebenso kam es zu ungerechtfertigten Verhaftungen, wie bei Natalya, seitens der Arbeitgeber und der Polizei. Die wenigen Ausnahmen von der allgemeinen Regel friedlicher Streikposten wurden aufgeführt. Anfang Dezember kam es innerhalb von drei Tagen zu über zweihundert Festnahmen. Am 3. Dezember marschierte eine Prozession von zehntausend Frauen in Begleitung von Delegierten der Union und der Women's Trade-Union League zum Rathaus , besuchte Bürgermeister McClellan in seinem Büro und überreichte ihm diesen Brief:

EHRENWERTER GEORGE B. MCCLELLAN ,
Bürgermeister der Stadt New York.

Wir, die Mitglieder der Ladies' Shirt-waist Makers' Union, einer Vereinigung von 30.000 Frauen, appellieren an Sie, den Beleidigungen und Einschüchterungen sowie den Misshandlungen, denen die Polizei uns während unseres Aufenthaltes ausgesetzt hat, sofort ein Ende zu setzen Streikposten. Das ist unser gesetzliches Recht.

Wir protestieren gegen die eklatante Diskriminierung der Arbeitgeber durch die Polizei, die uns mit allen Mitteln zur Gewalt anstachelt.

Wir wenden uns in diesem Fall direkt an Sie und nicht an Ihren Polizeikommissar.

Wir tun dies, weil unsere Anträge in den letzten sechs Monaten weder dazu geführt haben, dass die Gewalt gegen unsere Mitglieder gemildert wurde, noch, weil unseren Anträgen kein faires Gehör gewährt wurde.

Hochachtungsvoll,

S. SHINDLER , *Sekretär*.

Der Bürgermeister dankte dem Komitee dafür, dass es ihn auf die Angelegenheit aufmerksam gemacht hatte, und versprach, die Beschwerde beim Polizeikommissar vorzulegen.

Doch die Verhaftungen und die Gewalt der Polizei gingen ungebremst weiter.

Am 5. Dezember hielt die Political Equality League auf Betreiben von Frau OHP Belmont eine vollbesetzte Versammlung zugunsten der Shirt-waist Makers' Union ab. Viele inhaftierte Mädchen waren anwesend und berichteten der Öffentlichkeit klar und deutlich über die Behandlung, die ihnen von der Stadt widerfahren war. Der Sitzungsausschuss hatte dem Bürgermeister und anderen Stadtbeamten eine Loge angeboten, diese weigerten sich jedoch, anwesend zu sein.

Auch hier wurden die Verhaftungen und die Gewalt ohne Schutz für die Arbeiter fortgesetzt. Dennoch gewann ihre Sache ständig an Bedeutung, und obwohl alle Versuche einer allgemeinen Schlichtung erfolglos blieben, einigten sich immer mehr Arbeitgeber mit den Arbeitern. Sie siedelten sich weiterhin im Dezember und Januar bis Mitte Februar an. Alle bis auf dreizehn Geschäfte in New York hatten damals zufriedenstellende

Vereinbarungen mit den Gewerkschaftsarbeitern getroffen. Der Streik wurde offiziell für beendet erklärt.

Natalyas Werkstatt hatte sich am 23. Januar mit den Arbeitern geeinigt und sie machte sich am nächsten Tag wieder an die Arbeit.

Ihr Lohn wurde um 2 Dollar pro Woche erhöht – 8 Dollar pro Woche statt 6 Dollar. Ihre Stundenzahl betrug jetzt zweiundfünfzig statt sechzig pro Woche, also neuneinhalb Stunden am Tag, mit einem halben Feiertag am Samstag. Doch seitdem muss sie aufgrund von Flaute eine andere Fabrik betreten.

Kovalova , die heute in New York zu den besser ausgebildeten Arbeitskräften als Natalya gehört , die ihre Mutter und ihre jüngeren Geschwister unterstützen, hat 11 Dollar pro Woche statt 9 Dollar. Sie ist nicht verpflichtet, am Sonntag zu arbeiten, und ihre Fabrik schließt am Samstag um fünf Uhr statt um sechs Uhr. „Ich habe vier Stunden weniger pro Woche", sagte sie zufrieden. Die Familie fühlte sich in der Lage, ihr ein neues Kleid für 11 US-Dollar und Material für einen Anzug für 6 US-Dollar zu leisten. Eine Freundin, eine Nachbarin, hat das als Geschenk für Irena gemacht.

Unter den älteren Arbeitern mit mehr Fähigkeiten als Irena hat Anna Klotin , die letztes Jahr 120 Dollar an ihre Familie nach Hause geschickt hat, jetzt jedoch nur noch 6, 7 und 8 Dollar pro Woche und eine sehr schlechte und unsichere Arbeit anstelle ihrer früheren 12 Dollar eine Woche. Ihre Fabrik war eine der dreizehn Fabriken, die sich nicht niederließen. Von ihren einhundertfünfzig Mädchen wünschten sie sich, dass etwa zwanzig ihrer besser ausgebildeten Arbeiterinnen zu Gewerkschaftsbedingungen zu ihnen zurückkehren würden, während der Rest die alten langen Überstunden und unbestimmten, unregulierten Löhne zahlen müsste. Anna gehörte zu den Arbeitern, die die Firma zu Gewerkschaftsbedingungen behalten wollte, aber sie hatte das Gefühl, dass sie ihre Chancen in ihrem Beruf nicht vom Vermögen ihrer einhundertdreißig Mitarbeiter trennen konnte. Sie weigerte sich, unter den für sie so ungerechten Bedingungen zurückzukehren. Sie ist in ihrer Pension geblieben, da ihre Vermieterin, die Annas verantwortungsbewussten Charakter erkannt hat, immer bereit ist, auf Geld zu warten, wenn die Arbeit stagniert. Sie hat dieses Jahr nur zwei Paar Schuhe, einen Hut für 50 Cent und ein oder zwei Musselin-Taillen gekauft, die sie selbst gemacht hat. Sie hat von der Arbeit gelebt, die sie von Zeit zu Zeit in verschiedenen Fabriken finden konnte. Anna war ihr Opfer für die weniger qualifizierten Arbeitskräfte in keiner Weise übel. „Mit der Zeit", sagte sie, „wird es uns allen besser gehen." Und das größte Bedauern, das sie erwähnte, war, dass sie seit dem Streik kein Geld mehr nach Hause schicken konnte.

Die treuesten Verbündeten der Hemdenhersteller bei ihrem Versuch, klügere Handelsbedingungen durchzusetzen, waren die Mitglieder und Funktionäre der Women's Trade-Union League, deren Reaktion und Großzügigkeit vom Beginn bis zum Ende des Streiks konstant waren. Die Chronik des größten Frauenstreiks hierzulande ist noch nicht vollständig. Derzeit ist eine Klage gegen die Woman's Trade-Union League und die Union wegen Verschwörung zur Beschränkung des Handels anhängig, eingereicht von der Sittomer Shirt-waist Co. Gegen Richter Cornell ist eine Testklage wegen falscher Inhaftierung anhängig, eingereicht von einem der Hemd-Taillenstürmer.

Der gesamte Ausgang des Streiks und seine Auswirkungen auf die Löhne der Frauen im Hemdblusengewerbe, ihr Einkommen und ihre Arbeitsausgaben, sowohl finanziell als auch in Bezug auf die Vitalität, sind natürlich noch nicht vollständig bekannt. Die Aussage, dass es zu einem allgemeinen Lohnanstieg gekommen sei, muss in einer anderen Weise modifiziert werden, als dies durch den Rückgang von Anna Klotins Einkommen im Jahr seit dem Streik nahegelegt wird. In Fabriken, in denen der Preis für Akkordarbeit einem Schlichtungsverfahren zwischen einem Gewerkschaftsausschuss der Arbeitnehmer und dem Unternehmen unterliegt, ist der Ausschuss nicht immer in der Lage, einen fairen Preis für die Arbeit zu erzielen. Eine der größten Fabriken stimmte mündlich zu, die Bedingungen der Union einzuhalten, unterzeichnete jedoch keinen schriftlichen Vertrag und hat seitdem ihr Wort gebrochen. Sie diskriminiert Gewerkschaftsmitglieder und besteht auf Sonntags- und Nachtarbeit für mehr als zwei Nächte in der Woche. Darüber hinaus wurden während der siebzehn Wochen des Streiks viele Hemdenbestellungen, die normalerweise in New York ausgeführt werden, bei Firmen aus New Jersey und Pennsylvania aufgegeben. Die aktuelle Saison in New York war ungewöhnlich langweilig, und jetzt, da ich dies schreibe, Anfang August, sind viele Mädchen entmutigt, weil sie durch schlechte Arbeit nur geringe Beträge verdienen.

„Aber das ist nicht die Schuld der Arbeitgeber", sagte einer der Arbeiter. „Sie müssen ihnen gegenüber vernünftig sein. Sie können von ihnen keine Arbeit verlangen, die sie Ihnen nicht geben können." Ihre Bemerkung wird sowohl aus Weisheit als auch aus einem anderen Grund zitiert. Sie war das Mädchen, das durch den Angriff des Schlägers ihres Arbeitgebers immer behindert wird . Ihre stille und instinktive Erwähnung der Notwendigkeit von Gerechtigkeit bei der Prüfung der Bedingungen für Arbeitgeber strahlte für den Zuhörer, der sie hörte, eine äußerst bedeutsame, unbewusste Großzügigkeit und Vornehmheit aus.

Wenn man fast ein Jahr später auf den Hemdbundstreik zurückblickt, scheint für einen unvoreingenommenen Betrachter sein tiefster gemeinsamer Wert in seinem Geist zu liegen. Etwas Größeres als ein Klassengeist, etwas

Gerechteres als ein Mob-Geist, etwas, das man vielleicht als Massengeist bezeichnen könnte, manifestierte sich im Streben der Hemdenmacher nach besseren Lebensbedingungen.

„Das bemerkenswerteste Merkmal des Streiks", sagt ein Autor im *Call* : [18] „ist das Fehlen von Anführern. Alle Mädchen scheinen von einem Tatendrang erfüllt zu sein, der alle früheren industriellen Aufstände bei weitem übertrifft. Eine wie alle ist bereit, den Vorsitz zu übernehmen, das Sekretariat zu übernehmen, Streikposten zu verrichten, verhaftet zu werden, und ins Gefängnis gehen."

Einen vergleichbaren Streik wie den Streik der Hemdenhersteller hat es noch nie gegeben. Vielleicht wird es nie wieder so etwas geben. Auch wenn jede berechtigte Kritik an seinem Verhalten geäußert wurde und alle seine Fehler eingestanden wurden, bleibt die Tatsache bestehen, dass der New Yorker Streik mit einer magnetischen Offenheit, die neu und mitreißend in der Stimme war, sagte: „Alle für einen und einer für alle". die größte und reichste Stadt unseres Landes – vielleicht neu in der Stimme der Welt. Wunderbar ist es zu wissen, dass es in dieser Welt heute, unsichtbar und ungehört, Kräfte gibt wie die des Ghettomädchens, das im ärmsten Viertel von New York, mit dürftigem Essen, in dürftiger Kleidung, erschöpft von schwacher Gesundheit und Überarbeitung, konnte dennoch durch ihr Leben gehen, tagsüber die Hälfte ihres Lohns an jemand anderen verschenken, abends das Theater genießen und unter den ärmsten Umständen ihre geringe Kraft wie ein Lied reichlich für Vergnügen und Hingabe ausschütten. Es ist wunderbar zu wissen, dass Natalya Urusova , als sie auf Blackwells Insel in Dunkelheit, Hunger, Angst und Kälte lebte, sich immer noch verantwortungsvoll um das Schicksal eines Fremden kümmern konnte und ihr etwas Edles anbieten konnte. Wunderbar zu wissen, dass eines dieser Mädchen, nachdem ihr durch die Gewalt eines Schlägers seines Arbeitgebers die Knochen gebrochen worden waren, immer noch für vollkommene Gerechtigkeit für ihn eintreten konnte, mit einem wirklich großen und aufregenden Instinkt für Gerechtigkeit. Solche Frauen veredeln das Leben und geben der Welt eine reichere und veränderte Vorstellung von Gerechtigkeit – eine Gerechtigkeit der Vorstellungskraft und des Herzens, der es überhaupt nicht um Rache geht, sondern einfach um die Schönheit der vollkommenen Wahrheit für das Schicksal aller sterblichen Geschöpfe .

Neben dem Wert, den der Geist des Hemdenstreiks für die Arbeiter hatte, erlangten sie noch einen weiteren Vorteil. Dies war sogar noch schwerwiegender als eine Lohnerhöhung und hatte weitreichendere Folgen für ihre Zukunft. Sie gewannen kürzere Arbeitszeiten.

Wie hoch ist dann das Handelsvermögen einiger dieser Tausenden anderer Frauen, anderer Maschinenbedienerinnen, deren Arbeitszeiten und Löhne jetzt denen der Hemdenschneider vor dem Hemdenstreik entsprechen? Was geben einige dieser anderen weiblichen Fabrikarbeiterinnen, die unorganisiert und völlig von der Gesetzgebung zur Erhaltung ihrer Kräfte durch kürzere Arbeitszeiten abhängig sind, in ihrer Branche? Was haben sie davon? Um eine Antwort auf diese Fragen zu erhalten, wenden wir uns an einige der Weißwarennäher , Gürtelmacher und Näher von Kinderkleidern, um die Annalen ihrer Einnahmen und Ausgaben bei ihrer Arbeit außerhalb ihres Zuhauses in New York zu erfahren.

FUSSNOTEN:

[12] *Union Label Bulletin* , Bd. 2, Nr. I, S. 1.

[13] Diese Kosten wären zu diesem Zeitpunkt wahrscheinlich höher, da die berufstätigen Mädchen in einem der St. George's Working Girls' Clubs Anfang des Sommers schätzten, dass Schuhe einer Qualität, die vor zwei Jahren für 2 US-Dollar erhältlich war, jetzt 2,50 US-Dollar kosten würden.

[14] Constance Leupp, in der *Umfrage* .

[15] Das wenig später von der Union herausgegebene Rundschreiben lautet wie folgt:

Regeln für Streikposten

1.   Gehen Sie nicht in Gruppen von mehr als zwei oder drei Personen.

2.   Stehen Sie nicht vor dem Laden; Gehen Sie den Block auf und ab.

3.   Halten Sie die Person, mit der Sie sprechen möchten, nicht auf; geh neben ihm her.

4.   Seien Sie nicht aufgeregt und schreien Sie nicht, wenn Sie reden.

5.   Legen Sie Ihre Hand nicht auf die Person, mit der Sie sprechen. Berühren Sie nicht seinen Ärmel oder Knopf. Dies kann als „technischer Angriff" ausgelegt werden.

6.   Nennen Sie niemanden „Schorf" und verwenden Sie keine beleidigende Sprache.

7.   Flehen, überreden, appellieren, aber nicht drohen.

8.   Wenn ein Polizist Sie festnimmt und Sie sicher sind, dass Sie keine Straftat begangen haben, notieren Sie sich seine Nummer und geben Sie sie Ihren Gewerkschaftsbeamten.

[16] In den Fabriken, in denen die russischen und italienischen Mädchen Seite an Seite arbeiteten, scheint ihr Verhältnis zueinander im Allgemeinen freundschaftlich gewesen zu sein. Nach Beginn des Streiks wurde versucht, sie durch religiöse und nationalistische Appelle gegeneinander aufzuhetzen. Es hatte wenig Erfolg. Bald wurde ein italienisches Hauptquartier für italienische Arbeitnehmer-Wunschorganisationen eingerichtet. Nach und nach treten die italienischen Textilarbeiter der Gewerkschaft bei.

[17] Auszug aus dem Protokoll des Gerichtsstenographen zum Pro-Prozess.

[18] Therese Malkiel , 22. Dezember.

KAPITEL III

Das Einkommen und die Ausgaben einiger New Yorker Fabrikarbeiter

[Unqualifizierte und saisonale Fabrikarbeit]

ICH

Neben den Berichten der Taillenhersteller erhielt die National Consumers' League in ihrer Untersuchung spezifische Chroniken von qualifizierten und ungelernten Fabrikarbeitern, sowohl von Handwerkern als auch von Maschinenbedienern – unter anderem von Verpackern von Drogen, Keksen und Oliven, Zigarettendrehern und Schachteln Hersteller, Regenschirmmacher, Hutmacher, Handschuhmacher, Pelznäher, Handsticker, Arbeiter für weiße Ware, Rockmacher, Arbeiter an Herrenmänteln und Arbeiter an Kinderkleidern.

Wie wir sehen werden, kann die Situation, in der sich ein einzelnes Mädchen befindet und beschrieben wird, in einem oder fünf Jahren nicht mehr ihr gehören, sondern der einer anderen Arbeiterin. Damit wird die Synthese dieser Chroniken nicht als zusammengesetztes Foto der industriellen Erfahrungen in einem bestimmten Gewerbe dargestellt, sondern vielmehr als genaue kinetoskopische Sicht auf das jährliche Leben zufällig vorbeikommender Fabrikarbeiter.

Zum Zweck der Aufzeichnung können diese Annalen grob unterteilt werden in jene von ungelernten und Saisonarbeitern in Fabriken und solche, deren Erzählungen die Auswirkungen von Monotonie und Ermüdung durch die Beschleunigung ihrer Aufgaben zum Ausdruck brachten. Diese Aufteilung muss locker bleiben, um einen wahrheitsgetreuen Eindruck zu vermitteln. Denn dasselbe selbsttragende Mädchen war oft als gelernte und ungelernte Arbeiterin tätig, von Hand, an einer Maschine und in verschiedenen Industriezweigen.

Fast alle Erzähler ihrer Geschichte, die ungelernte Fabrikarbeit verrichteten, äußerten ihre Entmutigung über den Mangel an Aufstiegsmöglichkeiten. Unter ihnen war Emily Clement, ein amerikanisches Mädchen, eine der ersten Mitarbeiterinnen, die der Liga von ihren Erfahrungen berichtete.

Emily kümmerte sich um einen Briefumschlagautomaten und verdiente 6 Dollar pro Woche. Sie war ungefähr zwanzig Jahre alt; und vor ihrer Anstellung an der Briefumschlagmaschine hatte sie im Alter von vierzehn

Jahren ein Jahr lang in einer Teppichfabrik gearbeitet; dann zwei Jahre in einer Tabakfabrik; und hatte dann zwei Jahre lang den Haushalt für eine Schwester und eine Tante geführt, die in einem Mietshaus in der East Side lebten.

Sie lebte immer noch bei ihnen, teilte sich ein Zimmer mit ihrer Schwester und zahlte 3 Dollar pro Woche für ihre Unterkunft, einschließlich Verpflegung und einem Teil ihrer Wäsche. Sie erledigte den Rest ihrer Wäsche und machte einige Kleidungsstücke ihrer Schwester und alle ihre eigenen. Diese Fähigkeit hatte es ihr ermöglicht, für 5,20 Dollar, den Materialpreis, den hübschen Frühlingsanzug zu kaufen, den sie trug – einen Mantel, einen Rock und einen Pullover aus Stoff, der viel zu dünn war, um sie vor der Kälte des Wetters zu schützen, aber stilvoll geschnitten und stilvoll Werden.

In ihrer Freizeit hatte sie ein wenig für Freunde genäht, da ihr Einkommen völlig unzureichend gewesen war. Während der zweiundzwanzig Wochen, die sie in der Fabrik verbracht hatte, hatte sie elfeinhalb Wochen lang Vollarbeit gehabt, für 6 Dollar; Halbzeit für achteinhalb Wochen, für 3 $; und zwei Wochen ununterbrochener Arbeit, in denen sie jeweils nur 1,50 Dollar verdiente.

Sie hatte überhaupt kein Geld, das sie für die Erholung ausgeben konnte; und in ihrer Hoffnungslosigkeit hinsichtlich der Zukunft und ihrem natürlichen Durst nach Vergnügen akzeptierte sie es manchmal von zufälligen Männern, die Bekannte auf der Straße trafen.

Eine weitere zwanzigjährige ungelernte Arbeiterin, Sarina Bashkitseff, wollte ihrer eintönigen Arbeit und ihrem niedrigen Lohn entkommen, indem sie sich in einer privaten Abendschule weiterbildete.

Dafür gelang es ihr, von ihrem Wocheneinkommen von 4 Dollar monatlich 4 Dollar zu sparen. Sarina verpackte in einer Arzneimittelfabrik von acht bis sechs Uhr Pulver, davon eine dreiviertel Stunde für das Mittagessen. Sie war ein schönes und brillantes Mädchen, das im Winter im Sommermantel zur Arbeit kam, mit einer kleinen Wollunterjacke , um sie vor der Kälte zu schützen, und einem einfachen, billigen Filzhut, über den sich die Amerikaner viel lustig machten Mädchen. Sarina verachtete die geistige Weite dieser Mädchen; es wurde verschmäht, Geld für Kleidung auszugeben, Geld, mit dem sie lernen konnte, „Othello" und „König Lear" im Original zu lesen; und verachtete es, die Mittagspause mit Kichern zu verbringen, in der sie in jiddischen Zeitungen die neuesten Nachrichten über den Kampf in Russland lesen konnte.

In der Drogenfabrik und in ihrem Schlafzimmer im East Side- Flur lebte sie in einer eigenen Welt – einer großartigen, großzügigen Welt der englischen

Tragödien, die sie in der Abendschule studierte, und der aufregenden Hoffnungen und Enttäuschungen der russischen Revolution.

Sie war seit einem Jahr in New York. In dieser Zeit hatte sie in einer Kunstblumenfabrik gearbeitet und zwischen 2 und 2,25 Dollar pro Woche verdient; dann als Zuschneiderin in einer Kartonfabrik, wo sie zunächst 3 Dollar pro Woche und dann 5 Dollar für zehn Stunden Arbeit am Tag bekam. Sie verließ diesen Ort, weil der Arbeitgeber bei der Bezahlung sehr nachlässig war und sie manchmal um kleine Beträge betrog. Anschließend versuchte sie, Herrenmäntel fertigzustellen; Aber die tägliche Arbeit von sieben Uhr dreißig bis zwölf und von eins bis sechs brachte ihr nur 3 Dollar pro Woche und schwere Erschöpfung ein. [19]

Von ihrem jetzigen Gehalt von 4 Dollar gab sie 60 Cent pro Woche für das Auto und 4,25 Dollar im Monat für ihren Anteil an einem Schlafzimmer im Mietshaus aus. Obwohl sie nicht bei ihnen lebte, waren ihre Mutter und ihr Vater in New York und sie aß kostenlos mit ihnen zu Abend. Ihr Mittagessen kostete sie zwischen 7 und 10 Cent pro Tag und ihr Frühstück bestand aus Brötchen im Wert von 1½ Cent.

Bashkitseffs Tage des Hungers und der Plackerei für sie erträglich machte, war ihr klarer Entschluss, ihnen zu entkommen, indem sie sich weiterbildete. Ihr Schicksal könnte in Whitmans Worten ausgedrückt werden: „Von nun an bitte ich nicht um Glück, ich selbst bin Glück."

Was auch immer ihre Umstände sein mögen, nur wenige Menschen auf der Welt könnten jemals in der Lage sein, Mitleid mit ihr zu haben.

Marta Neumann, eine weitere ungelernte Fabrikarbeiterin, ein neunzehnjähriges österreichisches Mädchen, versuchte ebenfalls, ihrer gegenwärtigen Position zu entkommen, indem sie sich in der Abendschule weiterbildete, wurde jedoch von schrecklichem Heimweh erschöpft.

Marta hatte ihre ganze Jugend, seit ihrer Kindheit, zu Hause verbracht – vier Jahre in New York – in Fabrikarbeit, ohne die geringste Aussicht auf Aufstieg. Ihre Arbeit war von der am wenigsten geschickten Art: Sie schnitt die Enden der Fäden von Herren-Hosenträgern ab, faltete sie und legte sie in Kisten. Sie verdiente zunächst 3 Dollar pro Woche und war an jedem der letzten vier Weihnachten, seit sie ihre Mutter und ihren Vater verlassen hatte, durch eine Erhöhung um 50 Cent auf 5 Dollar gestiegen. Aber sie wusste, dass sie nicht über diesen letzten Preis hinauskommen würde, und fürchtete sich davor, schwerere Arbeit zu leisten, da sie, obwohl sie gesund geblieben war, überhaupt nicht stark war.

Sie arbeitete von acht bis sechs, mittags eine halbe Stunde. Am Samstag schloss die Fabrik im Winter um fünf und im Sommer um eins. Ihr Jahreseinkommen betrug 237,50 $. Sie hatte 28,50 Dollar für den Fahrpreis ausgegeben; 13 $ für einen Anzug; 2 $ für einen Hut; und 2 Dollar für ein Paar Schuhe, die sie zehn Monate lang getragen hatte. Die Unterbringung und Verpflegung bei einer verheirateten Schwester hatte sie 2,50 Dollar pro Woche gekostet, in gewisser Weise weniger als bei Fremden. Aber sie schlief mit einem Teil der Familie ihrer Schwester, wusch ihre Wäsche selbst und die ihrer Schwester, schrubbte den Boden und stand jeden Tag um halb sechs auf, um bei der Arbeit zu helfen und ihr Mittagessen vorzubereiten, bevor sie um sieben zur Fabrik aufbrach.

Marta verdiente so wenig, dass sie nie genug sparen konnte, um ihre sehnlichst ersehnte Reise zurück nach Österreich zu ihrer Mutter und ihrem Vater anzutreten. Obwohl ihre beiden Kinder im neuen Land waren, wurden ihre Mutter und ihr Vater aufgrund des Einwanderungsgesetzes nicht aufgenommen, da ihr Vater blind war.

Der Mangel an Aufstiegsmöglichkeiten bei älteren, ungelernten Fabrikarbeitern lässt sich vielleicht durch die Erfahrung von Mrs. Hallett veranschaulichen, einer Amerikanerin von vierzig Jahren, einer schmächtigen kleinen Witwe mit sanfter Stimme, die Süßigkeiten verpackt und Kartons zugeschnürt und beschriftet hat 16 Jahre. In dieser Zeit war sie von einem Wochenlohn von 4 Dollar auf einen Lohn von 6 Dollar gestiegen , den sie durch eine Woche mit neun Stundentagen und einem halben Feiertag am Samstag verdiente.

Allerdings handelte es sich hierbei, wie bei Marta, um eine Vergütung des Unternehmens für die Betriebszugehörigkeit und nicht um einen Aufstieg zu qualifizierteren oder verantwortungsbewussteren Arbeitskräften mit mehr Zukunftsaussichten. Im Fall von Frau Hallett lag dies zum Teil daran, dass der nächste Schritt darin bestanden hätte, Angestellte in einem der Einzelhandelsgeschäfte des Unternehmens zu werden, und sie nicht stark genug war, um das dafür erforderliche ganztägige Stehen auszuhalten. Frau Hallett mochte dieses Unternehmen. Der Vorarbeiter war rücksichtsvoll und den Angestellten wurde eine Woche bezahlter Urlaub gewährt.

Mrs. Hallett wohnte in einem übermäßig kleinen, unbeheizten Flurschlafzimmer im vierten Stock eines riesigen alten Hauses, in dem das Rattern der Hochbahn zu hören war. In der Nacht, in der der Fragesteller anrief, hatte sie große Angst, dass sich ihre Besucherin erkälten könnte, weil „sie daran nicht gewöhnt war". Sie zündete eine kleine Kerze an, um ihr das Zimmer zu zeigen, das mit einem geraden harten Stuhl, einem Feldbett und einem Waschtisch mit einem kaputten Krug ausgestattet war, aber außer für Mrs. Clark und ihre freundliche, sozial engagierte kleine Gastgeberin kaum Platz bot. Sie saßen, manchmal übertönt im Lärm der Anhöhe, in fast völliger Dunkelheit, während Mrs. Hallett darauf bestand, einen vergeblichen

Versuch zu unternehmen, der einzelnen Gasdüse etwas Wärme für ihren Gast zu entziehen, indem sie daran ein extrem kleines Gas anbrachte -Herd.

Für dieses Zimmer, das nur wenige Gehminuten von der Süßwarenfabrik entfernt lag, zahlte Frau Hallett 1,75 Dollar pro Woche. Ihr Frühstück mit Kaffee und Brötchen in einer Bäckerei in der Nähe kostete sie täglich 10 Cent. Für ihr Mittag- oder Abendessen im Restaurant verteilte sie jeweils 15 bzw. 25 Cent. In ihren hungrigsten und extravagantesten Momenten aß sie für 30 Cent zu Mittag. Ihr Verpflegungsgeld musste dürftig ausfallen, denn da sie keine Wäscherei hatte, war sie gezwungen, ihre Wäsche draußen zu waschen. Manchmal gelang es ihr, einen Dollar pro Woche für den Kauf von Kleidung zu sparen. Dies bedeutete jedoch, dass man weniger ordentlich lebte, weniger Wäsche waschen musste oder hungriger wurde. Im letzten Jahr beliefen sich ihre Ausgaben für Kleidung auf etwas mehr als 23 Dollar: Sommerhut 1 Dollar; Wintermütze, 1,98 $; bester Hut, 2 $; Schuhe (2 Paar à 2,98 $, 2 Paar Gummi), 7,16 $; Wickel (langer Mantel), 2,98 $; Rock (eine beste schwarze Brillantine, zwei Jahre getragen), für 5,50 $, 2,75 $; Unterrock (schwarzer Satin), 98 Cent; Hemdbluse (schwarze Baumwolle, jeden Tag im Jahr getragen), 98 Cent; schwarze Strumpfhose, 98 Cent; 2 Gewerkschaftsklagen zu 1,25 $ (eine alle zwei Jahre), 1,25 $; 6 Paar Strümpfe für 25 Cent, 1,50 $; Insgesamt 23,56 $.

Sie sagte abfällig, dass sie manchmal mit ein paar jungen Freundinnen ins Theater ging und 25 Cent für einen Sitzplatz bezahlte, „weil ich ab und zu eine schöne Zeit habe."

Diese Handelsvermögenswerte repräsentieren so deutlich wie möglich die übliche Industrieerfahrung der Arbeiterinnen in ungelernten Fabriken, die über ihr Einkommen und ihre Ausgaben bei ihrer Arbeit außerhalb ihres Zuhauses in New York berichteten.

II

Die unten abgedruckten Chroniken stammen aus Betrieben unterschiedlicher Art und Qualität und bringen so deutlich wie möglich die verschiedenen Merkmale zum Ausdruck, die den von den Arbeitern beschriebenen Handelserfolgen am häufigsten zugrunde liegen: unsichere und saisonale Beschäftigung, kleine Ausbeutungen, Monotonie bei der Arbeit und Müdigkeit durch Geschwindigkeitsüberschreitung.

Aufgrund der unsicheren und saisonalen Beschäftigung wechseln Maschinenbediener in der New Yorker Nähindustrie häufig von einem Beruf zum anderen. Dies war die Erfahrung von Yeddie Bruker, einem jungen ungarischen Weißwarenarbeiter, der in der Bronx lebte.

Die Mietskasernen der Bronx scheinen genauso überfüllt zu sein wie die der länger besiedelten Stadtteile von Manhattan, der Lower East Side, Harlem, Chelsea und den Querstraßen an der Bowery, wo so viele selbständige Fabrikarbeiter leben. Auch diese neueren Unterkünfte haben enge, stickige Säle und Innenhöfe voller Wäsche. Auch hier sieht man durch die Fenster Blumenmacher und Menschenhaararbeiter bei ihrer Arbeit; und in den mit ungarischen und deutschen Schildern geschmückten Einträgen sitzen die Kinder dicht gedrängt zwischen großen Frauen mit vielen Haarbüscheln und einer auffälligen Vorliebe für zarte hellrosa und blaue Prinzessinnenkleider. Diese Blöcke rumänischer und ungarischer Mietshäuser, deren Feuerleitern mit Federbetten und alten Teppichen behangen sind und wie große, überquellende Papierkörbe aussehen, liegen verstreut zwischen kleinen Felsvorsprüngen, dürr mit Walnusssträuchern, einigen großen Felsen, die noch ungesprengt sind, und ... mehrere Maisfelder auf abfallenden, leeren Grundstücken am Hang – kleine, seltsame Anhöhen des alten New Yorker Lands, noch nicht überschwemmt von der großen Flut slawischer und österreichischer Einwanderung.

In diesem seltsamen und bizarren Viertel lebten Yeddie Bruker und ihre Schwester in einem schmutzigen Mietshaus, in einem Zimmer einer äußerst sauberen kleinen Wohnung, die einer Familie ihrer eigenen Nationalität gehörte.

Yeddie war ein temperamentvolles, hübsches Mädchen von einundzwanzig Jahren, wenn auch eher abgenutzt und weiß. Sie arbeitete sechs Jahre lang in New York und arbeitete zunächst als Maschinenbedienerin in einer großen Bleistiftfabrik, wo sie an den Enden der Bleistifte die kleinen Wellblechbänder befestigte, an denen Radiergummis befestigt waren. Dann war sie Gürtelmacherin gewesen, dann Näherin für Herrenkragen und in den letzten vier Jahren Arbeiterin für Haushaltsgeräte.

In der Bleistiftfabrik ihrer ersten Anstellung bestand ständig die Gefahr, sich die Finger in den Maschinen einzuklemmen; die Luft war schlecht; Die Vorarbeiterin war hart und nörgelnd und drängte die Arbeiter ständig zur Eile. Der Lärm der Räder, die Dunkelheit und die häufigen Erkrankungen der Arbeiter durch das Einatmen der Partikel der Bleistiftholzspäne und des in der Luft fliegenden Bleistaubs machten ihr Angst und machten ihr zu schaffen. Sie verdiente nur 4 Dollar pro Woche für neuneinhalb Stunden Arbeit am Tag und war erschöpft, als sie das Haus verließ, beschleunigt durch den Unfall eines Mädchens in ihrer Nähe, das schreckliche Verletzungen erlitt, weil es sich die Haare in den Maschinen verfing.

In der Kragenfabrik verdiente sie erneut 4 Dollar pro Woche und nähte täglich zwischen fünf und sechs Dutzend Kragen. Der Stich an Herrenkragen ist extrem klein und fast unsichtbar. Es belastete ihre Augen so sehr, dass sie ihren Beruf erneut wechseln musste.

Als Mitarbeiterin für Halsbekleidung und später für Gürtel wurde sie durch die Handelssaison arbeitslos. Dadurch bleibt sie jedes Jahr mehr als drei Monate in ihrem jetzigen Beruf als Elektrogerätearbeiterin untätig.

In den verbleibenden neun Monaten, in denen sie in einer kleinen Fabrik in der Lower East Side mit einer Einnadelmaschine an Petticoats und Waschkleidern arbeitete, war sie drei Monate lang etwa vier Tage in der Woche beschäftigt, und zwar an allen Arbeitstagen in der Woche für weitere drei Monate und Beschäftigung mit Überstunden an drei Nächten in der Woche und gelegentlich einem halben Tag am Sonntag für zwei bis drei Monate. Gesetzliche Feiertage und einige Krankheitstage machten das Jahr aus.

In vollen Wochen beträgt ihr Lohn 8 $. Ihr Jahreseinkommen betrug 366 Dollar, und sie hatte nichts sparen können. Sie hatte 208 Dollar für ihre Unterkunft und Verpflegung bezahlt, also 4 Dollar pro Woche; etwas mehr als 100 Dollar für Kleidung; 38 US-Dollar für das Auto, das durch das Leben in der Bronx erforderlich ist; 3 $ für einen Arzt; 2,60 $ an einen Sozialhilfeverein, der ihr im Krankheitsfall 3 $ pro Woche zusichert; 5 $ für das Theater; und 6 $ für den Gewerkschaftsbeitrag.

Ihre Arbeit war sehr anstrengend. Das maschinelle Kräuseln von Petticoats in gleichmäßigen Abständen ist schwierig, und sie hatte einen großen Teil dieser Arbeit zu erledigen. Sie nähte mit einer Einnadelmaschine, die allerdings fünf Wattefäden trug und schwer einzufädeln war. Man kann hier sagen, dass die Anzahl der Nadeln nicht unbedingt die Schwierigkeit der Arbeit an Nähmaschinen bestimmt; Zweinadelmaschinen sind manchmal schwieriger zu bedienen als Fünf- oder sogar Zwölfnadelmaschinen, weil sie billiger und unhandlicher konstruiert sind und das Material durch die Metallführung unter der Nadelspitze weniger fest gehalten wird. Es waren nicht ihre Augen, sagte Yeddie , die von den Nähten müde waren, sondern ihre Schultern und ihr Rücken von den Stößen der Maschinen. Jeden Monat litt sie grausam, aber weil sie jeden Cent brauchte, den sie verdiente, blieb sie nie zu Hause, wenn die Fabrik geöffnet war.

Einer der schwierigsten Aspekte der Geschwindigkeitsüberschreitung von Maschinen in Nähberufen ist das ständige Anstacheln und Beharren der Vorarbeiter und Vorarbeiter, was neben Yeddie auch von anderen Arbeitern häufig erwähnt wird . Vor zwei Jahren bat ein Vorarbeiter Herrn Klein in einer Taillen- und Kleiderfabrik, in der 400 Arbeiter – mehr als 300 Mädchen und etwa 20 Männer – für das Unternehmen bei einem bekannten Subunternehmer, Jake Klein, beschäftigt waren, einige der Mädchen zu bedrängen Er sagte, er sei nicht bereit, ein gewisses Maß an Geschwindigkeit zu fordern. Der Manager entließ ihn. Er bat darum, mit den Mädchen zu sprechen, bevor er ging. Der Manager lehnte seinen Antrag ab. Als Herr Klein sich den Mädchen zuwandte, rief sein Vorgesetzter den Aufzugsmann, der Klein am Kragen packte, ihn überwältigte und begann, ihn über den Boden zur Treppe zu zerren. „Brüder und Schwestern", rief Klein den Arbeitern zu, „wollt ihr zusehen, wie ein Arbeitskollege so ausgenutzt wird?" In einem Impuls klarer Gerechtigkeit standen alle Arbeiter auf, verließen mit Jake Klein den Laden und blieben draußen, bis das Unternehmen Friedensangebote machte. Dieses Abenteuer, das auf der East Side weithin erzählt wird, dient dazu, das latente Feuer zu zeigen, das durch die Anhäufung kleiner überheblicher Unterdrückungen entfacht wird und in vielen Nähereien schwelt.

Sarah Silberman, ein zartes kleines österreichisches jüdisches Mädchen von siebzehn Jahren, das Frauenumhänge fertigstellte und zuschnitt, traf die Unsicherheit der Beschäftigung, die das Nähhandwerk kennzeichnete, schwer.

Sie hatte immer in Armut gelebt. Sie hatte mit neun Jahren in einer Strumpffabrik in Österreich gearbeitet und war seit ihrem vierzehnten Lebensjahr selbstständig und nähte in Wien, London und New York.

Sie war seit etwa einem Jahr in New York und wohnte, oder besser gesagt, schlief nachts in der Wohnküche einiger entfernter Cousins, die ihr praktisch fremd waren. Die Küche öffnete sich zu einem Luftschacht und diente nicht nur als Küche, sondern auch als Esszimmer und Wohnzimmer. In den ersten vier Monaten nach ihrer Ankunft verdiente Sarah etwa 5 Dollar pro Woche, indem sie neuneinhalb bis zehn Stunden am Tag als Zustellerin für Jungenhosen arbeitete. Von diesem Lohn zahlte sie 3 Dollar pro Woche für ihren Schlafplatz in der Küche sowie Frühstück und Abendessen. Das Mittagessen kostete sie 7 Cent pro Tag. Sie hatte so wenig Kleidung kaufen können, dass sie keine Rechnung darüber geführt hatte. Sie wusch ihre Wäsche selbst und ging zu Fuß zur Arbeit.

Bis sie nach Amerika kam, hatte sie nie eine Ausbildung genossen und besuchte jetzt eine Abendschule, an der sie sich sehr interessierte. Sie lebte so, als ihre Fabrik geschlossen wurde.

Anschließend suchte sie zwei Wochen lang verzweifelt nach einer Anstellung und fand sie schließlich in einer Mantelfabrik [20] wo sie von halb acht morgens bis halb sechs oder sieben abends beschäftigt war, mit einer Pause von nur wenigen Minuten mittags für ein hastiges Mittagessen. Ihr Lohn betrug 3 Dollar pro Woche. Mit aller Kraft konnte sie den Wolf nicht von der Tür fernhalten und war gezwungen, zur Mittagszeit zu hungern oder nicht die volle Miete für ihren Schlafplatz in der Küche zu bezahlen.

Sarah war angesichts dieser schwierigen Umstände und ihrer Angst vor Armut von Natur aus unruhig und nervös. Während sie ihre Geschichte erzählte, schluchzte sie und rang die Hände. In den nächsten sechs Monaten hatte sie jedoch bessere Beschäftigung in Werkstätten mit unregelmäßigem Betrieb, wo die Arbeitszeiten kürzer waren als in der Umhangfabrik, und es gelang ihr, einen durchschnittlichen Lohn von 6 Dollar pro Woche zu verdienen. Sie war dann gelassener; Sie sagte, sie habe sich „gut geschlagen".

Während ihrer sechs Wochen mit einem besseren Lohn von 6 Dollar pro Woche, den so wenige Menschen als „gut auskommen" betrachten würden, hatte sie jedoch eine besonders gemeine Ausbeutung erlitten.

Sie bewarb sich bei einer Unterwäschefabrik, die in einer jüdischen Zeitung in der East Side ständig nach Arbeitern wirbt. Das Management sagte ihr, sie würden ihr das Operieren beibringen, wenn sie zwei Wochen lang umsonst für sie arbeiten und ihnen einen Dollar geben würde. Sie gab ihnen den Dollar; Da sie jedoch am ersten Tag vor Ort keine Anweisungen erhielt und durch einen anderen Arbeiter erfuhr, dass sie nach Ablauf ihrer zwei Wochen unentgeltlichen Arbeit keine Anstellung finden würde, verließ sie das Unternehmen und verlor den Dollar, den sie der Firma gegeben hatte .

Eine andere Arbeiterin, die sich über die trübe Saison Sorgen machte und Zeugin ungerechtfertigter Zwänge geworden war, war Katia Markelov , eine junge Agentin, die Korsetts trug. Sie war ein kleines, ernst aussehendes Mädchen von neunzehn Jahren, sehr gebrechlich, mit glattem schwarzem Haar, einem schönen, vornehmem Benehmen und einem sehr süßen Lächeln. Wie viele andere Agenten trug sie eine Brille. Katia war eine gute Managerin und eine fleißige und kluge Schülerin, die ständig die Abendschule besuchte.

In der Fabrik, in der sie beschäftigt war, verdiente sie als Wochenarbeiterin etwa 10 Dollar pro Woche, eine Facharbeiterin, die ein komplettes Korsett herstellte, nachdem es geschnitten und bevor es zugeschnitten wurde. Aber sie hatte nur zwölf volle Wochen im Jahr zu arbeiten; Zweieinhalb Monate lang war sie völlig untätig und die restlichen sechseinhalb Monate arbeitete sie zwei bis fünf Tage in der Woche. Ihr Jahreseinkommen betrug etwa 346 Dollar.

Katia arbeitete mit einer Einnadelmaschine in einer kleinen Fabrik am unteren Broadway. Zuvor war sie als Wochenarbeiterin in einer Korsettfabrik in der Fifth Avenue beschäftigt, die möglicherweise Madame Cora's heißt. Kurz bevor Katia diese Einrichtung verließ, stellte Madame Cora ihre Lohnbasis von Wochenarbeit auf Akkordarbeit um. Die Geschwindigkeit der Mädchen nahm zu. Einige der schnelleren Arbeiter, die zuvor 10 Dollar verdient hatten, konnten 12 Dollar verdienen. Als Madame Cora dies erfuhr, kürzte sie ihren Lohn, nicht indem sie offen zur alten

Grundlage zurückkehrte, sondern indem sie plötzlich anfing, den Mädchen Fäden und Nadeln in Rechnung zu stellen. Sie ließ sich für jede Nadel 2 Cent bezahlen. Der Faden auf einer Fünfnadelmaschine, manchmal mit zwei Öhrchen in jeder Nadel, näht sehr schnell. Für den Faden, der in Madame Coras Korsetts eingenäht war, und für Nadeln mussten die Mädchen häufig eineinhalb bis zwei Dollar pro Woche bezahlen. Sie rebellierten, als Madame Cora sich weigerte, diese Materialien selbst zu bezahlen. Von den dreihundert Mädchen streikten dreißig, gingen zum Gewerkschaftshauptquartier und baten darum, organisiert zu werden. Aber Madame Cora besetzte ihre Plätze einfach mit anderen Mädchen, die bereit waren, ihr Garn für ihre Korsetts zu liefern, und weigerten sich, diese zurückzunehmen. Katia respektierte die Methoden von Madame Cora nicht und war vor dem Streik gegangen.

Katia gab 2,50 Dollar pro Woche für Frühstück und Abendessen sowie für ihren Anteil an einem Zimmer bei einer sympathischen Freundin, einer anderen Russin, in Harlem aus. Der Raum lag in der Nähe und hatte Zugang zu einem Luftschacht, war aber ruhig und recht angenehm. Sie zahlte zwischen 1,25 und 1,50 Dollar für das Mittagessen und hatte es geschafft, von den etwa einhundert Dollar, die von ihrem Einkommen übrig blieben, ihre gesamte Kleidung zu kaufen und fünf Dollar für Bücher und Zeitschriften auszugeben, indem sie ihre eigene Wäsche wusch und ihre eigenen Taillen anfertigte , 7 Dollar für die große Oper, die sie sehr liebte, und 30 Dollar für einen Ausflug. Aufgrund ihrer Klugheit war Katia den Ungerechten weniger ausgeliefert als einige der weniger geschickten und jüngeren Mädchen.

Unter ihnen hatte Molly Davousta , eine weitere junge Maschinenbedienerin, Schwierigkeiten, Zahlungen an einen erpresserischen Fahrkartenverkäufer zu leisten, der sie beim Kauf einer Dampfschifffahrkarte betrogen hatte.

Als Molly dreizehn war, hatten ihre Eltern, die fünf jüngere Kinder hatten, sie aus Russland ins Ausland geschickt, mit der bemerkenswerten Absicht, sie in einem anderen Land vorzubereiten und ihnen allen ein Zuhause zu bieten.

Wie Dick Whittington ging das kleine Mädchen nach London, allerdings nicht nur, um ihr eigenes Glück zu suchen, sondern auch das von sieben anderen Menschen. Nachdem sie vier Jahre in London gelebt hatte, starb ihr Vater. Sie und ihre nächstjüngere Schwester Bertha, die in Russland arbeitete, wurden zur alleinigen Stütze der Familie; Und als Molly nun erfuhr, dass die Löhne in Amerika besser waren, drehte sie sich wie Whittington erneut um und kam nach New York.

Hier fand sie Arbeit an Herrenmänteln zu einem Lohn, der zwischen 5 und 9 Dollar pro Woche schwankte. Sie lebte in einem Teil eines Mietszimmers für eine Miete von 3 Dollar im Monat. Für das Abendessen und die

Mahlzeiten am Samstag zahlte sie 1,50 Dollar pro Woche. Andere Lebensmittel kaufte sie in Lebensmittelgeschäften und auf Handkarren zum Preis von etwa 2 US-Dollar pro Woche. Da sie ihre Wäsche selbst wusch und zu Fuß zur Arbeit ging, hatte sie außer den Schuhen keine weiteren festen Ausgaben. Alle zwei Monate waren diese kaputt und sie war gezwungen, neue zu kaufen; und bis sie genug gespart hatte, um sie zu bezahlen, verzichtete sie auf das Mittagessen und das Frühstück mit dem Handwagen.

Auf diese Weise lebte sie ein Jahr lang in New York und schaffte es in dieser Zeit, 90 Dollar für die anderen nach Hause zu schicken.

Ihre Schwester Bertha, die zweitjünger war als sie selbst, war damals nach New York gekommen und hatte für etwas weniger als 6 Dollar pro Woche eine Näharbeit gefunden. Gemeinsam gelang es den beiden Mädchen in den folgenden sechs Monaten, für 42 Dollar eine Fahrkarte von Russland nach New York zu kaufen und 30 Dollar nach Hause zu schicken. Zusammen mit dem Durchgangsticket und zwei weiteren Tickets, die sie auf Ratenzahlung bei einem Händler kauften und ihm einen Gewinn von 20 Dollar einbrachten, brachten sie den Rest der Familie in den New Yorker Hafen — die Mutter der Mädchen und ihre drei jüngeren Schwestern von fünfzehn, vierzehn und acht Jahren und ein kleiner Bruder von sieben Jahren.

Fünf Monate später zahlten Molly und Bertha immer noch für diese Wuchertickets.

In New York fand die fünfzehnjährige Schwester eine Anstellung als Verarbeiterin von Bändern in Korsettüberzügen und verdiente zwischen 1 und 1,50 Dollar pro Woche. Das vierzehnjährige Mädchen lernte, Hüften zu operieren. Die siebenköpfige Familie lebte in zwei Zimmern und zahlte dafür 13,50 Dollar im Monat; ihr Essen kostete 9 oder 10 Dollar pro Woche; Schuhe kosteten mindestens 1 Dollar pro Woche; Die Mädchen fertigten den größten Teil ihrer Kleidung selbst an und zahlten zu diesem Zweck einen Dollar im Monat für eine Nähmaschine. und sie spendeten 1 Dollar im Monat für den Hebräischunterricht des kleinen Bruders.

Molly wurde während eines Streiks der Mantelmacher gesehen. Sie weinte, weil die Miete der Familie fällig war und sie nicht in der Lage war, sie zu bezahlen. Sie sagte, sie leide unter Kopf- und Rückenschmerzen. Jeden Monat verlor sie durch Krankheit einen Arbeitstag.

Sie war erst neunzehn Jahre alt. Indem sie jede Stunde arbeitete, konnte sie einen angemessenen Lohn verdienen, aber aufgrund der unsicheren und unregelmäßigen Natur der Arbeit konnte sie sich nicht darauf verlassen, genug zu verdienen, um auch nur einen angemessenen Lebensstandard aufrechtzuerhalten.

Ein Punkt, der in Molly Davoustas Bericht hervorgehoben werden sollte, ist der Preis von Schuhen. Kein Ausgabenposten unter berufstätigen Mädchen ist aussagekräftiger. Die Kosten für Schuhe sind unausweichlich. Ein Mädchen kann einen alten Hut mit einem Stück Band oder einer Blume überarbeiten oder aus Stoff im Wert von einem Dollar ein neues Kleid nähen, aber für ein schlecht sitzendes, ungeschicktes Paar Schuhe muss sie mindestens 2 Dollar bezahlen; Und kaum hat sie sie gekauft, muss sie anfangen zu sparen, denn in einem Monat oder sechs Wochen wird sie ein weiteres Paar brauchen. Der ein- oder zweistündige Spaziergang jeden Tag durch dicht besiedelte Straßen, oft mit einer schleimigen, schlammigen Feuchtigkeit, löst diese Schuhe buchstäblich auf. Lange nachdem die Straßen in der Innenstadt trocken und sauber sind, zeigen die Straßen in den verstopften Vierteln die schlammige Travestie des Schnees in der Stadt. Die Strümpfe in diesen Billigschuhen nutzen sich mit ihrem abgenutzten Innenfutter noch schneller ab als die Schuhe. Es ist praktisch unmöglich, Strümpfe zu flicken, außer zur Arbeit zu gehen, die Taille zuzuschneiden und die Wäsche zu waschen.

Alle Sorgen von Molly Davousta , ihre Angst vor Schuhen und ihre Vorahnungen hinsichtlich der Saisonarbeit, wurden durch ihre Position als Familienverantwortung noch verstärkt.

Ebenso drängte im Zuge ihrer Saisonarbeit die familiäre Verantwortung auf Rita Karpowna . Sie war ein neunzehnjähriges Mädchen, das einige Jahre zuvor mit ihrem älteren Bruder Nikolai nach Amerika gekommen war. Gemeinsam sollten sie ihren Lebensunterhalt selbst verdienen und genug Geld verdienen, um ihre verwitwete Mutter, einen kleinen Bruder und eine Schwester, die ein oder zwei Jahre jünger als Rita war, nach Hause zu bringen.

Bald nach ihrer Ankunft fand sie eine Anstellung in der Fertigung von Herrenwesten, für 6 oder 7 Dollar pro Woche und zehn Stunden Arbeit am Tag. Sie lebte und sparte bei ihrem Bruder und schaffte es, 4 Dollar im Monat nach Hause zu schicken. Gemeinsam brachten Nikolai und Rita ihre Mutter und den kleinen Bruder mit. Doch schon bald, nachdem sie sich alle eingelebt hatten, starb ihre Mutter. Sie mussten den kleinen Bruder in eine Anstalt stecken. Dann stürzte Nikolai von einem Gerüst und war handlungsunfähig, so dass nach seiner teilweisen Genesung sein Lohn nur noch für seinen eigenen Lebensunterhalt neben seiner Arbeit ausreichte.

Rita lebte jetzt allein und gab 3,50 Dollar im Monat für einen Schlafplatz in einem Mietshaus und 1,25 Dollar pro Woche für das Abendessen aus. Ihre Mittagessen und Frühstücke, die sie irgendwo in Lebensmittelgeschäften oder an Handkarren abholte, beliefen sich, wenn sie arbeitete, auf etwa 12 Cent pro Tag. Zu anderen Zeiten verzichtete sie oft auf beide Mahlzeiten. Denn im letzten Jahr war ihr Durchschnittslohn durch mehr als viereinhalb

Monate fast völliger Untätigkeit auf 4,33 Dollar pro Woche gesunken. Während neun Wochen dieser Zeit hatte sie gelegentlich einen Arbeitstag und neun Wochen lang überhaupt keinen.

Als sie arbeitete, zahlte sie 60 Cent pro Woche, 25 Cent pro Monat an die Gewerkschaft, deren begeistertes Mitglied sie war, und 10 Cent pro Monat an eine „Woman's Self-Education Society". Die Union und dieser Club bedeuteten Rita mehr als die Frühstücke und Mittagessen, auf die sie verzichtete, und offenbar mehr als die Kleidung, für die sie in anderthalb Jahren nur 20 Dollar ausgegeben hatte.

Einige Monate später erhielt Frau Clark die Nachricht, dass Rita viele ihrer Schwierigkeiten durch eine glückliche Ehe gelöst hatte und hoffen konnte, dass viele ihrer häuslichen Ängste gelindert wurden.

Die wichtigste dieser Sorgen, die Sorge um die Situation ihrer jüngeren Schwester, die sich noch in Russland aufhielt, wurde durch ihre Beobachtungen über das Unglück einer Freundin, eines anderen Mädchens, verstärkt, die in derselben Werkstatt arbeitete – eine Tragödie, die hier wegen ihrer sehr ernsten Tragödie erzählt wird zur Frage der Saisonarbeit. Ritas jüngere Schwester war in etwa in der gleichen Lage wie dieses Mädchen, allein, ohne körperliche Kraft für ihre Arbeit und tatsächlich so gebrechlich, dass es zweifelhaft war, ob ihre Aufnahme in die Vereinigten Staaten gesichert werden konnte, selbst wenn Rita möglicherweise genug sparen konnte für ihr Reisegeld. Die von der trüben Jahreszeit hart bedrängte Freundin im Laden war endlich die Geliebte eines Mannes geworden, der sie bis zur Geburt ihres Kindes unterstützte, als er sie mittellos zurückließ. Flaute und langweilige Zeiten in der Fabrikarbeit müssen natürlich die Frauen, die auf ihre Erwerbskraft angewiesen sind, die meisten von ihnen jung und viele von ihnen von großer Schönheit, den größten Gefahren und Versuchungen aussetzen. [21] Besonders den Jahreszeiten ausgeliefert waren einige der Pelznäherinnen, Schneiderinnen und Hutmacherinnen, die nicht unabhängig, sondern in Fabriken und Werkstätten arbeiteten.

Helena Hardman, ein österreichisches Mädchen, Pelznäherin, war in diesem Jahr nur zwanzig Wochen lang beschäftigt. Sie nähte Pelzbekleidung in einem Geschäft in der Twelfth Street von Hand für 7 Dollar pro Woche, arbeitete neun Stunden am Tag und hatte einen halben Samstag Feiertag. Die Luft und die Gerüche im Pelzgeschäft waren sehr unangenehm, hatten aber keinen Einfluss auf ihre Gesundheit.

Nach Ablauf der zwanzig Wochen war sie entlassen worden und hatte siebzehn Wochen lang erfolglos nach Arbeit gesucht, bevor sie eine Anstellung als Arbeiterin in einer Schürzenfabrik fand. Hier jedoch, in dieser ungewohnten Branche, konnte sie nur 3 oder 4 Dollar verdienen, indem sie neun Stunden am Tag an fünf Tagen in der Woche und sechs Stunden am Samstag arbeitete.

Sie zahlte 4 Dollar pro Woche für Verpflegung und ein Zimmer, das sie sich mit einem anderen Mädchen teilte. Nachdem ihre Ersparnisse aufgebraucht waren, musste sie für einen Teil ihrer langen Leerlaufzeit Schulden bei ihrer Vermieterin aufnehmen.

Während dieser Zeit war sie nicht in der Lage gewesen, Kleidung zu kaufen, obwohl ihre Ausgaben zuvor gering gewesen waren: ein Anzug, 18 Dollar; ein Hut, 3 $; Schuhe, 3 $; Taillen, 3 $; und Unterwäsche, 2,50 $. Sie sah jedoch sehr gut aus, trotz der Schwierigkeiten und der niedrigen Löhne, die das Erlernen eines Nebenberufs mit sich brachte.

Die trübe Jahreszeit wird auf verschiedene Weise überbrückt. Ein paar glückliche Mädchen gehen nach Hause und leben ohne Kosten. Viele leben teilweise auf Kosten gemeinnütziger Personen in subventionierten Heimen. Auf diese Weise sparen sie ein wenig Geld für die langweilige Zeit und speichern gleichzeitig mehr Energie aus ihrem komfortableren Wohnen.

Am Horizont der Hutmacherin zeichnet sich schwarz die trübe Jahreszeit ab. Die ganze Welt will einen neuen Hut, bekommt ihn und denkt nicht mehr an Hüte oder Hutmacher. Aus diesem Grund folgt auf das schnelle und fieberhafte Anfertigen und Beschneiden von Hüten, das für einige Wochen eine erschöpfende Energieabsaugung der Hutmacher darstellt, Wochen, in denen ihre Fähigkeiten nicht in Anspruch genommen werden.

Ein Mädchen nach dem anderen erzählte dem Ermittler, dass die geschäftige Jahreszeit sie mehr als erschöpft habe, dass die Sorgen und der niedrigere Lebensstandard der trüben Jahreszeit jedoch noch schlimmer seien. Die Härte ist umso größer, als die gelernte Hutmacherin Zeit und Geld für ihre Ausbildung aufwenden musste.

Viele dieser Mädchen versuchen, eine Nebenbeschäftigung zu finden, als Kellnerinnen in Sommerhotels oder in einem anderen Beruf. Eine große Schwierigkeit hierbei ist die Überschneidung der Jahreszeiten. Die Sommer-Hotelkellnerin wird mindestens bis September benötigt, die Hutmacherin muss jedoch im August mit der Arbeit beginnen. Um in einer nicht saisonabhängigen Branche eine Anstellung zu finden, muss man oft lügen. Bei jedem neuen Beruf ist es notwendig, einen Berufsanfängerlohn zu akzeptieren.

Regina Siegerson war im Alter von fünfzehn Jahren allein aus Russland nach New York gekommen, wo sie sieben Jahre lang gelebt hatte. Der erste Winter war grausam. Sie verdiente ihren Lebensunterhalt mit 3 Dollar pro Woche. Sie war gezwungen worden, in den elendsten Mietskasernen mit „ignoranten" Menschen zu leben. Sie hatte sich hauptsächlich von Bananen ernährt und im kalten Winter eine Frühlingsjacke getragen. Es schien jedoch, dass keine Schwierigkeit sie jemals davon abgehalten hatte, die Abendschule zu besuchen, wo ihre Beharrlichkeit sie bis in die vierte Klasse der Oberschule geführt hatte. Zum Zeitpunkt des Interviews dachte sie ans College. Regina war eine russische Revolutionärin und sehr wissensdurstig. Sie erzählte dem Fragesteller eifrig von Victor Hugo, Gorki, Tolstoi und Bernard Shaw. Mit nicht weniger Interesse sprach sie über die Handelsschicksale der Hutmacher in New York und über ihre eigenen Erfahrungen im letzten Jahr . Sie hatte im Mai, Juni und Juli als Trimmerin gearbeitet und in einer Woche mit neun Stunden am Tag 11 Dollar verdient, wobei der Samstag um fünf Uhr endete. Im August und September sowie in den ersten Oktoberwochen hatte sie nur sechs Wochen Arbeit als Schneiderin in einer Konfektionshutfabrik im unteren West Side über einem Stall, wo sie in einer Woche von neun Wochen 10 Dollar verdiente Stunden pro Tag.

Regina und einer Freundin war es gelungen, eine Zweizimmerwohnung mit sehr einfachen Annehmlichkeiten einzurichten, und dort führten sie den Haushalt. Die Miete betrug 10,50 $ pro Monat; Gas zum Heizen und Kochen, 1,80 $; und Essen für die beiden, etwa 5 Dollar pro Woche. Da Regina ihre Wäsche selbst erledigte, betrugen die wöchentlichen Kosten für jede Wäsche nur 3,67 US-Dollar, weniger als viele Untermieter für sehr viel weniger Komfort zahlen.

Die größte Freude, die die Mädchen in ihrem kleinen Lokal hatten, war die Gelegenheit, Freunde zu unterhalten. Bisher war es ihnen unmöglich gewesen, jemanden zu sehen, außer in den überfüllten Wohnzimmern anderer Leute oder auf der Straße.

Regina war mit einer jungen Apothekerstudentin verlobt, die sie voraussichtlich im Frühjahr heiraten würde. Wie sie war er ohne seine Familie in New York und nahm seine Mahlzeiten mit ihnen in der kleinen Wohnung der beiden Mädchen ein.

Reginas Vater, der mit seiner zweiten Frau in Russland lebte, hatte ihr 100 Dollar geschickt, als sie ihm von ihrer geplanten Heirat schrieb. Dies und etwa 40 US-Dollar, die sie in den sechs Wochen, in denen sie 10 US-Dollar verdiente, gespart hatte, waren ihr Reservefonds für die lange, langweilige Saison.

Der Fragesteller sah Regina einige Tage vor Thanksgiving wieder. Sie war immer noch arbeitslos, lernte aber zu Hause, wie man Porzellan für den Weihnachtshandel maschinell dekoriert.

Unter den Hutmacherinnen studierten mehrere Mädchen, um nicht nur eine Ausbildung in einem Nebenberuf zu erwerben, sondern auch die bessere

Allgemeinbildung, die Frances Ashton, ein junges amerikanisches Mädchen von zwanzig Jahren, durch bessere Schicksale erworben hatte.

Ihr Vater, ein Berufstätiger, hatte eine angenehme Lage gehabt. Ohne zu ahnen, dass sie ihren Lebensunterhalt bestreiten musste, hatte sie ein halbes Jahr lang Hutmacherei am Pratt Institute studiert. Dann war sie, weil es eher ein Spaß war, zur Arbeit nach New York gegangen. Den größten Teil ihres Lohns gab sie für Verpflegung und Freizeit aus, ihr Vater schickte ihr einen Zuschuss für Kleidung.

Nach einem Jahr musste sie aufgrund seines plötzlichen Todes sparsamer leben, da ihr Erbe nicht groß war. Die Kosten eines Typhusanfalls in einem Sommer und einer Operation im nächsten Jahr verschlangen es vollständig.

In dem von ihr beschriebenen Jahr war sie Kopistin in einem der exklusivsten Geschäfte auf der Fifth Avenue gewesen. Die verantwortliche Frau war außerordentlich rücksichtsvoll und behielt die Mädchen so lange wie möglich bei. Sie weinte, wenn sie sie entlassen musste, denn sie erkannte das Leid und die Versuchung der langen Zeit des Nichtstuns.

Allerdings dauerte die Saison jeweils nur drei bis dreieinhalb Monate, vom 1. Februar bis 15. Mai und vom 18. August bis 4. Dezember. Während der sechs arbeitsreichen Wochen im Frühling und Herbst, während sich die Bestellungen häuften Nach dem Aufstehen wurde mit fieberhafter Intensität weitergearbeitet. Der Arbeitstag dauerte von halb acht bis sechs, mit einer Mittagsstunde zum Mittagessen. Viele Angestellte blieben jedoch bis neun Uhr und erhielten zusätzlich zu 30 Cent Abendessengeld einen Dollar für Überstunden. Aber um sechs Uhr war Frances so erschöpft, dass sie nichts mehr tun konnte, und ging immer um diese Stunde nach Hause.

Zusätzlich zu ihren dreißig Wochen im Auftragsgeschäft der Fifth Avenue hatte Frances zwei Wochen Arbeit in einem Großhandelshaus, wo die Saison früher begann; so dass sie zweiunddreißig Wochen im Jahr beschäftigt und zwanzig Wochen untätig gewesen war. Sie war Akkordarbeiterin und hatte zwischen 8 und 14 Dollar pro Woche verdient.

Die zwanzig müßigen Wochen waren mit ständigen vergeblichen Versuchen gefüllt gewesen, etwas zu tun zu finden. Die Bewerbung in Kaufhäusern war wirkungslos, daher wurden Anzeigen beantwortet. Sie sagte, sie habe alle Skrupel vor dem Lügen verloren, denn als klar wurde, dass sie nur in der trüben Jahreszeit einen Platz haben wollte, hatte sie überhaupt keine Chance.

Frances lebte in einem der angenehmsten und teuersten subventionierten Häuser für berufstätige Mädchen und bezahlte für 4,50 Dollar pro Woche die Verpflegung und ein großes, hübsches Zimmer, das sie sich mit zwei anderen Mädchen teilte. Obwohl sie manchmal zu Fuß von der Arbeit kam, betrug der Fahrpreis normalerweise 50 Cent pro Woche. Das Waschen von zwei Sätzen Unterwäsche und einer weißen Taille pro Woche kostet 60 Cent. So gab sie für ein angemessenes Maß an Sauberkeit und Komfort, das teilweise von philanthropischen Personen bereitgestellt wurde, 5,60 Dollar pro Woche aus, abgesehen von den Kosten für Kleidung.

Sie kleidete sich schlicht, obwohl alles, was sie hatte, von guter Qualität war. Sie sagte, sie könne nichts für ihr Vergnügen ausgeben, weil sie ständig Vorahnungen über die trübe Jahreszeit bekäme und weil sie immer für die scheinbar unvermeidlichen Wochen des Müßiggangs sparen müsse. Als sie ihre Abrechnung vorlegte, war sie äußerst besorgt, weil sie nicht wusste, wie sie die Verpflegung für eine weitere Woche bezahlen sollte.

Dennoch verfügte sie über eine ausgezeichnete Ausbildung und Fähigkeiten, hatte den Vorteil, bequem zu leben und gut ernährt zu sein, und den Vorteil eines rücksichtsvollen Arbeitgebers, der sich unter den gegebenen Umständen für seine Arbeiter so gut einsetzte, wie er konnte.

Zu diesen Umständen muss also etwas gesagt werden – zu dieser weit verbreiteten Unsicherheit am Arbeitsplatz, gegen die kein Maß an Sparsamkeit, Fleiß oder Weitsicht angemessen vorgehen kann. Wo in der Fabel die Industrie die Rolle der Heuschrecke spielt, ist es für Arbeiter offensichtlich ziemlich aussichtslos, zu versuchen, an die Geschichte der Ameise heranzukommen. Unter den Fabrikarbeitern waren die bewundernswerten Bemühungen der Taillenmacher um gerechtere Löhne, soweit es das Jahreseinkommen betraf, weitgehend wirkungslos, da die schlechten und trüben Jahreszeiten ein Hindernis darstellten, dessen Auftreten die Arbeitgeber ebenso machtlos wie die Arbeitnehmer verhindern konnten.

Diese Chroniken, die die Auswirkungen der Saisonarbeit auf das Vermögen einiger selbständiger Arbeiter und Arbeiter in New Yorker Fabriken und Werkstätten zeigen, betreffen nur einen Bereich der amerikanischen Industrie, in dem es, wie jeder Beobachter erkennen muss, viele andere enorme gibt Bereiche der Saisonarbeit. Dennoch sind diese Geschichten klare und authentische Beispiele einer seltsamen und weit verbreiteten sozialen Verschwendung. Weder die Berufsorganisation noch die Landesgesetzgebung zur Arbeitszeitverkürzung zielen in erster Linie auf eine allgemeinere, regelmäßige und vorausschauende Verteilung der Arbeit auf alle Saisongewerbe und alle Saisonarbeiter ab. Solange nicht gezielt und gezielt versucht wird, eine solche Verteilung sicherzustellen, scheint es unmöglich, dass extreme saisonale Not, die durch saisonales Nichtstun entsteht, mit erschöpfender Saisonarbeit durch Überstunden oder erschöpfender Saisonarbeit durch Geschwindigkeitsüberschreitungen kombiniert wird, und zwar scheinbar auf eine Weise, die durch das Schicksal bedingt ist menschliche Energie auf die am wenigsten intelligente Art und Weise zu vernichten.

Weitere Auswirkungen der Geschwindigkeitsüberschreitung und der Monotonie bei dieser Arbeit wurden von anderen selbständigen Fabrikarbeitern beschrieben, deren Chroniken, die sich ebenfalls mit der Industrie in mechanischen Betrieben befassen, als nächstes aufgeführt werden.

Foto von Lewis Hine
„Forschend, unermüdlich, auf der Suche nach dem, was noch unentdeckt ist; –
Aber wo ist das, wofür ich vor so langer Zeit angefangen habe, und warum ist es immer noch unentdeckt?"
-WALT WHITMAN.

[19] Siehe Bericht über die Lage von Frauen- und Kinderverdienern in den Vereinigten Staaten. Band II, Konfektionskleidung für Herren, Seiten 141–157; 160-165; 384-395.

[20] Die Einnahmen und Ausgaben anderer Gewandmacher werden gesondert ausgewiesen.

[21] Im ersten Bericht der New York Probation Association heißt es, dass von den 300 Mädchen, die im Laufe des Jahres von den Gerichten im Waverley House angeklagt wurden, 72 in einer Fabrik gearbeitet hätten. Viele von ihnen waren irgendwann einmal als Arbeiter beschäftigt. Bei der Befragung der Bewährungshelferin, Miss Stella Miner, die bei ihnen gelebt hatte und ihre Geschichten am besten kannte, erfuhr man jedoch, dass fast jedes dieser Mädchen als kleine Kinder vom Weg abgekommen war und vom Gericht in Untersuchungshaft genommen worden war im Haus des Guten Hirten, wo sie gelernt hatten, Maschinen zu bedienen, und als sie aus seinem Schutz in die Fabriken gingen , waren sie wieder zu ihren alten Lebensweisen zurückgekehrt. Wie weit ihre frühen Gewohnheiten und Erfahrungen diese jungen Mädchen in ihren Sog gezogen hatten, lässt sich natürlich nicht sagen. Die Wahrheit bleibt, dass Fabrikarbeit, wenn sie saisonabhängig ist, durch ihren wirtschaftlichen Druck die Versuchung erhöhen muss.

KAPITEL IV

Das Einkommen und die Ausgaben einiger New Yorker Fabrikarbeiter

[Monotonie und Müdigkeit bei Geschwindigkeitsüberschreitungen]

Eine der seltsamsten Auswirkungen der Einführung von Maschinen in die Industrie besteht darin, dass sie, anstatt die menschlichen Kräfte und die Initiative der Arbeiter von der mechanischen Plackerei zu befreien, oft dazu führte, dass diese Kräfte devitalisiert und auf die Funktionen von Maschinen umgestellt wurden. [22]

Diese betäubende und ermüdende Wirkung der Maschinenarbeit aufgrund der Konzentration und Intensität der Anwendung und Aufmerksamkeit wurde von den Fabrikarbeitern in ihren Berichten häufig erwähnt.

Tina Levin, ein junges Mädchen von achtzehn Jahren, hatte zwei Jahre in einer Unterwäschefabrik in New York gearbeitet; und vor ihrer Ankunft in Amerika sechs Jahre in einer Unterwäschefabrik in Russland. Sie war aus dem Ausland zu ihrem Verlobten Ivan Levin gekommen, den sie kürzlich geheiratet hatte. Sie arbeitete immer noch in der Unterwäschefabrik, obwohl sie sich nicht ganz selbst versorgen konnte. Sie und ihr junger Mann trafen den Inquirer der Liga in einem Selbstbildungsclub für jüdische Mädchen, wo sie gemeinsam über Tinas selbständige Jahre berichteten.

Vor ihrer Heirat hatte Tina zehn Stunden am Tag an einer Maschine für einen Unterwäschehersteller in der Canal Street gearbeitet. In der Hochsaison leistete die Werkstatt oft an zwei oder drei Abenden in der Woche Überstunden bis 20 Uhr. Außerdem nahmen viele Mädchen Handarbeiten mit nach Hause und nähten dort bis elf oder zwölf Uhr. Aber Tina war von ihrem langen Tag so erschöpft, dass sie das nie tat. Sie arbeitete so hart wie möglich und verdiente in den sechs arbeitsreichen Monaten 7 und manchmal 8 Dollar pro Woche.

Einen Teil dieser Zeit wohnte sie ganze anderthalb Autostunden von der Fabrik entfernt. Nachdem sie sich angezogen und zwei Mahlzeiten in ihrer Unterkunft eingenommen hatte, hatte sie, obwohl sie zwölf Stunden am Tag an der Maschine saß, nur etwa sechs Stunden Schlaf.

Mindestens die Hälfte des Jahres war so langweilig, dass sie nur 3 oder 3,50 Dollar pro Woche verdienen konnte; und sie war so erschöpft, dass sie jeden

Monat drei oder vier Tage lang völlig arbeitsunfähig war. Dieser Verlust hatte ihr Einkommen um 32 $ verringert. Sie war gezwungen worden, 9 Dollar für Medikamente zu bezahlen. Ihr Jahreseinkommen betrug etwa 262 Dollar. Für Kost und Logis in einem Mietshaus hatte sie 3,50 Dollar pro Woche bezahlt; für den Fahrpreis 60 Cent pro Woche; und sie hatte in dem Jahr 5 Dollar nach Hause geschickt; und 9 Dollar für Medikamente gegeben; 36 $ für den Zahnarzt; und 1 US-Dollar pro Monat an die Jewish Girls' Self-Education Society. Sie hatte für das Jahr weniger als 10 Dollar für Kleidung übrig. Aber ihr Geliebter hatte ihr mit vielen Geschenken geholfen; und hatte ihr viele schöne Zeiten und Freuden beschert, abgesehen von denen, die man bei der Jewish Girls' Self-Education Society erhalten konnte.

Tina hatte den Vorteil, Englischkenntnisse zu haben. Dieser Mangel an Gelegenheit, die Sprache des Landes zu lernen, in dem sie lebte, wurde von einer anderen Maschinenbedienerin, Fanny Leysher , einer 21-jährigen Mitarbeiterin der Haushaltsgeräteindustrie, die seit vier Jahren in Amerika war, zutiefst bedauert. Sie lebte in einem Zimmer eines Mietshauses in der Nähe der Bowery, wo sie für 4 Dollar pro Woche Unterkunft und Unterkunft bekam. Sie arbeitete in einer fußläufig erreichbaren Fabrik und verdiente in der Hochsaison 7 Dollar pro Woche.

Fanny war ein hübsches, blondes Mädchen mit einer anmutigen Erscheinung, einem wehmütigen Lächeln und dem Charme, der blonden Russen mit langen grauen Augen eigen ist. Sie sah jedoch schmerzlich gebrechlich und weiß aus. In der Fabrik hatte sie vier Jahre lang gearbeitet, zunächst im Zeit-, dann im Akkord. Sie konnte 7 Dollar pro Woche verdienen, indem sie die Vorderseiten auf und ab nähte und die Gürtel von 108 Korsettüberzügen annähte – neun Dutzend pro Tag. Das war das Höchste, was sie erreichen konnte. Das unaufhörliche Tempo und die große Aufmerksamkeit, die diese Menge Nähen erforderte, führten dazu, dass sie um sechs Uhr zu erschöpft war, um noch eine Abendschule besuchen oder Englisch lernen zu können. Sie litt stark unter Kopf- und Rückenschmerzen.

Fanny arbeitete einundvierzig Wochen im Jahr auf diese Weise. Sechs Wochen lang arbeitete sie drei Tage die Woche. Zwei Wochen lang war die Fabrik geschlossen. Seit drei Wochen war sie krank.

Sie war ein Mädchen von schneller, nervöser Intelligenz, lebenslustig und mit einem guten Gespür für Qualität. Als sie davon sprach, dass sie wegen ihrer Gebrechlichkeit und Erschöpfung nicht zur Abendschule gehen könne, schossen ihr Tränen in die Augen. Ihr Zimmer war sehr gepflegt, und auf einem Regal stand ein Roman von Sudermann und ein Büchlein mit Rosenthals Ausbeutungsgedichten. Alles, was sie trug, war sorgfältig und mit gutem Geschmack angezogen. Ihr Kleid zeigte die schnellste Anpassungsfähigkeit, und in der Korrektheit und Einfachheit der Linien und

Farben hätte es einem Studienanfänger „mit allen Vorteilen" gehören können. Es war ein kleines, schmal geschnittenes Kleid aus delfterblauem Leinen mit einem weißen Piqué-Kragen und einer lockeren blauen Krawatte. Sie trug hellbraune Strümpfe und niedrige rostrote Schuhe. Fanny gehörte dem Arbeiterkreis an. Sie sagte, sie gehe so oft sie es sich leisten könne ins Theater. Und als sie gefragt wurde, welche Stücke ihr gefallen, antwortete sie mit einem unvergesslichen Eifer und Eifer: „Oh, ich will nur das Beste. Nur das, was mir etwas über das wirkliche Leben verrät."

Sie sagte, sie habe letztes Jahr zu viel Geld für Kleidung ausgegeben; Aber sie hatte Kleidung von einer Qualität kaufen können, von der sie glaubte, dass sie lange halten würde . Die kleine schlichte Golduhr auf ihrer Liste hatte sie teils gebraucht, teils konnte sie ihr nicht widerstehen. Eines der drei Sommerkleider, die 14 Dollar kosteten, war ihr blaues Leinenkleid, für das sie 7 Dollar gegeben hatte. Sie rechnete damit, es mit Änderungen zwei Sommer lang zu tragen.

Der Anzug vom letzten Jahr wurde gereinigt	3 $
Schuhe	11
Hut	10
Kleider (1 Winter, 10 $; 3 Sommer , 14 $)	24
Mantel	9
Alltagshut	4,50
Musselin (für weiße Taillen und selbstgemachte Korsettüberzüge)	5
Regenschirm	2
Handschuhe	2
Brieftasche	1
Betrachten	11
	82,50 $

So schmerzlich es in gewisser Weise auch war, Fanny Leysher zu sehen, die „nur das Beste" mochte und ihre Lebenskraft in das Nähen von 108 Korsettbezügen pro Tag steckte, so wirkte sie doch weniger hilflos als einige noch jüngere Arbeiterinnen.

Minna Waldemar, ein sechzehnjähriges Mädchen, Arbeiterin in einer Regenschirmfabrik, war seit sechs Monaten in den Vereinigten Staaten. Fünf Monate lang hatte sie in dieser Zeit für 35 Cent pro Hund die Nähte und Säume von Regenschirmbezügen genäht. Ihre übliche Produktion lag bei etwa 200 pro Tag. Indem sie sehr schnell arbeitete, schaffte sie es an einem ganzen Tag, 300 zu verdienen, aber als sie es schaffte, tat ihr der Daumen sehr weh.

Minna zahlte 3 Dollar im Monat für einen Schlafplatz in einem Mietshaus; 1,75 $ pro Woche für Abendessen; und für Frühstück und Mittagessen 15 bis 30 Cent pro Tag.

Sie trug eine schwarze Satintaille, die 1 Dollar gekostet hatte. Ein Anzug hatte 8 Dollar gekostet; ein Hut, 3 $; und ein Paar Schuhe, 2 $. Da sie ihr Bestes gab, hatte sie nicht einmal genug Geld erhalten, um diese dürftigen Habseligkeiten zu bezahlen, und war auf die Hilfe ihres Bruders angewiesen, ihres einzigen Verwandten in New York.

Jede Zeile von Minnas kleiner Figur sah überarbeitet aus. Das traf auch auf Sadie zu, ein etwas unterernährtes, graues österreichisches Mädchen von siebzehn Jahren, das als Vorhut ihrer Familie nach New York gekommen war.

Im letzten Jahr seit ihrer Ankunft, zweieinhalb Jahre zuvor, war sie zunächst sieben Monate lang in einer Krawattenfabrik beschäftigt gewesen, wo sie zwischen 2,50 Dollar pro Woche und 6 bis 7 Dollar im Akkord verdiente. In zwei sehr arbeitsreichen Wochen hatte sie 9 Dollar pro Woche verdient.

Nach der schwachen Saison wurde die Fabrik geschlossen. Auf der verzweifelten Suche nach einer Möglichkeit, Geld zu verdienen, fand Sadie eine Anstellung als Arbeiterin für Kinderkleider, wo sie für 2,50 Dollar pro Woche eine Fußmaschine in einem Arbeitsraum in einem Mietshaus betrieb. In der zweiten Woche wurde ihr Lohn auf 3 Dollar erhöht und behielt diesen Betrag für die nächsten drei oder vier Monate.

Danach war die Nachfrage nach Halsbekleidung wieder gestiegen. Sie war in die Krawattenfabrik zurückgekehrt und verdiente 6 Dollar pro Woche. Ihre geschäftigsten Tage dauerten elf Stunden, die anderen neun.

Sie gab nichts für ihr Vergnügen aus. Sie konnte ihrer Familie nichts schicken. Im Laufe von zweieinhalb Jahren hatte sie einen Hut für 3 Dollar und einen Anzug für 12 Dollar gekauft. Sie besuchte die Abendschule, war aber im Allgemeinen so müde, dass sie wirklich nichts lernen konnte. Sie wusch ihre Wäsche selbst und mietete für 3 Dollar im Monat einen Schlafplatz in der Küche eines heruntergekommenen, überfüllten Mietshauses in der East Side. Es war das Wohnzimmer der Familie ihrer armen Vermieterin; und sie musste warten, bis sie alle es verließen, manchmal spät in der Nacht, bevor sie ihr Bett aus einer dunklen Ecke holte und es auf den Boden warf, um ihren lang ersehnten Schlaf zu finden. Das Abendessen bei der Wirtin kostete sie 20 Cent pro Nacht. Sadies Frühstück und Abendessen hingen vollständig von ihrem Einkommen und ihren anderen Ausgaben ab. Da sie in den Wochen, in denen sie 3 Dollar verdiente, nur 90 Cent für vierzehn Mahlzeiten pro Woche und ihre Kleidung hatte, und in den Wochen, in denen sie 2,50 Dollar verdiente, nur 40 Cent pro Woche für vierzehn Mahlzeiten und ihre Kleidung, ist ihr schlechter Gesundheitszustand leicht zu verstehen .

Sadies Brauch, die Miete zu zahlen und dennoch eine Palette aus der Ecke zu schleppen und einen Platz zu finden oder darauf zu warten, sie wie ein kleiner Landstreicher hineinzuwerfen, ist sehr charakteristisch für Mietshäuser in der East Side. Sie zahlte 36 US-Dollar pro Jahr für die Unterkunft, und doch kann man kaum sagen, dass sie für diese Summe überhaupt einen bestimmten Platz unter einem Dachbaum erhalten hat, der ihr ehrlich als ihr Eigentum zur Verfügung gestellt wurde, sondern lediglich die Chance, einen solchen Platz zu bekommen, wenn sie könnte.

Hätte sie versucht, in einem weniger überfüllten Viertel der Stadt einen besseren und günstigeren Schlafplatz zu finden, wäre sie gezwungen gewesen, neben ihrer Miete auch einen mindestens halb so hohen Betrag für den Transport zu zahlen. Ebenso hätte sie für diese wirklich sehr große Summe von 15 oder 20 Dollar, die jährlich an die Stadtbahnen gezahlt wird, überhaupt keinen bestimmten Platz in ihren Waggons erhalten, der ihr ehrlicherweise als ihr Eigentum zur Verfügung gestellt worden wäre, sondern lediglich eine Chance, ihn zu bekommen Während der Hauptverkehrszeiten konnte sie Halt finden, wenn sie mit dem Auto durch die Stadt oder über die Bronx fahren konnte. Die jährlichen Beträge, die Fabrikarbeiter, die zu erschöpft waren, um nach Hause zu gehen, an die Automobilkonzerne zahlen, sind in diesen Haushaltsplänen sehr auffällig. Tina Levin hatte fast 30 Dollar bezahlt – mehr, als sie im Laufe des Jahres für ihre Kleidung ausgegeben hatte. Diese Pkw-Kosten und die miserablen Transportbedingungen, die die meisten Autofirmen den Arbeitern bieten, die in der Hauptverkehrszeit ihre Linien benutzen müssen, sind eine Schwierigkeit, die kaum geringer ist als die der Mieten und Staus in New York und untrennbar damit verbunden ist.

Anna Flodin , ein achtzehnjähriges Mädchen, das aufgrund einer Krankheit gezwungen war, die überfüllten Stadtteile von New York in Richtung Bronx zu verlassen, versuchte erst wieder zur Arbeit zurückzukehren, als sie wieder in Gehweite der Fabrik wohnen konnte.

Anna Flodin war ein blasses, ruhiges Mädchen mit glattem schwarzem Haar und einem ernsten, fast ergreifenden Gesichtsausdruck. Ihr ganzes Leben war von Armut geprägt gewesen, ein reiner Kampf, den Wolf von der Tür fernzuhalten. Sie sprach kein Englisch, konnte aber ein wenig verstehen.

In der Hochsaison nähte sie regelmäßig täglich 1568 Meter Maschinennähen zur Befestigung von Gürteln an billigen Korsettbezügen. Die Vorarbeiterin gab ihr im Laufe des Tages 28 Bündel mit je 28 Korsettüberzügen, wobei die Gürtel bis zur Taillenlinie festgeheftet waren und die losen Enden der Gürtel fertig festgeheftet waren.

In dem Moment, in dem Anna diesen Betrag nicht erfüllte oder im Laufe des Tages in Rückstand zu geraten schien, gab ihr die Vorarbeiterin die Schuld und drohte mit einer Kürzung ihres Lohns.

Anna arbeitete auf diese Weise zehn Stunden am Tag für 6 Dollar pro Woche. Wenn sie fünf Minuten zu spät kam, wurde sie für eine halbe Stunde angedockt. Sie musste für jede Nadel, die ihr in dem hohen Tempo, das sie einhalten musste, kaputtging, eine Kanzlei zahlen, und im ersten Jahr musste sie von ihrem Lohn, der damals nur 5 Dollar pro Woche betrug, für die vielen hundert Meter Garn aufkommen Sie hat sich in die Produktion des Haushaltsgeräteunternehmens eingearbeitet.

Um täglich 784 Yards an den Gürtel zu nähen – über 1600 Yards an Nähten, da sie beide Kanten des Gürtels befestigte – musste sie natürlich so schnell arbeiten, wie sie die Gürtel unter der Nadel führen und führen konnte. Sie hatte starke Augen. Aber ihr Rücken schmerzte vom Bücken, um das Material zu führen, und sie litt grausam unter Schmerzen in ihren Schultern.

Die Arbeit dauerte siebzehn Wochen. Dann gab es zehn Wochen mit zwei oder drei Arbeitstagen pro Woche, in denen es unmöglich schien, genug zu verdienen, um davon zu leben. Dann, zehn Wochen, als die Fabrik geschlossen wurde. Dann erlitt sie eine über zwei Monate andauernde Krankheit, die einige Wochen nach Schließung der Fabrik einsetzte.

Sie sagte, der Arzt habe ihr gesagt, dass ihre Krankheit Schwindsucht sei und dass er sie geheilt habe. Es muss sich natürlich nicht um Konsum gehandelt haben oder er wurde in diesem Zeitraum nicht gestoppt. Aber währenddessen hatte sie ihm 28,50 Dollar gezahlt und 22,50 Dollar für ihre Unterkunft und Verpflegung, bei einem Onkel in der Bronx sowie für Milch und Eier gegeben.

Kaum war ihr klar geworden, dass sie wieder siebenhundert Gürtel pro Tag nähen konnte, machte sie sich eilig wieder an die Arbeit. Doch schon nach wenigen Tagen widersetzten sich die Mädchen der Firmenpraxis, sie zum Garnkauf zu zwingen, und mussten fünf Wochen lang aussetzen. Am Ende dieser Zeit gewannen sie ihren Punkt.

Insgesamt hatte ihr Jahreseinkommen etwa 150 Dollar betragen; und die Schwere und die Menge an Arbeit, die sie investiert hatte, um es zu verdienen, hatten sie grausam erschöpft.

Von diesem Betrag konnte sie unmöglich leben, da sie allein für Unterkunft und Verpflegung 3 Dollar pro Woche gekostet hatte, also 126 Dollar für das Jahr. Sie war gezwungen gewesen, 50 Dollar für die Behandlung ihrer Krankheit zu leihen; und sie hatte diesen Betrag noch nicht zurückgezahlt. Außerdem hatte ihre Vermieterin ihr einige Rechnungen für die Verpflegung anvertraut, die sie noch nicht bezahlt hatte. Für Kleidung hatte sie 26 Dollar ausgegeben. 59,— ein Kleid für 7 $; ein Hut für 2 $; eine Jacke für 6 $; zwei Paar Schuhe für 2 $; ein Paar für 4 $; 36 Paar Strümpfe zu 10 Cent pro Paar für 3,60 $; drei Taillen zu je 98 Cent für 2,94 $; und drei Anzüge Winterunterwäsche für 1,05 $. Sie sagte jedoch, dass Winterunterwäsche dieser Qualität sie nicht wirklich warm halten könne.

Am Abend war sie zu müde, um die Wohnung für die Abendschule oder für irgendetwas anderes zu verlassen. Sie wusch ihre Wäsche selbst. Im Laufe eines Jahres war ihr einziges Vergnügen ein Theaterbesuch für 35 Cent gewesen.

Anna Flodin lebte in einem sehr ärmlichen Mietshaus in der Nähe der Bowery; und sie erzählte ihre Erfahrungen in ihrer Arbeit, trotz ihrer Stummheit und ihrer Mühe, sich auszudrücken, mit einer Art öffentlichem Geist und einer fast botschafterischen Würde, die unaussprechlich rührend war.

Dieser Geist – eine schöne Freiheit von persönlicher Unsicherheit und ein klares Interesse daran, die Wahrheit über die Arbeit, die Löhne und den Kraftaufwand von Frauen zu bezeugen – wurde von unzähligen Mädchen bewiesen. Tatsächlich wurde keiner von ihnen zu irgendwelchen Tatsachen gedrängt, die er nicht preisgeben wollte oder nach denen er verlangte, es sei denn, er wollte bei der Untersuchung helfen. Aber vielleicht war die Stimme von Anna Flodins Chronik besonders mitreißend, weil sie einer so verborgenen Tiefe ihrer Jugend entsprang, die sie in unheilvoller Armut verbrachte .

Sie erzählte mit großer Klarheit von ihren Erfahrungen bei ihrer Arbeit, als sie in einem kleinen dunklen, sauberen Raum in einem Mietshaus saß und auf einen schmutzigen, übelriechenden Innenhof blickte. Die einzige Aufhellung ihres ernsten, jungen Gesichts während ihrer Geschichte und unserer Fragen war ihr Lächeln, als sie von ihrem einen Besuch im Theater erzählte, und eine weitere Veränderung ihres Gesichtsausdrucks, als sie im Zusammenhang mit dem Streik über die anderen Mädchen im Laden sprach über Thread. Sie war Mitglied der Union. Im Laden gab es Mädchen, die keine Mitglieder waren und bereit waren, den Thread des Managements auf unbestimmte Zeit weiter zu kaufen. Anna Flodin sagte leise und mit einem Ausdruck schnell verächtlichen Gesichtsausdrucks, dass sie mit solchen Mädchen niemals etwas zu tun haben würde.

Ihr stummes Leben und ihre mechanischen Tage konnten einem mit aller Sympathie alle möglichen unbegründeten Vorurteile und Abneigungen in ihr verständlich machen.

Sie war sehr jung; und zum Teil war es ihre Jugend, die das Gefühl der stummen Unterdrückung und Erschöpfung, das ihre stille Anwesenheit und ihre flehenden Augen vermittelten, noch verstärkte. Es wird viel über die Gefahr und Traurigkeit der Zerstreuung in der Jugend gesprochen. Es wird zu wenig über die Tatsache gesagt, dass eine so umfassende Monotonie und absolute Armut des Daseins wie die von Anna Flodin in der Jugendtraurigkeit selbst liegt und ebenso grausam für den Puls in ihrem tauben Durchgang ist wie das schmerzhafte Gefühl des Verfalls. Bei allen Tragödien geht es nicht um Gewalt, sondern auch um Erschöpfung und Hunger.

Die Erschöpfung und Erschöpfung, die sie nach einem Tag voller Geschwindigkeitsüberschreitungen an einer Maschine verspürte, wurde von einer anderen Arbeiterin beschrieben, einem Mädchen mit guter Gesundheit und lebhaftem Geist, das später eine attraktivere Beschäftigung fand. Sie sagte, dass sie in ihrer Fabrikzeit mit einer Cousine um neun Uhr nach getaner Arbeit eine Meile nach Hause gelaufen sei. Die Cousine war ein weiteres kluges und temperamentvolles russisches Mädchen im gleichen Alter. Sie hatten hundert Dinge zu besprechen, aber als sie die Fabrik verließen, sagte fast immer einer zum anderen: „Bitte sprechen Sie mich auf dem Heimweg nicht an. Ich bin so müde, dass ich kaum antworten kann." Gleich nach dem Abendessen gingen sie zu Bett. Am Morgen eilten sie durch das Frühstück, um um acht Uhr in der Fabrik zu sein und den Tag zuvor zu Ende zu bringen.

„Wir gingen nur vom Bett zur Arbeit und von der Arbeit wieder ins Bett", sagte eines der Mädchen, „und manchmal, wenn wir zu Hause eine Weile aufblieben, waren wir so müde, dass wir nicht mit den anderen sprechen konnten, und wir." Ich wusste kaum, wovon sie sprachen. Und obwohl es für uns nichts außer Bett und Maschine gab, konnten wir nicht genug verdienen, um in der schlechten Jahreszeit für uns selbst zu sorgen."

Es ist wichtig, mit dem Bericht dieser schlecht bezahlten, durch die Geschwindigkeitsüberschreitung erschöpften Arbeiter die Chronik einer Facharbeiterin in einer Gürtelfabrik, Theresa Luther, zu vergleichen, die 17 Dollar pro Woche verdient.

Sie war eine junge deutsch-amerikanische Protestantin von 27 Jahren, geboren in New York. Nach dem Tod ihres Vaters half sie ihrem älteren Bruder sofort, den Unterhalt der Familie aufzubringen, so bereitwillig, als wäre sie ein fähiger und abenteuerlustiger Junge gewesen. Miss Luther war stark, kompetent und temperamentvoll, ein großes Mädchen mit blondem Haar, dunkelblauen Augen und einem sehr schönen, direkten Blick.

Ihr Vater war ein Holzschnitzer gewesen, ein Künstler, der für einige der interessantesten Arbeiten seines Handwerks in New York verantwortlich war. Auch Theresa hatte Geschicklichkeit mit ihren Händen. Mit fünfzehn Jahren trat sie als „Zuschneiderin" in eine Ledergürtelfabrik ein. Sie war so schnell, dass sie fast sofort 7 Dollar pro Woche verdiente, ein bemerkenswerter Lohn für einen Anfänger von fünfzehn Jahren. Bald durfte sie falten und packen. Kurz darauf hörte sie, wie sich eine Vorarbeiterin über das Fehlen von Maschinenbedienern beklagte, und bemerkte, dass sie zu Hause eine Nähmaschine bedienen könne. Die Vorarbeiterin stellte sie amüsiert an die Maschine. Danach nähte sie elf Jahre lang Gürtel, allerdings nicht in derselben Fabrik.

Das Nähen von Ledergürteln ist schwere und handwerkliche Arbeit zugleich . Die Nahtreihe wird am äußersten Rand des Gürtels platziert. Die kleinste Abweichung von einer geraden Linie im Stich verdirbt das gesamte Werk. Das Führen der Nadelspitze durch das Leder ist schwierig und erfordert so viel Kraft, dass das Nähen durch das doppelte Leder, das beim Anlegen der Schnalle erforderlich ist, nur von Männern durchgeführt werden kann. Theresa absolvierte täglich zwei Brutto-Gürtel. Sie und andere Amerikaner in der Fabrik wurden von einigen russischen Mädchen hart bedrängt, die an einem Tag vier grobe, sehr schlecht genähte Gürtel mit riesigen Stichen und losen Fäden fertigstellen konnten. Als die Vorarbeiterin Theresa vorwarf, dass sie weniger Arbeit erledigte als diese Mädchen, brachte sie offen ihre Verachtung für ihre schlampigen Gürtel zum Ausdruck. Sie hatte einen ausgeprägten Stolz auf das Handwerk, und es war erfreulich, ihre instinktive Verachtung zu sehen, als sie die Antwort der Vorfrau zitierte: „Keiner von ihnen (die schlecht gemachten Gürtel) kam jemals zurück" – als wäre ihre Verkaufsqualität der einzige Test für ihre Handwerkskunst.

Sie hatte die Fabrik verlassen, weil sie aufgrund stundenlanger Überarbeitung völlig zusammengebrochen war. In einem Winter war sie zehn Wochen lang einundsiebzig Stunden pro Woche an der Maschine gewesen. Nach diesem schweren Erlebnis erlitt sie eine lange Erschöpfung und war erschöpft, erschöpft, in einer Art körperlicher Erstarrung, in der sie monatelang nichts tun konnte.

Nach ihrer Genesung ging sie in eine andere Fabrik, wo die Arbeitszeiten nicht so übermäßig sind, die Behandlung fair ist und sie jetzt eine hervorragende Position als Vorarbeiterin für 18 Dollar pro Woche hat.

Theresa war ein sehr ernsthaftes, klar denkendes Mädchen, das fest davon überzeugt war, dass sich übermäßige Arbeitszeiten negativ auf berufstätige Frauen auswirken würden. Als im vergangenen Frühjahr in Albany die Anhörung zum Arbeitsgesetz des Staates New York stattfand, war sie aktiv daran beteiligt, eine Petition zur Unterstützung zu erhalten, die von einer Gruppe berufstätiger New Yorker Mädchen unterzeichnet und in die Hände von Arbeitskommissar Williams gelegt worden war bei der Sicherstellung einer Verkürzung ihrer derzeitigen gesetzlichen Arbeitszeiten. Theresa war durch außergewöhnliche Fähigkeiten über die Plackerei ihres Gewerbes hinaus zu einer ihrer besseren Positionen aufgestiegen. Einige der gelernten Maschinenbediener, ebenso wie einige der ungelernten Fabrikarbeiter, wurden durch die Monotonie ihres gegenwärtigen Berufes von der Hoffnung getragen, ihn aufzugeben und sich einem anderen Beruf zuzuwenden.

Alta Semenova , eine polnische Handschuhmacherin, zwanzig Jahre alt, arbeitete neun Stunden am Tag an einer Maschine für 7 Dollar pro Woche und lernte fünf Abende pro Woche in einer privaten Abendschule, für die sie 4 Dollar pro Monat Unterricht zahlte.

Sie lebte in einem kleinen Schlafzimmer im Flur mit einer bewunderten Freundin . Jeder zahlte 4,25 Dollar monatliche Miete. Ihr Essen belief sich auf 2,90 Dollar pro Woche. Den Samstagabend verbrachte sie damit, ihre Wäsche zu waschen. Sie wohnte nahe genug an der Fabrik, um in fünf oder zehn Minuten zur Arbeit zu laufen. Sie zahlte monatlich 25 Cent für den Gewerkschaftsbeitrag.

Alta arbeitete für „Anwärter" auf den College- oder Cooper Union-Eintritt. In ihrer Freizeit las sie die modernen Russen. Während ihres Jahres in New York beherrschte sie ausreichend Englisch, um Shakespeare im Original lesen zu können. In ein paar Jahren wird sie Lehrerin. Alta war ein eifriger russischer Revolutionär. Sie besaß die Leidenschaft einer Studentin und hatte den Kopf voller Pläne für ein Leben voller intellektueller Arbeit.

Diese Chroniken über Einkommen und Ausgaben einiger New Yorker Fabrikarbeiter beschreiben Monotonie und Schnelligkeit bei der Maschinenarbeit. Die im Folgenden vorgestellten Annalen der New Yorker Fabrikarbeiter beschreiben Monotonie und Schnelligkeit bei der Handarbeit.

Yetta Sigurdin , ein neunzehnjähriges österreichisches Mädchen, war seit drei Jahren in New York und in den letzten anderthalb Jahren in einer Tabakfabrik, einem Union-Shop, als gelernte Walzerin im Akkord beschäftigt gewesen.

Sie hatte acht Stunden am Tag. An einem ganzen Tag könnte Yetta 2200 Zigaretten drehen. Ihr bester Lohn lag also bei etwa 12 Dollar pro Woche. Der Durchschnitt betrug jedoch nicht mehr als 8 US-Dollar, da die Fabrik vier Wochen lang stillstand und fünf Monate lang sehr langweilig war, in den restlichen sechs Monaten jedoch viel Betrieb herrschte.

Yetta sah sehr robust und glücklich aus. Sie schien mit ihrer Arbeit und ihrem Einkommen zufrieden zu sein, trotz der zusätzlichen Arbeit, die sie mit dem Waschen einiger ihrer eigenen Kleidungsstücke und dem Anfertigen ihrer eigenen Taillen verbunden war. Dies war zweifellos größtenteils auf ihre vernünftigen und angemessenen Arbeitszeiten zurückzuführen und teilweise auf die Tatsache, dass ihre Arbeit nicht die Intensität der Beobachtung und des Einsatzes erforderte, die schnelle Maschinenarbeit erfordert. In manchen Tabakfabriken der Union schließen die Walzen tatsächlich manchmal einen Betrag untereinander aus, um einen Leser stundenweise dafür zu bezahlen, dass er ihnen während der Arbeit vorliest.

Yetta zahlte 3 Dollar pro Woche für Zimmer, Frühstück und Abendessen in einem Mietshaus. Es lag in einer äußerst armen Gegend, war aber frisch, angenehm und gut gelüftet. Ihre Abendessen kosten etwa 1,50 Dollar pro Woche. Einen Teil ihrer Wäsche wusch sie, ein Teil war im Verpflegungspreis enthalten. Ihr Gewerkschaftsbeitrag betrug 15 Cent pro Woche. Die Mitglieder der Cigarette Makers' Union zahlen einen wöchentlichen Beitrag von 5 Cent für die Unterstützung eines Sanatoriums in Colorado für Tuberkulose-Tabakarbeiter. Yetta spendete einen Beitrag zu diesem Sanatorium und zahlte eine monatliche Gebühr von 10 Cent für die Agitation der Union.

Sie schätzte die Kosten für ihre Kleidung im Jahr auf etwa 82 US-Dollar. Ein Winteranzug kostete 14 Dollar; ein Frühlingsanzug, 15 $; ein Sommerkleid, 5 $; und ein Winterkleid, 18 $. Sechs Paar Schuhe kosten 15 Dollar. Sie konnte sich nicht an die restlichen Ausgaben für Kleidung erinnern. Ein Teil davon war für Unterwäsche bestimmt, ein anderer Teil für Stoff für Taillen, den sie selbst angefertigt hatte.

Trotz der Monotonie und Geschwindigkeit von Yettas Arbeit erschöpfte sie ihre Lebenskraft nicht, da sie weder intensive Anstrengung erforderte noch über eine angemessene Anzahl von Stunden hinaus ausgeübt wurde.

Barbara Cotton, eine 32-jährige Amerikanerin, eine gelernte Handwerkerin in einer Fabrik für Elektrogeräte, lebte seit mehr als achtzehn Jahren selbstständig und verbrachte die letzten neun Jahre in ihrer jetzigen Beschäftigung.

In der Elektrofabrik trennte sie Glimmerschichten, bis sie in möglichst dünne Schichten gespalten waren. Sie wurde nach der Nummer bezahlt, die sie aufteilen konnte. Die ständige Wiederholung einer derart präzisen Handlung über neun Stunden am Tag hatte ihre Augen übermäßig beansprucht und sie äußerst nervös gemacht.

Sechs Monate lang verdiente sie an diesen Neun-Stunden-Tagen 8 Dollar oder 8,50 Dollar pro Woche. In den anderen sechs Monaten gab es samstags keine Arbeit und sie verdiente etwa 7 Dollar pro Woche. Sie hatte eine Woche bezahlten Urlaub. Aufgrund ihres heruntergekommenen Zustands hatte sie in dem von ihr beschriebenen Jahr zwei Monate Arbeit durch Krankheit verloren. Dies sei jedoch nicht auf ihre Arbeit zurückzuführen, sondern darauf, dass sie im Notfall auch die Kinder einer erkrankten Schwester betreue.

Miss Cotton gehörte einer Wohltätigkeitsorganisation an und hatte aufgrund ihrer eigenen Krankheit eine Zulage von 5 Dollar pro Woche erhalten.

Ihr Jahreseinkommen betrug etwa 367 US-Dollar, was einem Durchschnitt von 7,06 US-Dollar pro Woche entspricht.

Miss Cotton hatte versucht, in Pensionen und möblierten Zimmern zu leben, und obwohl die Kosten ungefähr gleich hoch waren, waren die Unterkünfte in jeder Hinsicht weitaus weniger attraktiv als das Hotel für berufstätige Mädchen, in dem sie zum Zeitpunkt des Interviews wohnte.

Für ein halbes Zimmer, das etwas größer als ein gewöhnliches Flurschlafzimmer war, und für Frühstück und Abendessen zahlte sie 4,50 Dollar pro Woche. Das Mittagessen kostete sie außerdem 1 Dollar pro Woche. Da sie nur wenige Gehminuten von ihrer Arbeit entfernt war, hatte sie außer 35 Cent für einen Teil ihrer Wäsche keine weiteren Kosten. Den Rest erledigte sie selbst.

Sie kaufte nur sehr wenig Kleidung, da sie von den 1,15 Dollar pro Woche, die ihr übrig blieben, nachdem sie alle notwendigen Kosten bezahlt hatte, großzügig dazu beitrug, eine kranke Schwester und Nichte zu unterstützen. Nach achtzehn Jahren harter, stetiger Arbeit – neun Jahre davon als Facharbeiterin – hatte sie nichts gespart, außer in Form von Sozialhilfebeiträgen, und sie hatte keine Aussicht auf Ersparnis.

Obwohl sie nervös war und ihr Sehvermögen angespannt war, war sie von ihrer Industrieerfahrung weniger erschöpft als Katherine Ryan, eine irische Arbeiterin von 45 Jahren, die sechs Jahre lang Besätze in einer Applikationsfabrik zugeschnitten und genäht hatte.

Achteinhalb Stunden dieser Arbeit am Tag erschöpften sie. Sie erhielt 7 Dollar pro Woche. Ihre Augen ließen schnell nach, weil sie ihre Schere genau im Auge behalten musste, um nicht zu weit zu schneiden.

Sie ging oft um acht oder halb acht Uhr zu Bett, erschöpft von der Arbeit des einen Tages und begierig darauf, für den nächsten frisch zu sein, denn die Konkurrenz junger Augen und flinker Finger machte ihr zu schaffen.

Neuere Arbeiter erhielten feinere und profitablere Arbeiten. Trotz ihrer Treue und ihrem Streben nach Schnelligkeit wurde sie in der letzten Saison zwei Monate früher entlassen als in jedem Jahr zuvor, und neuere Helfer wurden übernommen. Sie dachte, die Vorarbeiterin hätte Vorurteile gegen sie und konnte natürlich nicht verstehen, dass sie vom Standpunkt der modernen Industrie aus schon fünfundvierzig Jahre alt war.

Sie hatte 3 Dollar pro Woche für die Verpflegung in einem gemeinnützigen Heim bezahlt, und dort durfte sie bleiben und für Verpflegung und Unterkunft aufkommen, wenn sie kein Geld hatte, indem sie bei der Hausarbeit half. Miss Ryan hatte sich jedoch weniger schnell erschöpft als Elena und Gerda Nakov , zwei junge Polinnen von dreiunddreißig und neunundzwanzig Jahren, erfahrene Handarbeiterinnen bei der Herstellung von Kinderkleidern.

Elena war mit sechzehn Jahren aus Südrussland gekommen, um ihr Glück zu suchen. Ihre Mutter und ihr Vater waren tot. Sie war von einem Onkel erzogen worden, bei dem ihre jüngere Schwester Gerda blieb.

Nach der Aussage von Elenas Schwager, dem gutherzigen Ehemann einer in New York lebenden verheirateten Schwester, und auch nach der Aussage von Gerda war Elena mit sechzehn ein sehr schönes Mädchen. Sie war klein, aber sehr kräftig und gut gebaut, mit einer frischen, leuchtenden Farbe, tiefgrauen Augen und dichtem rotgoldenem Haar, das ihr in einer Witwenspitze tief in die Stirn fiel.

Elena fand zunächst Arbeit als Zigarettendreherin und verdiente 4 Dollar pro Woche. Hier war sie ständiger Unverschämtheit und skrupelloser Sprache seitens des Vorarbeiters und der mit ihr arbeitenden Männer ausgesetzt. Ihre Augen wurden schwarz vor Verachtung, als sie von dieser Straftat sprach – „Oh“, rief sie, „ich dachte: ‚Ich bin arm, aber ich werde nie in meinem Leben so arm sein, dass ich so etwas ertragen kann.‘“

Sie verließ die Tabakfabrik und fand eine Anstellung als Krawattenarbeiterin. Auch hier verdiente sie 4 Dollar, aber die Saison wurde langweilig, und sie ging in eine kleine Fabrik, wo sie an Kinderkleidern arbeitete, stickte, Knopflöcher machte, Schwuchteln machte und Federn stach. Bei diesem Handwerk bewies sie eine solche Geschicklichkeit, Fingerspitzengefühl und Schnelligkeit, dass sie in einer Stunde doppelt so viel schaffen konnte wie die meisten anderen Mädchen und Frauen in der Fabrik.

Sie nähte von acht bis sechs, mit einer halben Stunde Mittagspause. Sie nahm ihre Arbeit immer mit nach Hause und nähte manchmal einen halben

Sonntag lang, denn die Lebenshaltungskosten verschlangen ihre gesamten 4 Dollar pro Woche. Aufgrund der Intensität ihrer Arbeit und der unzureichenden Nahrungsaufnahme, die sie kaufen konnte, hatte ihr der Magen im Stich gelassen, und sie brauchte alles zusätzliche Geld, das sie für Arztrechnungen und Medikamente verdienen konnte.

Sie war dünn, erschöpft, abgenutzt und blass, als Gerda vier Jahre nach Elenas Ankunft aus Russland kam. Gerda war ein starkes, attraktives Mädchen mit guter Gesundheit, dunklem, lockigem Haar und einer schönen Farbe.

Als sie mit Elena die gleiche Fabrik betrat, wurde sie bald fast genauso gut im Feinnähen wie ihre Schwester und war fast genauso krank. Sie verdiente 3 Dollar pro Woche.

Die Fabrik gehörte einer jungen deutschen Witwe, Frau Mendell , einer äußerst attraktiven, hübschen und geschickten Person, die in ihrem Büro wie eine angenehme und gebildete junge Frau wirkte und in der Lage war, die bezauberndsten kleinen Kleider, Mützen usw. herzustellen Unterhosen für Kinder herzustellen, mit hohem Gewinn, indem man qualifizierten eingewanderten Näherinnen extrem niedrige Löhne zahlt. In ihrem Arbeitszimmer terrorisierte Mrs. Mendell die Mädchen abwechselnd und schmeichelte ihnen. Sie beschleunigte sie ständig. Sie weigerte sich, mit ihnen zu sprechen, solange sie nicht so viel Arbeit erledigt hatten, wie sie im Laufe des Tages erledigen wollte. Sie ließ die jüngeren Mädchen ihre Stiefel anziehen und sie anziehen, wenn sie ihr Bürokleid gegen die Kleidung tauschte, in der sie nachts mit dem Auto nach Hause fuhr. Und am Morgen bestrafte sie Mädchen, die über Nacht nicht so viel Arbeit erledigt hatten, wie sie sich gewünscht hatte, indem sie ihnen die am schlechtesten bezahlten und härtesten Näharbeiten in der Fabrik gab.

Eines Abends schickte sie Elena und Gerda mit zwei großen Bündeln Babybändern – Schultergurten und Taillenbändern – nach Hause, damit sie am nächsten Morgen an langen Röcken befestigt werden konnten. Sie sollten alle an den Schulterbändern und an den Oberkanten der Taillenbänder mit Federn genäht, drei Knöpfe angenäht und jeweils drei Knopflöcher angebracht werden. Dies sollte für 2½ Cent pro Stück erfolgen – ein Viertel Dutzend.

Am Morgen, nachdem sie diese Arbeit abgeschlossen hatte, fühlte sich Elena so nervös und krank, als sie in die Fabrik ging, dass sie in Tränen ausbrach, als sie Mrs. Mendell das Bündel zurückgab und den Vierteldollar erhielt. Sie sagte Frau Mendell, sie sei krank. Sie konnte nicht so leben und arbeiten, wie sie arbeitete. Gerdas Augen waren immer angestrengt. Ihre Löhne müssen erhöht werden.

Frau Mendell antwortete ruhig und selbstgefällig, dass sie selbst den ganzen Tag in der Fabrik geblieben sei, sie habe sich aber nie auf diese Weise beschwert. Allerdings erhöhte sie Elenas Lohn um 50 Cent.

Zu dieser Zeit lebten die beiden Mädchen in einem winzigen Innenzimmer mit einem Fenster in einem Luftschacht in einem Mietshaus in der East Side. Dafür zahlten sie 8 Dollar im Monat. Es war kaum mehr als ein Schrank mit einem Stuhl, einem Tisch und einem Bett; und so klein, dass Elena und Gerda sich kaum zwischen ihre dürftige Einrichtung zwängen konnten. Sie wuschen ihre Wäsche selbst, kochten ihr eigenes Frühstück auf dem Herd der Wirtin, bereiteten ein Mittagessen zu, das sie mit in die Fabrik nahmen, und zahlten für das Abendessen 20 Cent pro Nacht. Fast das gesamte Geld, das ihnen blieb, nachdem ihre Unterkunft und Verpflegung sowie das Nötigste an Kleidung bezahlt waren, flossen in Medikamente und Ärzte.

Ihre Kleidung war so dürftig, dass sie sich schämten, am Sonntag auszugehen – wenn alle anderen „beste Kleider" trugen – und den ganzen Tag in ihrem Zimmer saßen. Abends besuchten sie jedoch manchmal Verwandte in der Bronx, und bei einer dieser Gelegenheiten hatten sie ein Glück der seltsamsten Art. Auf der Hochstraße, auf der sie zufällig fuhren, kam es zu einem Unfall – einer Kollision. Keiner von ihnen wurde verletzt; aber sie sahen den Zusammenstoß und wurden als Zeugen für die Straße geladen. Sie mussten mehrere Vormittage abseits der Herstellung von Kinderkleidern verbringen und auf ihre Aussage vor dem Strafgericht warten, was sie als äußerst angenehm und erholsam empfanden. Doch bevor die Mädchen jemals zu ihrer Aussage aufgefordert wurden, wurde die Sache mit der Staatsanwaltschaft geklärt, und der Fall kam nie vor Gericht. Aber die Eisenbahn gab Elena und Gerda für die Zeit, die sie in ihrem Namen verbracht hatten, einen Scheck über 20 Dollar.

Daraufhin beschlossen sie, in bessere Quartiere umzuziehen. Außerdem war die Fabrik gewachsen und in größere Räume weiter oben in der Stadt umgezogen (obwohl ihre Arbeitsräume immer gut beleuchtet und belüftet waren), so dass die Mädchen gezwungen waren, mehr für die Fahrkosten auszugeben, als sie sich leisten konnten. Mit den 20 Dollar richteten sie ihr Zimmer in Harlem ein. Sie befanden sich in einer wilden, verrufenen Gegend, in der die Mädchen völlig unabhängig blieben. Aber die Zimmer waren luftig und ansprechend. Da sie nun ihre eigenen Möbel hatten, zahlten sie für all diesen zusätzlichen Platz und Komfort nur 8 Dollar im Monat, sodass sie weiterhin in diesen Unterkünften leben konnten, allerdings nur mit großem Aufwand und Fleiß seitens Elena. Denn Gerdas Sehnerv war durch die Überanstrengung so stark beeinträchtigt, dass sie so unter Verdauungsstörungen, Ohnmacht und Krankheit litt, dass sie nicht mehr in die Fabrik gehen konnte. Sie führte den Haushalt und nähte zu Hause.

Elenas Lohn während der nächsten sechs Jahre wurde durch Kampf um Kampf mit Mrs. Mendell nach ihren dreizehn Dienstjahren auf 7 Dollar pro Woche erhöht. Aber sie war fast außer sich vor Besorgnis über ihren sich verschlechternden Gesundheitszustand. Sie war dünn und gebrechlich und aß aufgrund der Gastritis fast nichts.

Schließlich sagte ihr eine Ärztin, sie müsse mit der Arbeit aufhören, sonst würde sie sterben . Ihr Magen war fast völlig erschöpft. Dieser Arzt schickte sie in ein Krankenhaus, besuchte Gerda und schickte sie ebenfalls in ein Krankenhaus.

Das war vor vier Jahren. Doch die beiden jungen Frauen sind so am Boden zerstört, dass keine Bemühungen der öffentlichen oder privaten philanthropischen medizinischen Versorgung im Staat und in der Stadt in der Lage waren, ihre Gesundheit wiederherzustellen. Die Ärzte, die sie betreut haben, sagen, dass die Kräfte dieser jungen Frauen durch die Jahre der Überarbeitung und Anstrengung sowie der schlechten und dürftigen Ernährung einfach erschöpft sind und dass es ihnen nie wieder richtig gut gehen kann.

Sie verlassen die Krankenhäuser oder Sanatorien für ein paar Wochen, höchstens sechs, und kehren krank und arbeitsunfähig wieder zurück. Ihr Leben ist heute in der Tat eine merkwürdige moderne Pilgerreise zwischen den verschiedenen Formen wohltätiger Heilung und den großen Wohltätigkeitsinstitutionen der Gemeinschaft, die völlig unfähig ist, ihnen die Kraft zurückzugeben, die sie in ihren Industrien verloren haben.

geschickte Stickerinnen einzustellen, sowie für die Steuerzahler und die Arbeiter einen Verlust und Kosten mit sich brachte Philanthropen aus New York, die Wohltätigkeitskrankenhäuser und Ferienhäuser unterstützen.

der Fabrikarbeit bei jüngeren und älteren Frauen, Arbeiterinnen und Arbeitern so deutlich wie möglich zum Ausdruck .

Während eines der seltsamsten Ergebnisse der Einführung von Maschinen in die moderne Industrie darin besteht, dass die menschlichen Kräfte und die Initiative der Arbeiter oft nicht freigesetzt, sondern oft dazu tendiert wurden, diese Kräfte zu devitalisieren und auf die Funktionen von Maschinen umzulenken, ist dieses Ergebnis doch so seltsam dass es nicht unvermeidlich erscheinen kann. Die stundenlange Geschwindigkeitsüberschreitung von Maschinen und nicht die Maschinenarbeit selbst scheint in erster Linie für die Müdigkeit verantwortlich zu sein, die von den Arbeitern beschrieben wird, deren Berufsgeschichte erzählt wurde. Darüber hinaus waren Geschwindigkeitsüberschreitungen und lange Arbeitszeiten für die drastischste Erschöpfungserfahrung aller Fabrikarbeiter verantwortlich, denen man begegnete – die Erfahrung von Elena und Gerda Nikov , die nicht an Maschinen beschäftigt waren, sondern mit so heiklen Handarbeiten, dass man sie mit genauerer Genauigkeit als Genauigkeit bezeichnen könnte ein Kunsthandwerk.

Die Erschöpfung dieser Arbeiter war teilweise auf ihre Gewohnheit zurückzuführen, ihrem Beruf nicht nur während der Fabrikstunden nachzugehen, sondern auch außerhalb der Fabrik, zu Hause. Im letzten Jahr wurde die weitreichendste konstruktive Anstrengung zur Abschaffung der Heimarbeit aus dem Nadelgewerbe, die in diesem Land jemals unternommen wurde, von den New Yorker Mantelmachern initiiert, an die wir uns als Nächstes wandten, um einen Bericht über ihre industriellen Erfolge zu erhalten.

FUSSNOTEN:

[22] Diese Zeugenaussagen stammen aus dem von Louis D. Brandeis und Josephine Goldmark erstellten Schriftsatz für das Illinois Ten-Hour Law.

Untersuchungen zum Gesundheitszustand der Schweizer Fabrikarbeiter. Dr. Fridlion Schuler, Schweizer Fabrikinspektor, und Dr. AE Burckhardt, Professor für Hygiene.

„Anstatt wie in früheren Phasen der Industrie durch persönliche Arbeit ermüdet zu werden, ist es heute die unablässige, angespannte Konzentration beim Beobachten der Maschine, die notwendige Schnelligkeit der Bewegung, die den Arbeiter ermüdet."

Gefährliche Geschäfte. Thomas Oliver, MA, MD, FRCP London. 1902.

„Die Einführung von Dampf hat die Industrie revolutioniert … Während Maschinen in mancher Hinsicht die Last der menschlichen Arbeit erleichtert haben, hat sie die Ermüdung des Menschen nicht verringert. Während die Maschine ihren unerbittlichen Lauf fortsetzt und unempfindlich gegenüber Ermüdung ist, sind es die Menschen." Sie sind sich insbesondere gegen Ende des Tages bewusst, dass die Konkurrenz ungleich ist, denn ihre Muskeln werden müde und ihr Gehirn erschöpft. Die heutige Fabrikarbeit ist zu sehr ein Wettbewerb empfindlicher menschlicher Nerven und Muskeln gegen unempfindliches Eisen.

Vierzehnter Internationaler Kongress für Hygiene und Demographie, Berlin, September 1907. Erschöpfung infolge der Besatzung . Dr. Emil Roth, Regierungsrat , Potsdam.

„Mit der fortschreitenden Arbeitsteilung ist die Arbeit immer mechanischer geworden. Ein bestimmter Teil der Übermüdung und ihrer Folgen, insbesondere der Neurasthenie, muss dieser Monotonie – dem Fehlen von Spontaneität oder Freude an der Arbeit – zugeschrieben werden."

Proceedings of the First International Convention on Industrial Diseases, Mailand , 1906. *Schwachsinn und Kriminalität in Bezug auf bestimmte Formen der Arbeit* . Professor Crisafuli .

„Wenn nur ein Gehirnzentrum arbeitet , wird es viel leichter übermüdet, als wenn die Funktionen abwechselnd von den verschiedenen Zentren ausgeführt würden . "

„Hier liegt also ein weiterer Faktor der Übermüdung aufgrund der *Monotonie* der Arbeit, die nur in langen Abständen unterbrochen wird."

„Diese Monotonie ist die bestimmende Ursache für lokale Störungen und gefährdet den gesamten Organismus."

KAPITEL V

DER STREIK DER CLOAKMACHER UND DER PREFERENTIAL UNION SHOP

In New York werden 40 Millionen Dollar in die Herstellung von Mänteln, Röcken und Anzügen für Frauen investiert. Pro Jahr werden in New York Kleidungsstücke im Wert von 180 Millionen Dollar hergestellt. [23]

In diesen Branchen sind in der Stadt zwischen 60.000 und 70.000 organisierte Männer und Frauen beschäftigt. Die Gewerkschaftsmitglieder machen 95 Prozent der in der Branche beschäftigten Arbeitnehmer aus, und etwa zehntausend dieser Mitglieder sind Frauen. [24]

Es scheint zunächst seltsam, dass die vielfältigen Bereiche des Nadelgewerbes in den Großstädten – Branchen, die traditionell von Näherinnen besetzt sind – tatsächlich weitaus stärker von Nähern bevölkert sind. Es gibt jedoch eine Arbeitsteilung, bei der die Männer praktisch den gesamten Zuschnitt, das Nähen mit der Maschine und das Bügeln übernehmen und in vielen Fällen auch die Endbearbeitung von Hand erledigen; Die Frauen schneiden, nähen oder bügeln praktisch nie und arbeiten in allen Fällen von Hand weiter.

Am 8. Juli 1910 wurde ein Generalstreik ausgerufen, an dem sich alle Männer und Frauen des Mantelgewerbes beteiligten. Die Industrie hatte jahrelang sowohl ihre Arbeiter als auch ihre Arbeiterinnen mit gewissen gravierenden Schwierigkeiten belastet – einem nicht standardisierten Lohn, dem Subunternehmersystem, der Konkurrenz mit Heimarbeit und langen saisonalen Arbeitszeiten.

Das Subunternehmersystem traf die Frauen in der Branche am stärksten, da der größere Anteil der Finisher Frauen waren und vor dem Streik fast jeder Finisher bei einem Subunternehmer beschäftigt war.

Die Löhne, die den Finishern in derselben Werkstatt gezahlt wurden, egal ob es sich um Mädchen oder Männer handelte, waren gleich. Aber im Vergleich zu den Schneidern, Bastern und Bedienern wurden die Finisher sowohl vor als auch nach dem Streik immer relativ unter ihrem Verdienst bezahlt.

Die Löhne wurden gesenkt, nicht nur durch die nicht standardisierten Sätze, die durch das Subunternehmersystem vorherrschend waren, sondern auch durch die Praxis, die Handarbeit aus den Fabriken und Werkstätten zu schicken und sie zu Hause erledigen zu lassen. Bei der Befragung zahlreicher selbständig arbeitender Mädchen, die als Umhangzuschneiderinnen beschäftigt waren, sagten die meisten von ihnen, dass sie am Ende des Arbeitstages zu erschöpft seien, um Näharbeiten nach Hause zu tragen. Aber die Arbeit war von verschiedenen starken Mädchen im Gewerbe, von alten Männern und von jungen Männern zu ihren Familien getragen worden.

Unter den weiblichen Umhangveredlern erhielt Rose Halowitch , ein zartes kleines russisches Mädchen von siebzehn Jahren, eine Helferin in einer Umhangfabrik, die ihr Konto bei der Consumers' League abgab, vor etwa zweieinhalb Jahren einen Lohn von 3,50 bis 6 Dollar pro Jahr Woche. In arbeitsreichen Wochen arbeitete sie von acht Uhr morgens bis acht Uhr abends, mit nur einer einstündigen Unterbrechung für ihr unzureichendes Mittagsessen, für das sie sich nur 6 oder 7 Cent leisten konnte.

Unter den Heimarbeitern Rhetta Salmonsen , eine vierzigjährige Russin und Mutter von vier Kindern, pflegte nachts die Mäntel fertigzustellen, die ihr ihr Mann gebracht hatte, der den ganzen Tag als Arbeiter in einer Mantelfabrik arbeitete. Zusammen verdienten sie in arbeitsreichen Wochen 12 bis 15 US-Dollar. In diesen Wochen kam es manchmal vor, dass Frau Salmonsen die Hausarbeit erledigte, bis ihr Mann spät abends nach Hause kam. Nachdem sie sein Abendessen abgeräumt und die Kinder zu Bett gebracht hatte, fing sie um Mitternacht an, Nähte zu fällen; und um die Umhänge fertigzustellen, die er mitgebracht hatte, bevor er morgens in den Laden zurückkehrte, nähte sie, bis sie das weiße Tageslicht durch das Fenster der Wohnung hereinfallen sah, und es war wieder Zeit für sie, das Frühstück vorzubereiten. Da ihr Mann krank gewesen war und drei Monate lang entweder nicht gearbeitet oder untätig gewesen war, hatte sich die Familie bei all dieser Arbeit verschuldet. Allein Miete, Essen und Schuhe hatten sie 400 Dollar gekostet. Damit blieben weniger als 100 US-Dollar pro Jahr für die gesamte andere Kleidung und die Ausgaben von sechs Menschen in New York übrig. Gegen einen solchen Lebensstandard waren die Mantelverarbeiter also gezwungen, zu konkurrieren, solange sie versuchten, die Stunden und Preise der Heimarbeit zu unterbieten.

Unter den stärkeren Mädchen, die Arbeit mit nach Hause genommen hatten, hatte Ermengard Freiburg, eine kräftige junge Galizierin von achtundzwanzig Jahren, die seit ihrem elften Lebensjahr Umhänge fertigstellte, in der ersten Woche einen Dollar verdient und war schnell auf drei Dollar pro Woche angewachsen. In den letzten Jahren hatte sie jedoch keine Arbeit mit nach Hause genommen. Sie hatte von acht Uhr morgens bis sechs Uhr abends im Akkord genäht, mit einer Stunde Mittagspause und ohne Nachtarbeit oder Überstunden. In den arbeitsreichen Wochen, in denen es mehr bessere Arbeiten gab, hatte sie zwischen 20 und 25 Dollar pro Woche verdient; und in den freien Wochen 6 und 7 $. Ermengard hatte überhaupt nichts zu beanstanden über ihr eigenes Handelsvermögen. Ihre ganze Sorge und ihre Gespräche galten den vielen Mantelmacherinnen, denen ihre eigene wunderbare Kraft fehlte. Obwohl sie ohne Bildung erfolgreich war, fehlte ihr erstaunlicherweise der ermüdende Trugschluss der selbstgefälligen Selbstbezogenheit, der für viele Menschen mit ungewöhnlichen Fähigkeiten charakteristisch ist. Im vergangenen Jahr war sie zweimal entlassen worden, weil sie die Arbeiter in den Mantelfabriken, in denen sie beschäftigt war, organisiert hatte. In der ersten Einrichtung hatte die Vergabe von Unteraufträgen die Bedingungen für die meisten Frauen zu hart gemacht; und im zweiten Fall waren die Löhne für die meisten Arbeiter zu niedrig, um einen angemessenen Lebensunterhalt zu ermöglichen.

Diese Beispiele dienen dazu, das Subunternehmersystem, die langen Saisonarbeitszeiten, die Heimarbeit und einen nicht standardisierten Lohn in der Branche und im Leben der Mantelarbeiterinnen zum Ausdruck zu bringen – die Merkmale, die im Frühjahr 1910 im Mantelhandwerksgewerbe diskutiert wurden.

Das gesamte New Yorker Tarnhandwerk stellt für einen Außenstehenden das kaleidoskopische Interesse einer Bevölkerung dar, die nicht statisch ist. Der Kutter eines Jahrzehnts ist der Arbeitgeber eines anderen Jahrzehnts. Beim Generalstreik der Mantelmacher im Jahr 1896 waren fast alle Fabrikanten Deutsche. Beim Streik im letzten Sommer waren fast alle Hersteller galizische und russische Hersteller.

Dieser Aspekt des New Yorker Nadelgewerbes muss berücksichtigt werden, wenn man sich die Vorkommnisse beim letzten Streik vor Augen führt, die zu den gegenwärtigen gemeinsamen Anstrengungen von Herstellern und Arbeitern führten, die Lohntabelle zu vereinheitlichen, die Saisonarbeitszeiten zu regulieren, das Subunternehmersystem abzuschaffen usw Heimarbeit zu leisten und den bevorzugten Union-Shop in der gesamten Metropolindustrie zu etablieren.

Dr. Henry Moskowitz, ein wirksamer überparteilicher Anführer bei der Beilegung des Streiks, war Augenzeuge und Kenner aller seiner Krisen, und der nachstehende Abriss seiner Geschichte basiert hauptsächlich auf seiner Chronik und Beobachtung.

Zwischen den Mantelmachern und den Fabrikanten von New York dauerte seit 25 Jahren ein in zahlreichen Streiks ausgetragener Wettbewerb. Die am Ende dieser Streiks erzielten Vereinbarungen waren nur vorübergehender Natur, da es den Tarnmachern nie gelungen war, eine Union aufrechtzuerhalten, die stark genug war, um die am Ende des Kampfes gewonnenen Punkte zu halten. Die Tarnmacher hatten sich immer als heldenhafte Streikende erwiesen, waren aber schwache Unionisten, denen es an nachhaltiger Macht mangelte. Immer wieder wurden Männer und Frauen, die während des Kampfes aufrichtig bereit waren, für die Gerechtigkeit ihrer Ansprüche den Hungertod zu riskieren, in Frieden gleichgültig, nahmen nicht an Gewerkschaftsversammlungen teil und zahlten Gewerkschaftsbeiträge nicht; und die Organisation, die in Zeiten der Niederlage durch den Eifer ihrer Mitglieder stark war, würde in der kritischen Stunde eines unbegründeten Erfolgs durch ihre Nachlässigkeit schwächer werden.

Die Hauptkonkurrenten in diesem Kampf waren auf der einen Seite die Umhangmacher und auf der anderen Seite die Hersteller, die dem Schutzverband der Umhang- und Anzughersteller angehörten. Die Mehrheit der Hersteller in der Vereinigung sind angesehene Männer in der Branche, die große Betriebe in der West Side kontrollieren und fünfzig Prozent der New Yorker Produktion liefern, obwohl sie nur einen kleinen Prozentsatz der Garderobenhäuser von New York ausmachen. Insgesamt gibt es zwischen 1300 und 1400 dieser Umkleidehäuser, die meisten davon auf der East Side und der Lower West Side, in denen billige und mittelwertige Kleidung hergestellt wird. Solche kleineren Häuser hatten die Streiks der letzten 25 Jahre häufig durch vorübergehende Vereinbarungen gebrochen, in denen sie sich später gegenüber den Arbeitern als falsch erwiesen. Viele kleine Händler waren durch solche Streikernten zu reichen Kaufleuten geworden.

Aus diesem Grund misstrauten die Mantelmacher natürlich den Vereinbarungen der Arbeitgeber. Andererseits hatten Umhangmacher bei der Beilegung früherer Streiks in vielen Fällen mit bestimmten Händlern geheime Vereinbarungen getroffen, die es ihnen ermöglichten, ihre Konkurrenten zu unterbieten. Aus diesem Grund misstrauten die Hersteller natürlich den Vereinbarungen der Mantelmacher. Mit diesem gegenseitigen Misstrauen begann im Juni der Streik von 1910 in zwei Häusern, einem Haus auf der Ostseite und einem Haus auf der Westseite. Aus dem ersten Haus zogen die Arbeiter aufgrund des Subunternehmersystems aus, aus dem zweiten praktisch aufgrund der Aussperrung.

Am 3. Juli versammelte sich im Madison Square Garden eine Massenversammlung von 10.000 Mantelmachern . Es wurde beschlossen, die Frage eines Generalstreiks den 10.000 Gewerkschaftsmitgliedern zur Abstimmung zu stellen. Die Abstimmung in den drei Wahllokalen der drei Gewerkschaftsbüros wurde an zwei aufeinanderfolgenden Tagen fortgesetzt. Von diesen 10.000 stimmten bis auf etwa 600 alle für den Streik, und von diesen 600 erklärte die Mehrheit anschließend, dass auch sie mit der Aktion einverstanden seien.

Wie weit verbreitet die Schwierigkeiten waren, die zur Entscheidung der 10.000 im Madison Square Garden versammelten Arbeiter führten, wurde durch die Tatsache deutlich, dass sich innerhalb der nächsten Woche eine

Armee von über 40.000 Männern und Frauen aus dem New Yorker Bekleidungshandel den Cloak and Suit Makers anschloss 'Union.

Diese Menschenmassen strömten in die drei Büros der Union, füllten die Gebäudeeingänge, die Straßen davor, reichten manchmal um den Block – große Prozessionen von Rumänen, Ungarn, Polen, Deutschen, Italienern, Galiziern und Russen, die letzten beiden Nationalitäten im größten Zahlreiche Männer und Frauen, die durch Wehrpflicht, Verfolgung und Plünderung, buchstäblich durch Feuer und Schwert aus Europa vertrieben worden waren, bärtige Patriarchen, hübsch gekleidete junge Mädchen mit Kopien von Sudermann und Gorki unter dem Arm, Frauen mit Schals und Perücken und Kindern Hübsche junge Juden, die sich an ihre Röcke klammerten und als Modelle für die Werbung von Tuchmachern hätten dienen können – Zuschneider, Presser, Bediener, Finisher, Subunternehmer und Subunternehmer; denn auch diese schlugen wie alle anderen. Als ich beobachtete, wie diese Näherinnen und Näherinnen durch das Gewerkschaftsbüro in der Tenth Street strömten – ein Büro, das hastig in einem alten Wohnhaus in einem großen Raum improvisiert wurde, der offensichtlich früher ein Schlafzimmer war und immer noch mit einem zarten Muster aus weißen und blauen Streifen tapeziert ist, und ein Rand aus Girlanden aus Rosenknospen – dem Betrachter kam es so vor, als hätte kaum ein Wirtschaftsumzug jemals zuvor so katholische und vielfältige Elemente enthalten können. Wer könnte ein solches Gremium leiten? Wie konnten sie von Tag zu Tag über die Position ihrer großen Gegner informiert werden? Tatsächlich kann man nicht sagen, dass ein einzelner Mann die 60.000 New Yorker Mantelmacher angeführt hat. In Ermangelung einer solchen Kontrolle ließen sich die prominenteren Gewerkschaftsoffiziere und ihr Anwalt Meyer London sowie über diese Männer die Massen der Gewerkschaftsmitglieder praktisch von einer jiddischen Ostseite-Zeitung, dem Vorwärts, *leiten* .

Während diese Scharen Anfang Juli in die Union strömten, hatte die Cloak Manufactures' Association, die zuvor etwa fünfundsiebzig Häuser vertrat, durch die Einbeziehung vieler kleinerer Firmen ihre Mitgliederzahl auf zwölfhundert Betriebe erweitert. [25]

Bald nach der Bildung der Allianz wurde den kleineren Firmen klar, dass die größeren keine Eile hatten, sich niederzulassen. Letztere hatten das Gefühl, dass sie ihre Gegner durch ein Wartespiel schlagen könnten; während die kleineren Firmen mit ihrem geringeren Kapital kaum besser als ihre Arbeiter in der Lage waren, durch eine längere Belagerung der Mantelmacher zu überleben, hatten das Gefühl, dass die gegenwärtige Haltung der größeren beteiligten Fabrikanten nicht nur die Unionisten schlug, sondern sich selbst schwächer machte Hersteller, aus der Branche.

Einer nach dem anderen verließen sie die Vereinigung, suchten das Hauptquartier der Union auf und ließen sich bei den Umhangmachern nieder. Der Gewinn, den diese Firmen mit der Aufnahme ihrer Arbeit erzielten, veranlasste andere, die Forderungen der Arbeiter zu erfüllen. Bis Ende Juli und in der ersten Augustwoche hatten sich sechshundert kleinere Betriebe angesiedelt, die insgesamt 20.000 Mantelmacher beschäftigten . [26] In vielen Fällen marschierten die Männer und Frauen mit Musikkapellen und wehenden Fahnen und Bannern zu ihrer Arbeit zurück.

Im Juli unternahm das State Board of Arbitration im Namen der Mantelmacher zwei Versuche, die Hersteller zu einem Treffen mit den Gewerkschaftsmitgliedern und zu einem Schlichtungsverfahren mit ihnen zu bewegen. Diese Versuche scheiterten, weil die Union auf der Frage des geschlossenen Ladens als wesentlich beharrte. Die Hersteller weigerten sich, die Frage der geschlossenen Werkstatt zu schlichten.

Zu diesem Zeitpunkt mischte sich ein gemeinnützig denkender Einzelhändler aus Boston, Herr Lincoln Filene, in die Kontroverse ein. Herr Filene kam zu dem Schluss, dass er und seine Klasse als Großverbraucher kein Recht hätten, sich ihrer Verantwortung zu entziehen, indem sie sich passiv den Ausbeutungsverhältnissen hingeben. Als Mittler zwischen dem Großhändler und der Öffentlichkeit spielte der Einzelhändler eine wichtige Rolle in dem Konflikt, nicht nur, weil er direkt unter der vorübergehenden Lähmung der Branche litt, sondern auch, weil er den Ansprüchen der Arbeiter auf einen gerechten Lohn gleichgültig gegenüberstand, Sanitäre Fabrikbedingungen, Abschaffung der Heimarbeit und ein menschenwürdiger Arbeitstag kamen einer aktiven Mitschuld an der Schuld des Herstellers gleich. Durch die Intervention von Herrn Filene kamen die Hersteller und die Gewerkschaftsvertreter überein, sich zu beraten und Herrn Louis Brandeis aus Boston zu bitten, als Vorsitzender zu fungieren.

Herr Brandeis genoss von Anfang an das Vertrauen beider Parteien. Beide Seiten erkannten in ihm die Kombination aus umfassender juristischer Bildung und sozialem und wirtschaftlichem Gespür, die ihn zu einem wirksamen Teilnehmer an der Entwicklung der fortschrittlichen politischen und industriellen Politik des Landes gemacht hatte. Die Arbeitgeber begrüßten Herrn Brandeis, weil sie an seinen Sinn für Fairness glaubten. Die Mantelmacher begrüßten ihn wegen seiner brillanten und herausragenden Verdienste um die gesamte Gewerkschaftsbewegung und die amerikanischen Arbeiterinnen, indem er vom Obersten Gerichtshof der Vereinigten Staaten die Entscheidung erwirkte, die das Zehn-Stunden-Gesetz für die weiblichen Wäschereiarbeiterinnen von Oregon für verfassungsmäßig erklärte.

Die Konferenz, die über das industrielle Schicksal von mehr als 40.000 New Yorker Arbeitern für das folgende Jahr entscheiden sollte, wurde am

Donnerstagmorgen, dem 28. Juli, in einem kleinen Raum im Metropolitan Life Building eröffnet. Den Vorsitz hatte Herr Brandeis inne. An einer Seite eines langen Tisches saßen die zehn Vertreter der Mantelmacher, darunter ihr Anwalt, ein Mitarbeiter des *Vorwärts* und der Sekretär der Internationalen Bekleidungsarbeitergewerkschaft, allesamt drei Männer mittleren Alters, mit intellektuellen Gesichtern und soziologische Bildung, die sich stark mit den Ideen und Prinzipien der Arbeiter identifiziert; drei oder vier eher jüngere Vertreter der Mantelmacher, wachsam und durch und durch amerikanisiert; und drei ältere Männer, die während des gesamten Vierteljahrhundert-Wettbewerbs gekämpft hatten, Männer mit einer handwerklichen Ausbildung, die nur eine Berufserfahrung vermitteln kann, tief durchdrungen von den Traditionen dieses Kampfes, einer Feindseligkeit gegenüber „Streikbrechern", „ein (allzu oft begründetes) Misstrauen gegenüber Arbeitgebern und ein unerschütterlicher Glaube an das allgemeine Allheilmittel des geschlossenen Betriebs – ein Thema, das nach Vereinbarung auf der Konferenz nicht diskutiert werden sollte. Alle diese Männer, mit Ausnahme ihres Anwalts, Mr. London, hatten auf den Bänken des Bekleidungshandels zugeschnitten und genäht. Auf der anderen Seite des Tisches saßen die zehn Vertreter der Hersteller, einige von ihnen Männer mit umfassender Kultur und Bildung, bewandert in Philosophien, und prominente Mitglieder der Ethical Society, einige von ihnen New Yorker Finanziers, die aus dem Schweiß der East Side gekommen waren Geschäfte. Der vielleicht eifrigste Gegner der geschlossenen Werkstatt in ihrem Körper war ein kosmopolitischer junger Fabrikant, ein Linguist und „Literaturmann", der sich in jeder Hinsicht für „Stil" interessierte und eine beträchtliche Zahl aus dem Ausland in den New Yorker Handel gebracht hatte eines der heute in ganz Amerika weit verbreiteten Umhangdesigns. Dieser Mann empfand den größten persönlichen Stolz auf seine Leistung. Er soll einmal gesagt haben: „*Le cloak c'est.* " *moi* " Und so bizarr es für einen Außenstehenden auch erscheinen mag, ein wirklich aufrichtiger Grund von ihm gegen die Aufnahme von Arbeitern auf Empfehlung der Gewerkschaft war, dass der Mantelfabrikant als Künstler seinen Arbeitern gegenüber „die Haltung Hammersteins gegenüber seinem Orchester" einnehmen sollte. „Einer der Fabrikanten war 1896 Streikführer gewesen. „Ihr erbittertster Gegner von vor vierzehn Jahren sitzt jetzt auf derselben Seite des Tisches wie Sie", sagte einer der älteren Umhangmacher mit tiefer, eindringlicher Stimme Die Männer nahmen ihre Plätze ein.

Herr Brandeis eröffnete die Konferenz mit den Worten: „Meine Herren, wir sind in einer Angelegenheit zusammengekommen, von der wir alle anerkennen müssen, dass sie eine sehr ernste und wichtige Angelegenheit ist – nicht nur, um diesen Streik beizulegen, sondern um eine Beziehung aufzubauen, die ähnliches verhindert." Es scheint mir, dass diese Arbeit in einem Geist angegangen wird, der die Situation zu einer sehr hoffnungsvollen Angelegenheit macht, und ich bin mir sicher, dass meine Gespräche mit den Beratern beider Parteien ergeben haben [27] und mit den einzelnen Mitgliedern, die sie vertreten, dass diejenigen, die hier sind, alle mit diesem Wunsch hier sind."

Bis zu einem bestimmten Punkt der Konferenz, die drei Tage dauerte, schien dies der Fall zu sein. Die Hersteller einigten sich darauf, die Heimarbeit und die Vergabe von Unteraufträgen abzuschaffen , im Juni, Juli und August neben dem jüdischen Sabbat einen wöchentlichen halben Feiertag zu gewähren und die Überstunden während der Hauptsaison auf zweieinhalb Stunden am Tag zu beschränken , wobei nach halb acht abends oder vor acht Uhr morgens keine Arbeit mehr erlaubt ist. Darüber hinaus wurde die Frage der Stunden der Schlichtung überlassen. Auch die Lohnfrage wurde der Schlichtung überlassen.

Das letzte Thema, das auf der Brandeis-Konferenz behandelt wurde, war die allgemeine Methode zur Durchsetzung von Vereinbarungen zwischen dem Herstellerverband und der Gewerkschaft. In dieser Diskussion kam die Frage des geschlossenen und des offenen Ladens vor der Konferenz auf.

Obwohl sich die Gewerkschaftsführer vor Beginn der Verhandlungen darauf geeinigt hatten, die Diskussion über den Closed Shop zu beenden, war es für sie fast unmöglich, davon abzusehen, ihn als Mittel zur Durchsetzung von Vereinbarungen vorzuschlagen. Wie einer der Umhangmacher, einer der alten Führer der Arbeiterbewegung in Amerika, sagte: „Diese Organisation von Umhangmachern in der Stadt New York kann nur die Situation kontrollieren, in der Unionsleute beschäftigt sind. Sie haben absolut keine Kontrolle darüber." die Situation, in der nicht gewerkschaftlich organisierte Menschen beschäftigt sind. Sie können weder Regeln noch Disziplinen jeglicher Art, Form oder Beschreibung durchsetzen, und wenn wir auf irgendeine Weise zusammenarbeiten wollen, die absolut effektiv ist, dann ... Die Vereinigung ... sollte meiner Meinung nach als ersten Schritt dafür sorgen, dass sie Gewerkschaftsläden betreibt. [28]

Der Gewerkschaftsladen, den der Redner im Sinn hatte, der vom *Vorwärts* befürwortete und, wie sich herausstellte, von der Mehrheit der Arbeiter gewünschte Gewerkschaftsladen, war eine andere Sache als der geschlossene Laden, der ein Handelsmonopol darstellt, indem er die Mitgliederzahl einer Gruppe begrenzt Handel an eine bestimmte, vergleichsweise kleine Anzahl von Arbeitnehmern.

Die Institution des geschlossenen Ladens ist absichtlich autokratisch und exklusiv. Die Institution des Union Shops ist bewusst demokratisch und integrativ. Bei der Mantelmacherorganisation war der Beitritt zur Union fast eine Formsache. Es gab keine unerschwinglichen Aufnahmegebühren oder Beiträge wie in anderen Gewerkschaften. Sie boten allen nicht gewerkschaftlich organisierten Männern und Frauen die Möglichkeit, sich ihren Reihen anzuschließen.

Die Hersteller behaupteten, sie hätten keine Einwände gegen die freiwillige Aufnahme gewerkschaftsfreier Männer in die Reihen der Gewerkschaften; aber sie würden nicht darauf bestehen, dass alle ihre Arbeiter der Gewerkschaft angehören.

Dieser Stillstand wurde am dritten Tag der Konferenz erreicht. An diesem Punkt brachte Herr Brandeis vor der Sitzung die Meinung vor, dass „eine wirksame Zusammenarbeit zwischen den Herstellern und der Union ... zwangsläufig eine starke Union voraussetzen würde." „Mir ist klar", sagte er, „bei der Betrachtung ... allgemeiner Unionsfragen, dass es im normalen offenen Laden, wo das vorherrscht, große Schwierigkeiten gibt, die Union aufzubauen. Ich hatte daher das Gefühl, dass es besonders schwierig ist." Angesichts der Tatsache, dass so viele Mitglieder der Garment Workers' Union erst seit Kurzem beitreten, ist es für die Schaffung einer effektiven Gewerkschaft notwendig, dass Sie ... von den Herstellern unterstützt werden, ... und diese Hilfe könnte sein effektiv ... gegeben durch die Bestimmung, dass die Hersteller bei der künftigen Beschäftigung von Arbeitskräften Unionsmännern den Vorzug geben sollten, wobei die Unionsmänner in ihrer Effizienz allen nicht gewerkschaftlich organisierten Bewerbern gleichwertig waren ... Das stellte im Groben dar, was schien Für mich eine geeignete Grundlage für ein Zusammenkommen ... Ich denke, wenn eine solche Vereinbarung, wie wir sie besprochen haben, zustande kommen kann, wäre das nicht nur der größte Fortschritt, den die Gewerkschaftsbewegung in diesem Land gemacht hat, sondern es wäre einer davon die größten Fortschritte, die allgemein bei der Verbesserung der Lage des Arbeiters erzielt wurden, für die die Gewerkschaftsbewegung lediglich ein Instrument ist."

Dies war also die erste öffentliche Präsentation der Idee des Vorzugsgeschäfts. Herr Brandeis war aufgrund einer eingehenden Untersuchung von Arbeitskonflikten und einer reichen Erfahrung bei der Beilegung von Streiks zu dem Schluss gekommen, dass die Position der Anhänger des geschlossenen wie auch des offenen Betriebs wirtschaftlich und sozial unhaltbar sei. Der inhärente Einwand gegen den Closed Shop besteht seiner Ansicht nach darin, dass er ein unkontrolliertes und unverantwortliches Arbeitsmonopol schafft.

Andererseits kann der sogenannte offene Laden, selbst wenn er seitens des Arbeitgebers mit Fairness und Ehrlichkeit durchgeführt wird, zum Zerfall der Gewerkschaft führen. Es ist eine häufige Erfahrung der organisierten Arbeiterschaft, dass Männer, selbst nachdem ein Streik gewonnen wurde, aus der Gewerkschaft austreten und die Bürde der Unionsverpflichtung der loyalen Minderheit überlassen, die, zahlenmäßig geschwächt, nicht nur mit dem Verlust von etwas rechnen muss Der Streik hat gewonnen, aber es ist ein Rückschritt gegenüber den Unionsstandards, die das Ergebnis vergangener Kämpfe und Opfer waren.

Wenn sich ein Arbeitgeber im Rahmen des bevorzugten Gewerkschaftsplans dazu verpflichtet, gewerkschaftlich gewerkschaftlich organisierte Männer den Vorzug vor nicht gewerkschaftlich organisierten Männern zu geben, ist ein vollberechtigter Gewerkschafter, d Umfang, und die Beiträge stellen eine von ihm für diese Beschäftigung gezahlte Prämie dar.

Es war keine leichte Aufgabe, die Zustimmung der Hersteller zu dieser Idee zu gewinnen, denn Herr Brandeis machte deutlich, dass der Plan die Hersteller zwar nicht dazu verpflichtete, Männer zum Beitritt zur Gewerkschaft zu zwingen, sie aber eindeutig dafür befürwortete eine Gewerkschaft und verpflichtete sie, nichts zu tun, was der Union direkt oder indirekt schaden könnte, und ganz klar, alles in ihrer Macht Stehende zu tun, ohne Zwang auszuüben, um die Union zu stärken.

Gewerkschaftsvertreter verwies Herr Brandeis auf die Geschichte der Cloak Makers' Union als anschauliches Beispiel für die Sinnlosigkeit ihrer bisherigen Politik. Er wies darauf hin, dass die Mitgliedschaft der Union während eines Streiks kein Test ihrer Stärke sei – die Solidität einer Union hänge von ihrer Mitgliedschaft in Friedenszeiten ab. Waren sie nicht berechtigt anzunehmen, dass das, was in der Vergangenheit in der Cloak Makers' Union geschehen war, auch in Zukunft geschehen würde und dass ihre Mitgliederzahl auf eine kleine Zahl von Gläubigen zurückgehen würde? Wie könnte ihre Organisation dauerhaft gestärkt werden?

Die Umhangherstellung bot als Saisongewerbe ein gutes Feld, um die Effizienz des Präferenzplans zu beweisen, denn in der Nebensaison mussten die Fabrikanten laut seinen Bedingungen Unionsmänner bevorzugen. Die industrielle Situation stellte diesen guten Willen auf die Probe. Die Gewerkschaftsführer könnten dann dem nicht gewerkschaftlich organisierten Arbeitnehmer effektiv die Vorteile der Gewerkschaftsmitgliedschaft aufzeigen.

Die endgültige Bildung der bevorzugten Gewerkschaftswerkstatt, wie sie beiden Seiten von Herrn Brandeis, Herrn London und Herrn Cohen auf der Brandeis-Konferenz vorgestellt wurde, lautete wie folgt: „Die Hersteller können und werden in angemessenen Worten ihre Sympathie für die Union erklären.", ihr Wunsch, die Union zu unterstützen und zu stärken, und ihre Vereinbarung, dass zwischen Unions- und Nichtgewerkschaftsmännern mit gleicher Leistungsfähigkeit den Unionsmännern der Vorzug gegeben wird.

Die Hersteller waren bereit, diese Vereinbarung zu treffen. Aber die Vertreter der Union nahmen es mit einem natürlichen Misstrauen auf, das durch jahrelange Unterdrückung entstanden war. „Kann der Mann, der uns Jahr für Jahr niedergeschlagen hat, plötzlich von einem Gefühl für die Organisation gehalten werden, für die er ein Vierteljahrhundert lang gekämpft hat?" Sie fragten. „Wird er zwischen Unions- und Nicht-Gewerkschaftsmännern offen den Unionsmännern mit gleichen Fähigkeiten den Vorzug geben? Wird er nicht vielmehr, da die Frage der Fähigkeiten eine Frage der persönlichen Beurteilung ist und seinem Urteil überlassen bleibt, den Nicht-Gewerkschaftsmännern den Vorzug geben?" " _ _

Dennoch war eine Mehrheit der Anführer der Umhangmacher bereit, den Plan auszuprobieren ... Eine Minderheit lehnte ab. Diese Minderheit wurde teils durch ihr sicheres Wissen beeinflusst, dass die 40.000 Mantelmacher niemals eine Vereinbarung akzeptieren würden, die auf der Idee des bevorzugten Unionsladens beruhte, und teils durch ihr völliges Misstrauen gegenüber dem guten Willen der Hersteller. Die Minderheit war vertrauenswürdig und mächtig. Es gewann. Die Konferenz scheiterte.

Der *Vorwärts* druckte eine Erklärung ab, dass der Vorzugsladen der „offene Laden mit Honig" sei. Die Nachricht von der Brandeis-Konferenz erreichte die Tarnmacher durch die Bulletins dieser Zeitung; und während es voranschritt und nach seinem Ende standen hektische Menschenmengen vor dem Büro in der Lower East Side und warteten auf diese Bulletins, begierig auf den Sieg des geschlossenen Ladens, dem Allheilmittel für alle industriellen Übel.

Nach dem Beschluss der Führer, nach dem Abbruch der Konferenz, spendeten die Mantelmacher, die sich niedergelassen hatten, fünfzehn Prozent ihres Lohns, um diejenigen zu unterstützen, die sich für die geschlossene Werkstatt einsetzten, und meldeten sich freiwillig, fünfzig Prozent zu spenden. Der *Vorwärts* führte eine Abonnentenliste mit 2.000 Dollar für die Streikenden an und sammelte 50.000 Dollar. Für Aufsehen sorgte der geschlossene Laden. Jungen und bärtige alte Männer und junge Frauen kamen ins Büro und boten die Hälfte ihres Lohns, also drei Viertel ihres Lohns. Ein Junge bot an, seinen gesamten Lohn abzugeben und Papiere zu verkaufen, um seinen Lebensunterhalt zu bestreiten. Jeden Tag wurde das Büro von Ausschüssen belagert, die von den Männern und Frauen der angesiedelten Geschäfte eingesetzt wurden und darum baten, mehr als den von der Gewerkschaft festgelegten Prozentsatz für die Sache beizutragen. Das waren Männer und Frauen, die es gewohnt waren, für ein Prinzip Härten zu ertragen, Männer und Frauen, die in Russland gekämpft hatten, die Revolutionäre waren, bereit, Opfer zu bringen, bereit, Opfer zu bringen. Ihr blinder Glaube war das Rückgrat des Streiks.

Dieser Aufruhr hielt an, als in der dritten Augustwoche der Verlust von Verträgen der Hersteller und die allgemeine Stagnation des Geschäfts aufgrund der Untätigkeit von 40.000 Männern und Frauen, normalerweise Lohnempfängern, eine Reihe von Bankiers und Kaufleuten dazu veranlassten East Side soll Druck für eine Beilegung des Streiks ausüben. Louis Marshall, ein in New York bekannter Anwalt für jüdische Wohltätigkeitsorganisationen, versammelte die Anwälte beider Seiten. Sie erarbeiteten eine Vereinbarung, in der die bevorzugte Gewerkschaftswerkstatt erneut als Grundlage künftiger Operationen erschien, formuliert wie in der Brandeis-Konferenz.

Der *Vorwärts* druckte mit großer Besorgnis das Ergebnis der Marshall-Konferenz. Es behielt eine neutrale Haltung bei. In den Leitartikeln wurde den Lesern dringend empfohlen, das gesamte Dokument nüchtern zu prüfen, es in lokalen Versammlungen frei zu diskutieren und für sich selbst zu stimmen, nach eigenem Verständnis und nach reifer Überzeugung in jedem Punkt.

Riesige Menschenmengen drängten sich um das *Vorwärts*- Büro. Mit ihren geschwätzigen Fragen über den bevorzugten Union-Shop hätten sie die East-Side-Führer fast überwältigt. Tausende von Männern, Frauen und Kindern riefen Bitten, Vorwürfe und Beschuldigungen in einer eifrigen persönlichen Demonstration aus, die nur ihrer Rasse möglich war. „Oh, du würdest uns doch nicht verraten?" sie weinten verzweifelt. „Du würdest uns nicht verraten? Du bist unsere Hoffnung."

Stellen Sie sich vor, was diese Tage des Zweifels, des Versuchs zu verstehen, für diese Massen bedeuteten, die keinen industriellen Glauben kannten außer dem des geschlossenen Ladens, der sie völlig im Stich gelassen hatte, Wanderer aus einem fremden Land, die sich wild an ihre Führer wandten, die nur etwas sagen konnten ihnen, dass sie ihr eigenes Schicksal bestimmen müssen, sie müssen selbst entscheiden. Diese Führer wurden sofort für ihre Autokratie verantwortlich gemacht und dafür, dass sie diese Massen nicht klarer und entschiedener mobilisiert, informiert und geleitet haben. Ihren Kritikern gelang es nicht, die bemerkenswert unterschiedliche wirtschaftliche und politische Geschichte der enormen Schar von Menschen zu begreifen, die in New York im Nadelhandel tätig waren.

Wie dem auch sei, als die Arbeiter und ihre Familien um das *Vorwärts*- Büro strömten und die Führer fragten, ob sie sie verraten hätten, sprachen Schlesinger, der Geschäftsführer und die alten Streikführer von den Fenstern aus zu ihnen und sagten zu den Leuten: „Mit ..." Schmerzhaftes Gefühl: „Sie sind unsere Herren. Was Sie entscheiden, werden wir den Anwälten des Verbandes mitteilen. Was Sie entscheiden, wird getan."

Die Lage dieser Männer war schrecklich. Nun, sie wussten, dass der Winter nahte; dass der geschlossene Laden nicht gewinnen konnte; dass die Arbeiter nicht die Wahrheit über den Vorzugsladen der Union erfahren könnten und dass der Mann, der sich erklärtermaßen für den Vorzugsladen einsetzte, jetzt die größte Hoffnung auf einen Sieg für die Union, als Verräter der Union bezeichnet werden würde.

In großer Angst versammelten sich die Versammlungen. Die Arbeiter waren alle zum gleichen Schluss gekommen. Sie alle lehnten das Marshall-Abkommen ab.

Bald darauf erreichte die Welle der Loyalität gegenüber dem geschlossenen Geschäft ihren Höhepunkt durch die Aktion von Richter Goff, der aufgrund einer Klage einer der Firmen des Herstellerverbandes eine einstweilige Verfügung dagegen erließ friedliche Streikposten seitens der Streikenden mit der Begründung, dass Streikposten für den geschlossenen Laden eine Verschwörungsaktion zur Einschränkung des Handels und daher rechtswidrig seien.

Das Misstrauen gegenüber den Herstellern auf der East Side war nun natürlich größer als je zuvor. [29] Die Lehre vom geschlossenen Laden wurde fast rituell. Anfang September wurde eine der Paraden zum Tag der Arbeit von einem alten Juden mit weißem Bart und wilden Augen angeführt – einem Umhangmacher, der keine anderen englischen Wörter kannte als die, die er aussprach –, der ein lila Banner schwenkte und etwas anschrie in regelmäßigen Abständen: „Laden geschlossen! Laden geschlossen!" Dieser Mann repräsentierte den Geist Tausender Einwanderer, die kürzlich in Amerika Gewerkschafter geworden sind. Es ist unmöglich, einem solchen Mann zu sagen, dass die Idee des geschlossenen Ladens ein Feind der Ausbreitung der Gewerkschaftsbewegung in diesem Land war, weil sie eine monopolistische Tyrannei mit sich brachte.

Es ist in der Tat unmöglich, den Unionisten etwas zu sagen, deren Antwort auf jede gerechte Vertretung lautet: „Closed shop"; oder an Arbeitgeber, deren Antwort auf jede gerechte Darstellung lautet: „Wir möchten nicht, dass andere Leute unser Unternehmen führen." Diese Antwort musste die Marshall-Konferenz noch einige Tage lang hören. Es war nun die erste Septemberwoche. Unter den Umhangmachern herrschte großes Leid. Auf der Seite der Fabrikanten gingen Verträge, die bis dahin immer von bestimmten New Yorker Häusern erfüllt worden waren, aufgrund dieser längeren Stilllegung ihrer Fabriken endgültig verloren und wurden an Betriebe in anderen wichtigen Zentren der Umhangherstellung vergeben – Cleveland, Philadelphia, Chicago und sogar im Ausland . Zwei oder drei große Gewerkschaftshäuser einigten sich auf Bedingungen in Bezug auf Stunden und Löhne, die für alle Beteiligten zufriedenstellend waren, wenn auch unter den Anforderungen, die in diesen Punkten im ersten Brief der Umhangmacher aufgeführt waren.

Seltsamerweise waren Löhne und Stunden der Schlichtung überlassen worden und in der gesamten Situation zuvor nie gründlich berücksichtigt worden. Weder die Arbeitnehmer noch die Arbeitgeber hatten klar zum Ausdruck gebracht, wofür sie in diesen entscheidenden Punkten wirklich stehen würden. Niemand, nicht einmal die wildesten Parteigänger auf beiden Seiten, ging davon aus, dass die ersten Forderungen nach Löhnen und Stunden ein Ultimatum darstellten. Die Debattierer der Marshall-Konferenz einigten sich nun auf machbare Bedingungen zu diesen Punkten, [30] Seltsamerweise wurden die Sätze für Akkordarbeit jedoch der Schlichtung der einzelnen Geschäfte überlassen. Trotzdem wird die Mehrheit der Arbeiter im Akkord bezahlt. Die bisherigen Klauseln der Vereinbarung zur Abschaffung der Heimarbeit und der Unterauftragsvergabe blieben praktisch unverändert bestehen. [31] Die Idee des bevorzugten Union-Shops hatte zweifellos an Boden gewonnen. Natürlich hatte es zunächst für die Belegschaft des Vorwärts und für viele überzeugte Gewerkschafter den Anschein erweckt, *als sei* es ein Gegner der Gewerkschaftsbewegung, doch nun hatte es ein anderes Aussehen angenommen. Dies war die endgültige Formulierung des bevorzugten Union-Shops im Marshall-Abkommen: „Jedes Mitglied des Herstellerverbandes muss einen Union-Shop unterhalten, wobei unter ‚Union-Shop' ein Shop zu verstehen ist, in dem Unionsstandards hinsichtlich der Arbeitsbedingungen gelten." , und wenn bei der Einstellung von Hilfskräften Unionsmänner bevorzugt werden, wobei anerkannt wird, dass Arbeitgeber die Freiheit haben müssen, zwischen einem Unionsmann und einem anderen zu wählen, da es Unterschiede in den Qualifikationen zwischen den in der Branche Beschäftigten gibt, und dass sie nicht darauf beschränkt werden dürfen Sie sind weder an eine Liste gebunden noch an irgendeine vorgeschriebene Reihenfolge gebunden.

„Es besteht weiterhin Einvernehmen darüber, dass alle bestehenden Vereinbarungen und Verpflichtungen des Arbeitgebers, einschließlich derjenigen, die Arbeitnehmer zu vertreten haben, einzuhalten sind. Die Hersteller erklären jedoch, dass sie an die Union glauben und dass alle, die ihre Vorteile wünschen, an ihren Lasten beteiligt werden sollten." "

Wie wir sehen werden, bedeutete diese Formulierung, dass die Unionsmänner, die für eine besondere Art von Arbeit in einer Fabrik zur Verfügung standen, vor allen anderen Männern gesucht werden mussten. Die Worte „Non-Union Man", die den Widerspruch der East Side hervorriefen, werden nicht erwähnt. Aber ob die Bevorzugung von Unionsmännern so stark betont wird wie im Brandeis-Abkommen, muss offen bleiben.

Diese Formulierung wurde an das Streikkomitee weitergeleitet. Es wurde vom Streikkomitee angenommen und trat am 8. September in Kraft.

Der *Vorwärts* postete die Nachricht als großen Sieg der Union. Beim ersten Bulletin verbreiteten sich die Nachrichten wie ein Lauffeuer über die East Side. Scharen versammelt; Männer, Frauen und Kinder liefen voller Tumult und Jubel über den Rutgers Square. Die Arbeiter ergriffen London, den Anwalt der Gewerkschafter, und trugen ihn auf ihren Schultern über den Platz, und sie zwangen ihn sogar, sich auf ihre Schultern zu stellen und von ihnen aus zur Menge zu sprechen. Die Menschen schluchzten und weinten und lachten und jubelten; und römisch-katholische Italiener und russische Juden, die sich zuvor gegenseitig als „Dagoes" und „ Sheenies " verhöhnt hatten, nahmen einander in die Arme und nannten sich gegenseitig „Brüder".

Nachdem die Männer und Frauen nun in ihre Geschäfte zurückgekehrt sind, liegt es an allen Beteiligten – den Herstellern, den Arbeitern, den Einzelhändlern und der interessierten Öffentlichkeit –, eine objektive Einschätzung dieser neuen Regelung vorzunehmen. Ist der Vorzugsshop ein so heikler Stoff, dass er sich als zwecklos erweist? Hat es nachhaltige Kraft? Wird sich die endgültige Einigung endlich als Sieg der Union erweisen? Werden beide Seiten in gutem Glauben handeln – die Hersteller bevorzugen immer ehrlich Gewerkschaftsmänner, die Gewerkschaftsführer halten stets an einer demokratischen und integrativen Union fest, ohne Autokratie oder bürokratischen Ausschluss? Zweifellos wird es auf beiden Seiten Misserfolge geben. Aber der Streik der New Yorker Umhangmacher könnte historisch sein, nicht nur wegen seiner Ergebnisse in der Umhangindustrie, sondern auch wegen seines Beitrags zu den industriellen Problemen des Landes.

Kein Außenstehender kann die Erklärung zu den Präferenzbedingungen der Hersteller lesen, ohne das Gefühl zu haben, dass ein gemeinsamer Vereinbarungsausschuss hätte eingerichtet werden sollen, um Fälle angeblicher ungerechtfertigter Diskriminierung von Arbeitnehmern der Gewerkschaft zu prüfen. Andererseits kann kein Außenstehender ohne ein Gefühl des Unbehagens die Behauptung hören, die einem der Autoren gegenüber gemacht wurde – dass Streikbrecher für den Beitritt zur Cloak Makers' Union eine Aufnahmegebühr von einhundert Dollar zahlen mussten.

Zweifellos bedarf es auf beiden Seiten der Geduld und eines langen Erziehungsprozesses, um die feindselige und verbitterte Haltung zu ändern, die durch mehr als zwanzig Jahre falscher Politik des Antagonismus entstanden ist. Aber noch nie in der Geschichte der Umhangmacher sind die Männer und Frauen nach einem Streik so erhobenen Hauptes an die Arbeit zurückgekehrt wie heute. [32] Man kann vernünftigerweise davon ausgehen, dass ihr Kampf im letzten Sommer einen dauerhaften Gewinn für die industrielle Zukunft der Arbeiter bringen wird. Diese Erzählung über die industriellen Erfolge der Mantelmacherinnen in New York im letzten Jahr dient der Darstellung der Auswirkungen des Kampfes um den Preferential Union Shop auf ihre Handelsgeschichte und der Darstellung ihrer Errungenschaften als Arbeiterinnen in den USA Gleicher Handel mit Männern.

Die Gewinne dieser Umhangmacher waren lokal. Welche nationalen Erfolge konnten amerikanische berufstätige Frauen erzielen? Um eine Antwort auf diese Frage zu finden, haben wir uns auf die Ergebnisse der Untersuchung der National Consumers' League zum Schicksal von Wäschereiarbeiterinnen und die Chronik der Entscheidung des Bundesgerichtshofs zur Frage ihrer Arbeitsstunden gestützt.

FUSSNOTEN:

[23] Gedruckte Erklärung der Cloak, Rock, and Suit Manufacturers' Protective Association, 11. Juli 1910.

[24] Schätzung des Waverly Place Office der International Ladies' Garment Workers' Union, 26. bis 30. November.

[25] Für diesen Bericht über die Position verschiedener Umhanghersteller möchten die Autoren die Freundlichkeit von Miss Mary Brown Sumner von der *Umfrage anerkennen* .

[26] Dies waren die wichtigsten Klauseln dieser frühen Siedlungen in Bezug auf Arbeitnehmerinnen :

I. Das besagte Unternehmen beauftragt die Union hiermit mit der Durchführung aller von dem Unternehmen im Mantel- und Anzuggeschäft innerhalb eines Jahres ... ab Datum; und die Gewerkschaft verpflichtet sich, diese Arbeiten in guter und fachmännischer Weise auszuführen.

II. Während der Laufzeit dieser Vereinbarung werden die Betreiber gemäß der beigefügten Preisliste vergütet. Das Folgende ist die Lohnskala für Wochenarbeiter: ... Rockmacher, nicht weniger als 24 $ pro Woche; Rock-Hefter, nicht weniger als 15 $ pro Woche; Rock-Finisher, nicht weniger als 12 $ pro Woche; Knopflochmacher, nicht weniger als 1,10 $ pro hundert Knopflöcher.

III. Eine Arbeitswoche umfasst achtundvierzig Stunden in sechs Arbeitstagen.

IV. Zwischen dem 15. November und dem 15. Januar sowie in den Monaten Juni und Juli sind keine Überstunden gestattet. Während des restlichen Jahres kann von den Mitarbeitern verlangt werden, Überstunden zu leisten, vorausgesetzt, dass alle Mitarbeiter des Unternehmens sowie alle Mitarbeiter der externen Auftragnehmer des Unternehmens unter voller Auslastung der Fabriken beschäftigt sind. Überstunden dürfen weder am Samstag noch an anderen Tagen mehr als zweieinhalb Stunden dauern und auch nicht vor 8.00 Uhr oder nach 20.00 Uhr. Für Überstunden erhalten die Arbeitnehmer das Doppelte des üblichen Lohns. Die Vergabe von Aufträgen oder Unteraufträgen durch das Unternehmen innerhalb seiner Fabrik ist nicht gestattet, und keinem Bediener oder Finisher ist die Erlaubnis gestattet, mehr als einen Helfer zu beauftragen.

XIII. Es dürfen den Mitarbeitern keine Arbeiten zu Hause übertragen werden.

XV. Für die Ausführung der genannten Arbeiten dürfen von der Firma ausschließlich Mitarbeiter der jeweiligen oben genannten Ortsansässigen beschäftigt werden.

[27] Herr London für die Umhangmacher und Herr Cohen für die Hersteller.

[28] Stenografisches Protokoll der Brandeis-Konferenz.

[29] Diese Entscheidung stieß nicht nur auf der East Side auf Missbilligung. Die New York *Evening Post* sagte: „Die Entscheidung von Richter Goff verkörpert ein ziemlich seltsames Gesetz und sicherlich eine sehr schlechte Politik. Man muss kein Sympathisant der Gewerkschaftspolitik sein, wie sie sich heute zeigt, um zu erkennen, dass die jüngste einstweilige Verfügung, Wenn es allgemein bestätigt würde, würde es die Verteidigungsbefugnisse, die der organisierten Arbeiterschaft rechtmäßig zustehen, ernsthaft lahmlegen."

Und die *Times* : „Dies ist die stärkste Entscheidung, die jemals gegen die Arbeiterschaft gefällt wurde."

[30] Dabei handelt es sich um die Klauseln des Marshall-Abkommens zur Lohnskala und zur Arbeitszeit, die Arbeitnehmerinnen betreffen. Der Begriff „Mustermacher" umfasst natürlich auch Mustermacher von Umhängen. Die Wochenarbeiter unter den Gewandmachern sind in erster Linie die Mustermacher. Aber der größte Teil der Arbeiter in den Mantelfabriken sind Akkordarbeiter. Dies erklärt, warum es keine eindeutige wöchentliche Lohntabelle für Tarnarbeiter als solche gibt. Musterhersteller, 22 $; Beispielrockhersteller, 22 $; Rockhefter, 14 $; Rockabschlüsse, 10 $; Knopflochmacher, Klasse A, mindestens 1,20 $ pro 100 Knopflöcher; Klasse B mindestens 80 Cent pro 100 Knopflöcher.

Was die Akkordarbeit anbelangt, so muss der zu zahlende Preis von einem Ausschuss der Arbeitnehmer in jedem Betrieb und ihrem Arbeitgeber vereinbart werden. Der Vorsitzende des Preisausschusses der Arbeitnehmer vertritt die Arbeitnehmer gegenüber dem Arbeitgeber.

Die wöchentliche Arbeitszeit beträgt 50 Stunden an sechs Arbeitstagen, also neun Stunden an allen Tagen mit Ausnahme des sechsten Tages, der nur fünf Stunden umfassen darf.

Zwischen dem 15. November und dem 15. Januar sowie in den Monaten Juni und Juli sind keine Überstunden erlaubt, außer bei Proben.

An Samstagen sind keine Überstunden erlaubt, außer für Arbeitnehmer, die nicht an Samstagen, an keinem Tag oder mehr als zweieinhalb Stunden, noch vor 8.00 Uhr oder nach 20.30 Uhr arbeiten

Für Überstunden, die die ganze Woche über geleistet werden, erhalten Arbeitnehmer das Doppelte des üblichen Lohns.

[31] Es gab praktisch keine Beschwerden seitens der Arbeiter oder der Öffentlichkeit über die sanitären Bedingungen in den größeren Häusern. Gegenwärtig hat die Streikvereinbarung einen gemeinsamen Ausschuss für Hygienekontrolle eingerichtet, der sich aus drei Vertretern der Öffentlichkeit zusammensetzt: Dr. WJ Scheffelin , Vorsitzender, Miss Wald von der Nurses' Settlement und Dr. Henry Moskowitz von der Down-town Ethical Society; zwei Vertreter der Arbeiter, Dr. George Price, medizinischer Sanitätsinspektor des New Yorker Gesundheitsministeriums, 1895-1904, und Herr Schlesinger, Geschäftsführer des *Vorwärts* ; und zwei Vertreter der Hersteller, Herr Max Meier und Herr Silver. Die Aufgabe dieses Ausschusses besteht darin, einheitliche Hygienebedingungen in allen Geschäften durchzusetzen, auch in den unbekannteren und kleineren Betrieben.

[32] Diese Aussage wurde in der letzten Septemberwoche 1910 verfasst.

KAPITEL VI

WÄSCHEARBEITENDE IN NEW YORK

(Dieser Artikel besteht aus den Berichten von Frau Carola Woerishofer , Frau Elizabeth Howard Westwood und Frau Mary Alden Hopkins, ergänzt durch einen Bericht über die Entscheidung des Bundesgerichtshofs über die Verfassungsmäßigkeit des Zehn-Stunden-Gesetzes von Oregon für Wäschereiarbeiter.)

Was geben selbsttragende Frauen, die nicht zu Hause in New York sind, in ihrer Arbeit und was haben sie davon, wenn ihre Branche einen erheblichen Aufwand an Muskelkraft erfordert? Zur Beantwortung dieser Frage stützte sich die National Consumers' League auf Berichte über die Arbeit von Frauen als Bügelmaschinen und Handbüglerinnen, als Arbeiterinnen an Mangeln, Faltern und als Bettlaken- und Serviettenschüttler von Wäschereien in den Dampfwäschereien von New York.

Denn obwohl die Arbeit an den Maschinen in den Waschräumen der Wäscherei von Männern erledigt wird und alle Arbeiten in Wäschereien größtenteils aus der Maschinenbedienung bestehen, können Frauen in der Branche dennoch nur von ungewöhnlich starken Frauen übernommen werden. [33]

Im Winter 1907/08 hatte die National Consumers' League aus verschiedenen Teilen New Yorks eine Reihe von Briefen mit verschiedenen Beschwerden gegen bestimmte Wäschereien in dieser Stadt erhalten – Beschwerden über lange und unregelmäßige Arbeitszeiten, ungerechte Löhne und schmutzige Wäschereien , und die Mädchen durften sich selten setzen, und enthielt dringende Bitten an die Frauen der Verbraucherliga, den Wäschereiarbeiterinnen zu helfen.

Nach Rücksprache mit einigen Wäschereifrauen beschloss die Liga, durch eine Sonderuntersuchung eine gut ermittelte Zustandserklärung als Grundlage für die staatliche Fabrikgesetzgebung für Uniformverbesserungen zu erhalten. Einige Monate zuvor war die Verfassungsmäßigkeit der aktuellen New Yorker Gesetzgebung sowie fast aller staatlichen Gesetze über die Arbeitszeiten erwachsener Frauen in diesem Land praktisch durch die diesbezügliche Entscheidung des Bundesgerichtshofs festgestellt worden zum Zehn-Stunden-Gesetz für Wäschereiarbeiterinnen in Oregon. Im Anschluss an die Darstellung der Frauenarbeit in Wäschereien in New York folgt die Stellungnahme des National Supreme Court, die die verabschiedeten New Yorker Wäschereigesetze praktisch bestätigte und künftige Gesetze zur gerechten Regelung der Arbeitnehmerinnen praktikabel erscheinen ließ.

Frau Carola Woerishofer leitete die Untersuchung, die sich auf Dampfwäschereien beschränkte, da Handwäschereien von vielen zuverlässigen Autoritäten positiver beschrieben wurden. Zu den großen Wäschereien gehörten gewerbliche Wäschereien, wie wir sie alle nutzen, sowie Wäschereien in Hotels und Krankenhäusern. Die in all diesen Betrieben beobachteten Merkmale waren vor allem Hygiene, Verletzungsgefahr sowie Löhne und Arbeitsstunden. Für Rechnung der Krankenhaus- und Hotelwäschereien nahm die Consumers' League der Stadt New York die Dienste von Miss Elizabeth Howard Westwood vom Smith College und Miss Mary Alden Hopkins vom Wellesley College in Anspruch. Um gewerbliche Wäschereien zu untersuchen, arbeitete Miss Woerishofer , indem sie auf eingehende Anzeigen reagierte, in Wäschereien im Handel und war in fast allen Branchen tätig, in denen Frauen im gesamten Bezirk Manhattan tätig sind. Ihr Bericht folgt.

ICH

„Natürlich war die erste Frage, die sich mir stellte, die, einen Job zu finden. Dafür habe ich mich an die Wäscherei-Anzeigen in den Zeitungen gewandt. Zu meiner Überraschung, da meine Nachforschungen im Sommer durchgeführt wurden, was seltsamerweise so ist, In der bei weitem schwächsten Jahreszeit in gewerblichen Wäschereien in New York war ich nie länger als einen Tag ohne Arbeit, obwohl ich aus Erfahrungsgründen ständig wechselte und durchschnittlich etwa eine Woche an einem Ort blieb.

„Die erste Einrichtung, die ich besuchte, war als Musterwäscherei bekannt. Sie war groß und gut belüftet und hatte einen trockenen Boden. Diese hygienischen Bedingungen können als ziemlich typisch bezeichnet werden. In nur einer Wäscherei fand ich ein Mädchen, das gezwungen war an einem nassen Ort zu stehen, obwohl manchmal Wasser aus den Waschräumen, in denen die Männer arbeiteten, in die Mädchenquartiere lief. In einigen dieser Waschräume steht das Wasser manchmal knöcheltief, ein Zustand, der nur auf schlechte Entwässerung zurückzuführen ist , da andere Waschräume absolut trocken sind. Unabhängig vom Zustand der Arbeitsräume verfügten die Umkleideräume der Frauen häufig über unhygienische Leitungen und waren schädlich und gesundheitsschädlich. In einer Wäscherei war die Wasserversorgung verunreinigt und roch und schmeckte unangenehm, wenn sie geöffnet wurde kam aus dem Wasserhahn, und noch schlimmer, nachdem es durch den Kühler gelaufen war. Die Frauen hier hatten zunächst Flaschen mit Sodawasser. Einige alte Frauen hatten Bier. Aber an einer Reihe heißer

Tage, mit Stunden von halb acht bis zwölf, Und von ein bis zehn Uhr abends reichte Bier oder Sodawasser im Wert von 10 Cent pro Tag nicht aus, um den Durst zu lindern, und verschlang bald ein großes Loch bei einem Lohn von 5 Dollar pro Woche. Eine Beschwerde wurde an das Gesundheitsamt gerichtet. Nach fast drei Wochen antwortete das Gesundheitsamt, dass die Beschwerde an das Wasserministerium weitergeleitet werden müsse. Von der Wasserbehörde dürfte es wohl mehrere Wochen lang keine Antwort geben. Und in der Zwischenzeit tranken alle Arbeiterinnen in der Wäscherei, getrieben von unerträglichem Durst, das verseuchte Wasser.

„Der Arbeitsraum, in dem ich beschäftigt war, hatte im Großen und Ganzen viele Fenster. Diese wurden offen gelassen. Aber wenn ein Raum groß und voller Maschinen ist, braucht man den ganzen Tag künstliches Licht und die Außenluft kommt nicht herein." sehr weit, um die Hitze und die Feuchtigkeit zu vertreiben. Als ich mittags aus einer Wäscherei kam, in der ich den ganzen Morgen in halsbrecherischem Tempo Hemden in heiße Stärke getaucht hatte, fiel mir die Kühle des Tages auf. In dieser Nacht entdeckte ich das Das Thermometer hatte im Schatten 96° angezeigt. In jede Wäscherei sollten ein paar Ventilatoren eingebaut werden. Sie könnten mit der Kraft betrieben werden, die die Maschinen antreibt.

„In der ‚Modellwäscherei' habe ich zunächst an einer Wäschemangel gearbeitet und dabei Tagesdecken, Laken und Handtücher zwischen zwei sich drehenden Zylindern laufen lassen. Hier bestand die Gefahr, dass meine Finger beim Zuführen zu weit unter die Zylinder rutschten. Die Mangel Natürlich gab es einen Schutz – einen flexiblen Metallstab etwa dreiviertel Zoll über der Futterschürze vor dem Zylinder. Aber ich erfuhr, dass dies eher eine Warnung als ein Schutz war. „Sobald Sie Ihre erhalten haben „Wenn du die Finger reinsteckst, kriegst du sie nie raus", sagte Jenny, die Italienerin neben mir, wiederholt. Die Italienerinnen haben ihre Namen anglisiert, und Jenny war zu Hause wahrscheinlich Giovanna gewesen.

„An der Halsbandmaschine, an der ich nach dem Mittagessen stationiert war, gab es einen ausreichenden Schutz, an dem die Halsbänder hineingeschoben wurden. Wo sie jedoch herauskamen, mussten sie in schneller Folge unter die andere Seite eines brennend heißen Zylinders geschoben werden." ohne überhaupt einen Schutz. Um zu vermeiden, dass ich den Zylinder bei diesem Vorgang mit dem Arm berührte, musste ich ihn entweder unnatürlich hoch heben oder auf Zehenspitzen stehen. „Du hast dir heute und gestern keine Verbrennungen zugezogen", sagte Jenny , „Aber das wirst du sicher irgendwann tun. Auf dieser Maschine macht das jeder."

„Beim maschinellen Bügeln von Kragen und Manschetten besteht ständig die Gefahr von Verbrennungen an Händen und Armen. An einer Ärmelbügelmaschine an einer anderen Stelle habe ich mir jeden Tag leichte

Verbrennungen zugezogen. Und als ich die Mädchen fragte, ob das daran liege Ich war „grün", antworteten sie, dass sich ständig jeder an dieser Maschine verbrenne. Jeder Brand sei auf „Nachlässigkeit" zurückzuführen, aber wenn die Mädchen vorsichtig sein würden, müssten sie sich stattdessen auf den Selbstschutz konzentrieren von der ordnungsgemäßen Erfüllung ihrer Aufgabe abhängen und müssten außerdem mit einer geringeren Geschwindigkeit arbeiten, als die übliche Leistung der Wäschereien erfordert. Eine größere Gefahr als die durch heiße Oberflächen und durch leicht geschützte Gasflammen geht von unbewachten Riemen und Zahnrädern aus.

„Auch bei Mangeln ist die Gefahr groß. Was die Mädchen ‚Millionärsarbeit' nennen – Arbeit, die im Gegensatz zur ‚Pensionsarbeit' gerade herauskommen muss, muss bis auf einen Viertelzoll an sie herangeschoben werden." der Zylinder. Einmal in solche Mangeln geratene Finger werden gequetscht. Berücksichtigen Sie im Zusammenhang mit diesen beiden Tatsachen die hohe Geschwindigkeit, mit der die Mädchen die Arbeit in die Maschine einführen, und dann wird Ihnen der prekäre Charakter ihrer Aufgabe bewusst. Allerdings sind in vielen Wäschereien gute Mangeln für Tisch- und Bettwäsche im Einsatz, die entweder eine stationäre Stange vor der ersten Walze haben oder deren erste Walze, ob mit oder ohne Strom verbunden, an einem Hebel befestigt ist, und so konstruiert, dass der Druck sofort vom Finger genommen wird, wenn er darunter geschoben wird. [34]

„ Um die Maschinen zu inspizieren, besuchte ich mit verschiedenen Fabrikinspektoren mit freundlicher Genehmigung des Arbeitsministeriums alle kommerziellen Dampfwäschereien im Bezirk Manhattan, soweit ich das beurteilen konnte. Von sechzig Als ich die Wäschereien inspizierte, stellte ich fest, dass 26 entweder unbewachte oder unzureichend geschützte Mangeln, Kragenpressen und Kragendämpfer hatten, oder auch unbewachte oder unzureichend geschützte Zahnräder und Riemen. In einer Wäscherei, die wir besuchten, als der Chef nicht da war, berieten wir uns mit dem Techniker darüber eine besonders schlimme Mangelware.

„„Wozu dient diese Maschine? Um Mädchen die Hände abzuschneiden?"" fragte der Inspektor.

„„Nun', sagte der Ingenieur, ‚das letzte Mädchen, das wir hier hatten, war fast erledigt – es hat sich den Arm in einer Schürzenschnur verfangen und beide Hände unter die Rolle geklemmt –, das ist vor über zwei Monaten passiert. Einer hat sich einen Finger abgeschnitten einerseits und alles verdreht und nutzlos andererseits.'

„Anstatt die Maschine bewachen zu lassen, hatte der Besitzer nach dieser Verstümmelung einen Mann anstelle eines Mädchens eingestellt, um hier Risiken einzugehen.

„Dieser und alle festgestellten rechtswidrigen Mängel wurden von den Fabrikinspektoren behoben. Aber die New Yorker Arbeitsgesetzgebung, so ausgezeichnet sie auch sein mag, kann mit der gegenwärtigen Zahl von Inspektoren nicht durchgesetzt werden. Eines Tages wird ein Inspektor eintreffen und feststellen, dass dies die Regeln sind." verstoßen werden; wird eine Geldstrafe verhängen; wird in der nächsten Woche zurückkehren und feststellen, dass die Regeln nicht verletzt wurden; wird zwangsweise in einen anderen Teil des Feldes zurückkehren; und danach wird der Verstoß so weitergehen, als hätte er ihn nie beobachtet.

„Darüber hinaus ist es für den Inspektor schwierig, durch Mitarbeiter Verstöße gegen die in ihrem Interesse erlassenen staatlichen Gesetze aufzudecken, da sie Gefahr laufen, aufgrund von Beschwerden entlassen zu werden. Zusätzlich zu dieser Gefahr bedeutet die Erhebung einer Anklage, dass der Beschwerdeführer dies tun muss." Sie müssen vor Gericht gehen und damit sowohl Zeit als auch Geld verlieren. Eine Gewerkschaftsorganisation wäre das einzig mögliche Mittel zur Beilegung der Angelegenheit. Sie besteht aus den Arbeitnehmern selbst und ist stets präsent, um Verstöße zu beobachten. Außerdem bietet sie den Arbeitnehmern den Vorteil, sie zu melden an den Staat, nicht als Individuen, sondern als Körperschaft. Der kooperative Geist, der bei fast allen Wäschereiarbeitern vorhanden ist, sollte eine Organisation durchaus möglich machen. [35]

„Wenn ich eine neue Situation betrat , empfand ich in der Regel Herzlichkeit und freundschaftliches Interesse. Bei mehreren Gelegenheiten drückte sich dies in dieser sozialen Form aus:

„,Sag mal, hast du einen Kerl?'

„,Klar. Hast du keins?'

"'Sicher.'

„Die Mädchen sind wirklich sehr nett zueinander, helfen sich gegenseitig bei der Arbeit und leihen sich Mittagessen und Geld."

„An einem Ort pflegte eine Frau, die ein Baby zu ernähren hatte – eine Frau, die 4,50 Dollar pro Woche verdiente und hoch verschuldet war –, sich jede Woche ein paar Pennys von allen Mädchen um sie herum zu leihen, um ihre Miete zu bezahlen. Und die Pennys waren immer verfügbar, obwohl die Mädchen kaum mehr hatten als sie und wohl wussten, dass sie selten zurückgegeben wurden. In fast allen Wäschereien gab es unter den Frauen viel Fluchen, aber es war von durchaus gutmütigem Charakter.

„Während es eine natürliche Arbeitsteilung gab, gab es auch eine künstliche, die während der Mittagspause entstand. Zwischen den Iren und den

Italienern herrscht ein tief verwurzeltes Gefühl der Feindseligkeit und des Misstrauens, da sich jede Rasse aus den verschiedenen Abteilungen in getrennten Gruppen zusammenschließt .

„Abgesehen von dieser Unterscheidung gibt es noch eine weitere soziale Spaltung – die Gutverdiener sitzen aufgrund ihres natürlichen Snobismus von den Geringverdienern getrennt. In einer Wäscherei sind es die Gutverdiener, obwohl sie den 5-Dollar-Mädchen oft streunende Sardinen serviert haben.", Kuchen usw. hatten die Angewohnheit, junge Mädchen in den Feinkostladen zu schicken, um ihr Mittagessen zu holen, und auch in den Saloon, um Bier zu holen. Dann musste das Mädchen im Unterrock und in einem kleinen leichten Ankleidebeutel eilig auf die Straße hinaus die sie zur Arbeit trug, denn sie ließen ihr keine Zeit, sich umzuziehen. Für diesen Dienst bekam das Mädchen von jeder der Frauen, für die sie Besorgungen machte, 10 Cent pro Woche. Das taten sie nicht – erklärte mir der Chef Stärker mit ruhiger Eleganz – Denken Sie an so etwas wie Biertrinken hinter dem Rücken des Chefs, aber sie „wollten einfach nicht, dass er es erfährt".

„Die gleichen Schwierigkeiten bei der Durchsetzung des Gesetzes über geschützte Maschinen in Wäschereien bestehen bei der Durchsetzung des Gesetzes, das vorschreibt, dass erwachsene Frauen in Wäschereien nicht mehr als 60 Stunden pro Woche arbeiten dürfen. Genau wie im Fall geschützter Maschinen könnten diese Schwierigkeiten bestehen." teilweise durch Handelsorganisation entfernt.

„Fast alle Wäschereiarbeiten werden im Stehen ausgeführt, und an anstrengenden Tagen, wenn die Arbeit gleichmäßig ist, außer zur Mittagszeit, haben nur sehr wenige Frauen die Möglichkeit, zu irgendeinem Zeitpunkt des Tages zu sitzen. Der Hauptunterschied zwischen Wäschereiarbeit und Wäschereiarbeit In anderen Fabriken herrschen unregelmäßige Arbeitszeiten. Ein Hersteller weiß mehr oder weniger zu Beginn der Woche, wie viel Arbeit seine Fabrik leisten muss, und kann in der Regel je nach seinem Wissen Überstunden verteilen oder zusätzliche Mädchen einstellen oder entlassen . Der Wäschereimann kann nie abschätzen, wie viel Arbeit zu erledigen ist, bis die Wäschebündel tatsächlich auf dem Gelände sind. Er kann nie sagen, wann die Hotels, Restaurants, Dampfschiffe und all die kleinen „Hand"-Wäschereien, deren Familienwäschereien er grob behandelt, trocknet, und dessen Kragen sowie Tisch- und Bettwäsche er fertig hat, wird ihre Wäsche zurückhaben wollen. So hart das für den Arbeitgeber ist, ist es noch schwieriger für die Arbeiter. Die kleine Handwäscherei kann die Kunden selten länger warten lassen als von Montag bis Samstag Aus diesem Grund ist die Dampfwäscherei gezwungen, ihre gesamte Arbeit für die „Handwäsche" in ein oder zwei Tagen zu erledigen. Ich habe einige Dampfwäschereien gefunden, in denen montags und samstags überhaupt nicht gearbeitet wird, in der Hauptsaison aber an den anderen vier Tagen regelmäßig von sieben Uhr morgens bis halb elf und zwölf Uhr abends gearbeitet wird. Eine Entschädigung für diese langen Arbeitszeiten gibt es nur sehr selten. Nur wenige Wäschereien zahlen Überstunden. Von diesen kündigen einige die Mädchen anteilig für jede weniger als sechzig Stunden pro Woche an, die sie arbeiten. Keine Wäscherei, in der ich gearbeitet habe, außer einer, gibt Geld für das Abendessen. Ein Akkordarbeiter erhält zumindest einen Vorteil, um die langen Arbeitszeiten auszugleichen. Aber dem Wochenarbeiter fehlt nicht nur die Vergütung für die tatsächliche Arbeit, sondern er muss oft auch höhere Kosten tragen.

„ Sie weiß nicht, wann ihr langer Tag kommt, also muss sie ihr Abendessen kaufen, wenn das Abendessen zu Hause auf sie wartet. Sie ist oft so müde, dass sie 5 Cent für die Fahrt mit dem Auto ausgeben muss, anstatt zu Fuß zu gehen. Sieben Cent sind ein Der faire Durchschnitt liegt bei den Ausgaben für das Abendessen: 2 Cent für Brot und 5 Cent für Wurst, Käse oder Fleisch. Wenn an drei Abenden in der Woche Überstunden gemacht werden, erhält das Mädchen 36 Cent aus eigener Tasche – kein kleiner Posten bei einem Lohn von 4,50 $ und 5 $ pro Jahr Woche, in der jeder Penny zählt. Oft hat sie auch kein Geld übrig oder vergisst, es mitzubringen. Dann muss sie das Mittagessen mit jemand anderem teilen . Die Mädchen sind immer bereit zu teilen, auch wenn ihre eigenen Vorräte noch so gering sind. Ich einmal sah ein 1-Cent-Stück Kuchen, das sich vier Mädchen teilten.

„Es gibt zwei Arten von langen Arbeitszeiten: diejenigen, die auf eine schlechte Systematisierung der Wäschereiarbeit zurückzuführen sind, was zu langen Wartezeiten zwischen den Wäschen führt, und solche, die auf sehr schwere Arbeit zurückzuführen sind. Zur ersten Art muss gesagt werden, dass die Hemdenstärker, die ...“ die am meisten unter dem Warten auf die Arbeit leiden, werden am besten bezahlt und sind daher über häufige Überstunden nicht so empört wie die Wochenarbeiter. Außerdem müssen sie zwar im Arbeitszimmer bleiben, sitzen aber während der gesamten Wartezeit häufig dauert manchmal vier oder fünf Stunden. Ich sah eine Frau kurz vor der Entbindung, die manchmal bis zwei Uhr morgens Hemden stärkte, nachdem sie am Morgen zuvor um halb sieben in der Wäscherei angekommen war.

„ Die andere Art von langen Arbeitszeiten erfordert ständiges Stehen und kommt am häufigsten in Wäschereien vor, in denen nur Mangelarbeit geleistet wird. Diese Wäschereien neigen nicht dazu, bis spät in die Nacht zu arbeiten, aber sie verstoßen häufiger gegen das 60-Stunden-Gesetz als die anderen.“ Die Arbeit ist fast absolut gleichmäßig. Die Frauen stehen zehn bis zwölf Stunden auf den Beinen, mit nur einer halben oder einer Stunde Mittagspause, und arbeiten mit extremer Geschwindigkeit.

„Wenn Ihre Aufgabe darin besteht, die Falten aus Handtüchern und Laken zu schütteln, ist das an sich schon eine anstrengende Übung. Die Luft ist heiß und feucht, weil Sie in der Nähe der Waschmaschinen stehen schwere Körbe zu rollen und sie auf den Tisch zu werfen und dann weiter zu schütteln und noch einmal zu schütteln, nur um noch mehr schwere Körbe zu beladen und wegzuwerfen. Ein Mädchen hatte am späten Nachmittag immer Kopfschmerzen. Nach zehn oder zwölf Stunden Stehen gibt es solche Wenige haben keine Schmerzen in den Füßen oder im Rücken. Die Wirkung auf die Füße ist vielleicht der Hauptgrund für die Beschwerden. Einige tragen lediglich Lumpen um ihre Füße, andere ziehen alte Schuhe oder Hausschuhe an, die sie vorne und an den Seiten aufschlitzen . Die Mädchen, die Röcke maschinell bügeln, und diejenigen, die den Körper bügeln, müssen zur Erledigung ihrer Aufgaben auf die Pedale treten und empfinden dies in der Regel als schwieriger als Stillstand. Ein Gelegenheitsarbeiter bezeichnet es jedoch als Erleichterung. Aber mehrere, die ich traf, hatten ernsthafte innere Probleme, die ihrer Meinung nach erst begannen, nachdem sie mit der Wäschereiarbeit begonnen hatten. Nur wenige Wäschereien gewähren bezahlten Urlaub. Manche schenken an gesetzlichen Feiertagen einen halben Tag. In den anderen Fällen dauern das „Ausschütteln" und „Körperbügeln" und all die harten, schweren Prozesse der Wäschereiarbeit bis zum Weihnachtstag, bis zum Neujahrstag , bis zum 4. Juli an, genau wie zu anderen Zeiten.

„Als Gegenleistung für diese langen Stunden im Stehen erhält der Akkordarbeiter finanziell oft eine ziemlich hohe Bezahlung. Beim Wochenarbeiter ist das Gegenteil der Fall. In den Wäschereien in der Innenstadt, wo die Lohnskala niedriger ist, ist die Vergütung meist unzureichend." für den geringsten Bedarf.

„Die Bezahlung in Wäschereien ist äußerst unterschiedlich. Der Lohn der meisten Frauen, mit denen ich in Wäschereien gesprochen habe, lag zwischen 8 und 4,50 Dollar pro Woche. Die Löhne reichten jedoch von den höchsten Ausnahmefällen bei Akkordarbeit, beim Handstärken und beim Handbügeln , bei 25 $ pro Woche, für ein paar Wochen im Jahr, bis auf 3 $ pro Woche.

„Hohe Löhne waren im Allgemeinen mit langen Arbeitszeiten verbunden. Beispielsweise waren in einer Wäscherei junge amerikanische Frauen zwischen zwanzig und dreißig als Handstärker im Akkord beschäftigt. Wenn die Zeiten knapp waren, verdienten sie 10 Dollar pro Woche, indem sie ein- oder zweimal pro Woche arbeiteten." , von sieben Uhr morgens bis elf Uhr abends. In arbeitsreichen Zeiten verdienten sie manchmal 22 Dollar pro Woche, indem sie gelegentlich von sieben Uhr morgens bis zwei Uhr am nächsten Morgen arbeiteten. [36]

„Obwohl Italiener, Russen, Iren, Polen, Deutsche, Amerikaner und Schweden in New Yorker Wäschereien beschäftigt sind, wird der größte Teil der Arbeit von Iren und Italienern erledigt. Die Iren erhalten die höheren Preise, die Italiener die niedrigeren Preise . “ Die bestbezahlte Arbeit, das Stärken von Hemden und Kragen von Hand und das Bügeln von Hand, wird von irischen Frauen, farbigen Frauen sowie italienischen und jüdischen Männern verrichtet. Der eigentliche Prozess des Stärkens von Hand kann in weniger als einer Stunde erlernt werden. Geschwindigkeit in der Arbeit kann man sich in etwa zehn Tagen aneignen. Auf der anderen Seite lernt man die schöneren Abläufe der schlecht bezahlten Arbeit des Fütterns und Faltens an der Mangel kennen – das Führen von Handtüchern und Servietten durch die Maschine, ohne sie umzudrehen oder zu zerknittern Kanten, das Hin- und Herschieben von Tischdecken zwischen Zylindern auf eine Art und Weise, dass die Arbeit nie eine andere als quadratische Form erhält – das Erlernen dieser schöneren Verfahren erfordert dreizehn bis fünfzehn Tage. Der Grund für die niedrigen Löhne, die für Mangelarbeiten aufgeführt sind scheint nur in der Nationalität zu liegen. Mangelarbeiten werden in der Regel von Italienern ausgeführt. In zwei Wäschereien fand ich Italienerinnen, die Seite an Seite mit amerikanischen und irischen Mädchen arbeiteten, die genau die gleiche Arbeit verrichteten und schlechter bezahlt wurden, nur weil sie Italienerinnen waren. Der Arbeitgeber sagte, er habe den Italienern nie mehr als 4 Dollar pro Woche gezahlt.

„In der nächstbestbezahlten Arbeit nach dem Handstärken, dem Handbügeln, für das etwa 8 bis 18 US-Dollar pro Woche gezahlt werden, sind italienische Frauen praktisch nie beschäftigt.

„Der schlimmste Teil der Mangelarbeit, das Schütteln, wird von jungen Mädchen und unfähigen älteren Frauen vieler Nationalitäten erledigt. Eines der schlecht bezahlten Mädchen, das 4,50 Dollar pro Woche hatte, gab einer Tante 3,50 Dollar pro Woche für Verpflegung, die das nie tat Lassen Sie sie die Zahlung um einen Tag aufschieben. Für alle anderen Ausgaben blieb ihr nur 1 Dollar pro Woche übrig. Dieses Mädchen leistete „Gesellschaft“ mit einem Hafenarbeiter, der in guten Wochen bis zu 25 Dollar hatte. Sie war mit ihm verlobt und hatte sich getrennt ihre Verlobung, weil er getrunken hatte – „er war so furchtbar betrunken.“ Aber als ich sie sah , war sie so verzweifelt wegen ihres niedrigen Lohns, ihrer harten Arbeitszeiten und ihres Vorsprungs von nur 5 Dollar pro Woche, dass sie darüber nachdachte, ob sie ihre begründete Angst vor dem Elend, das seine Verschwendung mit sich bringen würde, nicht herunterschlucken sollte bring sie herbei und heirate ihn schließlich.

„Die Shaker sind die am schlechtesten bezahlten und am härtesten arbeitenden Angestellten. Die jungen Mädchen erwarten, Ordnerinnen und Feederinnen zu werden. Die älteren Frauen sind Witwen mit Kindern oder

Frauen, deren Ehemänner krank oder arbeitslos oder auf irgendeine Weise arbeitsunfähig sind. Tatsächlich viele von ihnen Alle diese Wäschereiarbeiter, wahrscheinlich ein größerer Anteil als in jedem anderen Gewerbe, sind Witwen mit Kindern, die sie ernähren müssen. „Die Wäscherei ist der richtige Ort", sagte eine der Frauen, „für Frauen mit Penner-Ehemännern, krank, betrunken oder faul." ' Je niedriger der Lohn und je feuchter und dunkler die Wäsche, desto älter und schlechter scheint es diesen Frauen zu gehen.

„Die niedrigen Löhne und langen Arbeitszeiten der großen Mehrheit der Arbeiterinnen, die allmähliche Zerstörung und der Verlust der normalen Gesundheit vieler Leben durch Unterernährung und körperliche Belastung sind meiner Meinung nach die größte Gefahr in den Wäschereien. Der Verlust." eines Fingers, die Verstümmelung einer Hand, sogar die Verstümmelung des armen Mädchens, das beide Hände nicht mehr gebrauchen konnte – was bei einigen Mädchen in den Wäschereien gelegentlich zu Opfern kommt – sind, obwohl so viel gravierender, aber weit weniger schwerwiegend als die Erschöpfung und Unterbezahlung der Vielen.

„Dies ist also die Situation im Allgemeinen für weibliche Arbeiter in gewerblichen Wäschereien. Was die Hygiene betrifft, so ist die Hitze überall dort, wo maschinell gebügelt wird, übermäßig hoch. Viele der Räume sind voller Dampf. Einige der Wäschereien verfügen über unhygienische Toiletten." und Garderoben. Was die Verletzungsgefahr anbelangt, gibt es an vielen Orten unbewachte oder unzureichend geschützte Maschinen. Was die Arbeitsstunden betrifft, so überschreiten diese in der Hauptverkehrszeit oft die Grenze von 60 Stunden. Die Stunden sind nicht nur lang, aber unregelmäßig. Ein zwölf- bis vierzehnstündiger Arbeitstag ist keine Seltenheit. In einigen wenigen Orten, die montags und samstags geschlossen oder montags für kurze Stunden geöffnet sind, dauert der Arbeitstag gelegentlich bis zu siebzehn Stunden. Fast alle Die Wäschereiarbeit wird im Stehen erledigt. Die Löhne für die Mehrheit der Arbeiter sind niedrig."

Die Schlussfolgerungen der Liga in Bezug auf die Gesetzgebung werden am Ende der folgenden Berichte über die Wäschereien der großen New Yorker Krankenhäuser und Hotels platziert, wobei der erste Bericht von Miss Elizabeth Howard Westwood und der zweite von Miss Mary Alden Hopkins verfasst wurde.

II

fallen Wäschereien in Hotels und Krankenhäusern nicht in den Zuständigkeitsbereich des Arbeitsministeriums, sofern sie keine Nebentätigkeiten verrichten . Frauen dürfen an sieben Tagen in der Woche weit über die 60-Stunden-Grenze hinaus arbeiten, ohne dass sie arbeiten." Es gibt keine Einmischung seitens der Regierung. Es gibt auch keine Behörde, die Krankenhäuser und Hoteliers zwingen kann, ihre Maschinen zu bewachen.

„Während die Krankenhäuser in der Regel die gesetzlich vorgeschriebenen Arbeitszeiten nicht überschritten, in der Regel über ausgezeichnete sanitäre Einrichtungen verfügten und allen außer den besser ausgebildeten Arbeitern bessere Löhne zahlten als die gewerblichen Wäschereien, waren die Maschinen nur in einem von ihnen angemessen geschützt die acht Krankenhauswäschereien, in denen ich gearbeitet habe.

„In manchen war der Gürtel, der die Kraft überträgt, nicht abgeschirmt, um die Gefahr durch vorbeikommende Arbeiter zu vermeiden. In anderen reichte der Mangelschutz nicht aus. In allen Krankenhäusern hörte ich von Verletzten. Finger waren zerquetscht worden. Eine Hand war zerquetscht worden. An Der Arm war herausgezogen worden. Unbewachte Maschinen waren natürlich eine auffallende Inkonsistenz, die in den Krankenhäusern unentschuldbarer war als in Hotels oder in gewerblichen Wäschereien. Denn Krankenhäuser betreiben ungeachtet aller humanitären Erwägungen kein Gewinnstreben. Im Gegenteil: Sie haben nicht nur bekennende philanthropische Ziele, sondern dienen ausschließlich der Gesundheit.

„In den Krankenhäusern herrscht das Wohnsystem vor, und der Lohn wird teilweise in Form von Unterkunft und Verpflegung gezahlt. Die Wäschereiarbeiter teilen sich die Schlafsäle und Speisesäle der anderen Krankenhausangestellten. Die Schlafsäle waren in jedem Fall mit bequemen Betten und Chiffonniers oder ... ausgestattet Es gab Kommoden und ausreichend Stauraum in den Schränken. Miss Hopkins und ich schliefen nicht aus, sondern bekamen unsere Betten zugewiesen und nutzten unsere Schlafsäle lediglich als Garderobe. Hier blieben wir nach Stunden zum Klatschen und zogen uns oft mittags zurück um uns für ein paar Minuten auszustrecken und unsere schmerzenden Muskeln zu entspannen. Die Schlafsäle waren unterschiedlich groß. Jedes Krankenhaus hatte mehrere große und mehrere kleine. In den meisten Fällen befanden sich diese Schlafsäle in den oberen Stockwerken. In einem befanden sie sich im Keller. Hier jedoch Eine breite Hohlgasse säumte die Hauswand und ermöglichte den Fenstern einen recht guten Zugang zur Luft.

„In allen Krankenhäusern bis auf zwei war das Essen ausgezeichnet und die Mahlzeiten anständig serviert. Es gab reichlich Eier und Milch. Die Suppen waren köstlich, das Fleisch von angemessener Qualität und gut zubereitet. Es gab reichlich Gemüse und die Desserts waren appetitlich." Wir saßen in der Regel an langen Tischen für zehn bis zwanzig Personen. Manchmal hatten wir Tischdecken und Servietten, manchmal genügte ein weißes Wachstuch. Wir wurden von Mägden bedient.

„In den meisten Krankenhäusern gibt es morgens und nachmittags eine fünfzehn- oder zwanzigminütige Ruhepause, in der Milch, Tee und Brot und Butter serviert werden. Diese Oasen der Ruhe und Nahrung waren für uns von außerordentlichem Wert, um der Müdigkeit zu widerstehen. “ . Ihre Effizienz bei der Aufrechterhaltung der Kondition der Arbeitnehmer ist ein humanes und praktisches Merkmal der Wäschereien, das ausdrücklich hervorgehoben werden sollte.

„Es gab kaum Unterschiede bei den Löhnen zwischen den verschiedenen Besoldungsgruppen der Arbeiter. In der Regel wurden nur zwei Preise erzielt – einer für alle Mangeler und Bügelbläser, ein anderer für die Stärker und Hemden- und Zierbügler. In einer Wäscherei fiel der Lohn genauso niedrig.“ 10 Dollar im Monat. In den anderen waren es 14 und 15 Dollar für die niedrigere Arbeitsstufe und 16 und 20 Dollar für die höhere. In einer der Wäschereien gab es Verpflegung, aber kein Zimmer, und hier betrug der allgemeine Preis 20 Dollar im Monat.

„Was die Stunden angeht, hatten drei der Krankenhäuser einen Acht-Stunden-Tag, vier hatten einen Neuneinhalb-Stunden-Tag. In einem davon gab es am Samstagnachmittag keine Arbeit, so dass die Wochenstunden vierzig Stunden betrugen. 4. Ein anderes Krankenhaus arbeitete 72 Stunden pro Woche, ohne Vergütung in Form von Überstundenvergütung. Im Allgemeinen saßen die Fänger an den Mangeln bei ihrer Arbeit. In einem Krankenhaus saßen auch die Fütterer auf hohen Stühlen. Wir fragten uns, warum das so war Dies ist nicht häufiger der Fall. Der Unterschied in der Leistungsfähigkeit war in unseren eigenen Fällen deutlich, wenn wir im Sitzen arbeiteten. Im Sitzen kamen wir unermüdlich davon, während das Stehen den ganzen Tag über uns vor Müdigkeit taub machte. Nur in einem Krankenhaus war künstliches Licht im Arbeitsraum erforderlich . Die Räume waren in der Regel gut belüftet und die Luft frisch, wenn man sie betrat.

„Wir haben oft festgestellt, dass die Arbeiter in den Krankenhauswäschereien weitaus unzufriedener waren als die in den anderen Wäschereiklassen. Es war nicht verwunderlich, dass es ihnen an Begeisterung für ihre Arbeit mangelte, denn Wäschewaschen ist keine interessante Aufgabe, aber die Bedingungen gehen weit darüber hinaus.“ Bei jeder anderen Art von Wäscherei war es seltsam, dass die Krankenhausangestellten die unbeständigsten, fehlersuchendsten und entmutigtesten Wäscherinnen waren, denen wir begegneten. Teilweise führten wir dies auf die deprimierende Wirkung einer Krankheitsatmosphäre zurück, teilweise auf die Tatsache, dass die Arbeiter außerhalb lebten werden zweifellos durch die Abwechslung angeregt, die ein Ortswechsel mit sich bringt – wenn man mindestens zwei Gruppen von

Menschen sieht, und vor allem im Allgemeinen durch besonderes Mitgefühl und Sorge um ihr individuelles Schicksal. In der letzten Wäscherei des Krankenhauses, in der wir gearbeitet haben, dirigierte man Obwohl die Arbeitszeiten der Barmherzigen Schwestern lang waren und der Lohn nur 10 US-Dollar pro Monat betrug, herrschte unter den Arbeitern eine außergewöhnliche Fröhlichkeit und Interesse. Dies war nicht auf ihre besonderen Privilegien zurückzuführen, sondern auf den ansteckenden Geist des Persönlichen Interesse und Freundlichkeit, die allen verantwortlichen Schwestern eigen sind.

„Die Bitterkeit, die die in den Krankenhäusern lebenden Arbeiter kennzeichnete, wurde von Miss Hopkins bei den in den Hotels lebenden Wäschereiarbeitern beobachtet."

III

„Die einundzwanzig Hotels, in denen wir unsere Untersuchung durchgeführt haben, waren äußerst vielfältig und reichten von einem gelben Backsteinhaus in der Nähe des Haymarket mit roten und blauen Raufaserteppichen und altmodischen Glocken, die einen Gong läuteten, wenn man an einem Knopf drehte, bis hin zu Mosaikböden und die blassen, schattigen elektrischen Lichter der teuersten Etablissements in New York.

„Was die sanitären Einrichtungen der zwanzig besuchten Hotels betrifft, so hatten nur sechs ihre Wäschereien oberirdisch. Alle anderen befanden sich in Kellern oder in Kellern. In den meisten von ihnen war die Belüftung fehlerhaft und die Luft zeitweise unerträglich heiß. Das ist eine bemerkenswerte Tatsache." – was zeigt, was intelligente moderne Regulierung bewirken kann –, dass eine Wäscherei zwei Stockwerke unter der Erde in New York so hohe Decken hatte und die Kaltluftanlage im Sommer so vollständig war, dass es selbst in den heißen Monaten angenehm war. In den meisten Hotelwäschereien gab es solche Sitzplätze für die Abnehmer. Nur drei der Wäschereien hatten nasse Böden, nur drei waren schmutzig, nur eine hatte eine unhygienische Toilette und einen Toilettenraum.

„Was die Verletzungsgefahr betrifft, so waren von den neunzehn Mangeln, die ich auf gefährliche Bedingungen überprüft habe, sechs unzureichend geschützt Die Mangel ist in Bewegung. Die Frauen klettern manchmal auf die Mangel und greifen nach ihr, in der unmittelbaren Gefahr, sich darin zu verfangen, entweder indem sie sich mit ihren Kleidern verfangen oder nach vorne kippen. Die Maschinen von Hotelwäschereien werden noch weniger sorgfältig bewacht als die einer gewerblichen Wäscherei , und in einigen Betrieben ist es zudem gefährlich überfüllt. Dies war in einer Wäscherei in einem Hotelkeller der Fall. Ich arbeitete hier am Bügeltisch an einer Ladung Anzüge aus der Marinewerft. Da Arbeit von außerhalb hereinkam In diesem Hotel hätte die Einrichtung einer staatlichen Inspektion unterliegen sollen. Die Zimmer waren eng. Es gab einen Ventilator, der sehr niedrig angebracht war, in der Nähe der Stelle, an der die Mädchen ihre Umhänge aufhängten, und sobald ich eintrat, warnten sie mich, dass er hängen blieb in seinen Klingen und vernichtete alles, was ihm in die Nähe kam. Die Riemen der Maschinen wurden ausgepackt. Manchmal blies eine blaue Flamme zehn Zentimeter über die Bügelmaschine hinaus, direkt in den schmalen Raum, an dem die Mädchen davor vorbeigehen mussten. Im Zusammenhang mit der Gefahr durch Maschinen ist auch auf die Gefahr durch Mitarbeiteraufzüge hinzuweisen. In einem Hotel fuhr ich 44 Mal mit einem Aufzug, dessen Sicherheitstür nur einmal geschlossen war, obwohl der Wagen oft überfüllt war, und zweimal sah ich, wie Mädchen nur knapp einer Verletzung entgingen, weil sie mit ihren Röcken an den Stockwerkstüren und den Riegeln hängenblieben. In einem anderen Hotel wurden unerfahrene Aufzugsjungen in gefährliche Wagen eingebrochen, auf denen Schilder mit der Aufschrift standen: „Dieser Aufzug darf nicht mehr als fünfzehn Personen befördern." Die Autos wurden nicht nur für den Transport von Menschen, sondern auch für Koffer und schwere Lastwagen mit schmutziger Wäsche verwendet. Auf einer Fahrt beförderte ein Auto einen dieser riesigen Lastwagen, zwei Koffer und zwölf Mädchen; Auf einer anderen Reise waren es 22 Personen.

„In acht Hotels wurden die Löhne teilweise in Form von Unterkunft und Verpflegung gezahlt. Die Geldlöhne sind unten angegeben:

ARBEITER LEBEN IN	
	PRO MONAT
Bügeln von Waschlappen, Strümpfen und einfachen Arbeiten	22 $
Bügelmaschinen – Fachkräfte für Familienwäsche	25-30
Shaker	14-16
Alle Anfänger	14-16
ARBEITER, DIE DRAUßEN LEBEN	
	PRO WOCHE
Bügelmaschinen	7 $ und mehr

Shaker	6 und höher
Feeder	6 und höher
Ordner	6 und höher
Stärker (Hemd), Akkordlohn, Durchschnitt.	8
Verstärkungen (Kragen und Manschetten)	15 und höher

„In den acht Hotels gab es große Unterschiede in den Lebensbedingungen. Das Essen war ziemlich gut zubereitet, aber wie in den meisten Hotelgerichten eintönig und ohne frisches Gemüse und Süßigkeiten. Eine der Folgen davon ist, dass die Frauen einen großen Teil davon ausgeben ihren Lohn für Obst und andere Lebensmittel als Ergänzung zu ihren unbefriedigenden Mahlzeiten. Nur zwei Hotels planten die Mahlzeiten intelligent.

„Die Speisesäle befanden sich normalerweise unterhalb des Straßenniveaus und unterschieden sich hinsichtlich Belüftung, Gedränge und Unordnung. In einem waren die Kellner griechische Einwanderer, die hemdsärmelig waren, tickende Schürzen und keine Kragen trugen und häufig schmutzig und schmutzig waren unrasiert. Bei den vierzehn Mahlzeiten, die ich dort einnahm, setzte ich mich nur einmal an einen sauberen Tisch. Die Kaffeekocher an der Seite des Raumes kochten über und ließen Wasserströme über die Putzfrauen strömen. Das schmutzige Geschirr stapelte sich in großen Mengen Blechwannen klapperten und wurden kratzend über den Boden gezogen. Die Putzfrauen baten die Kellner, die Tische abzuräumen, die aussahen, als seien Mülltonnen auf sie geleert worden. Der Steward konnte seine Autorität nicht durchsetzen. Es gab ständigen Lärm und Unordnung im Raum. In einem anderen Speisesaal, dem eines hübschen, heruntergekommenen alten Hotels in der Nähe des Flusses, wo durch sechzehn Fenster eine Brise in unsere Wäscherei wehte, saßen die Angestellten nach der mittäglichen Hauptverkehrszeit in einem der Speisesäle des Restaurants war vorbei, wurde von den Stammkellnern bedient und mit attraktiven und abwechslungsreichen Gerichten und Fleisch aus den gleichen Teilen wie die Gäste versorgt. „Sie haben Respekt vor der Hilfe hier", sagte eine der Frauen.

„ Die Schlafsäle befanden sich, mit einer Ausnahme, in den oberen Stockwerken. Ein Zimmer in einem teuren modernen Hotel, in dem es siebenundzwanzig Betten in Etagen gab, wurde nur durch drei Fenster zum Innenhof belüftet. Das Zimmer sah frisch und angenehm aus, weil wegen der weißen Farbe und der blauen Bettdecken; aber es war schlecht belüftet, sowohl wegen des Zustands als auch weil die Mädchen die Fenster geschlossen hielten, um sich zu wärmen. Dies war eine häufige Ursache für schlechte Belüftung in anderen Schlafsälen und Arbeitsräumen.

„Die Arbeitszeiten waren unregelmäßig und an verschiedenen Orten unterschiedlich. In einer großen Wäscherei arbeitete ich sieben Tage in der Woche über zehn Stunden – mehr als zweiundsiebzig Stunden. Etwa neuneinhalb Stunden schien der übliche Tag zu sein." Vier Hotels gaben vormittags und nachmittags 15-minütige Ruhepausen für den Tee, in zwei gab es einmal am Tag ; 12.30 Uhr bis 14.00 Uhr; 2.20 Uhr bis Ladenschluss. Diese Regelung ermöglichte sehr kurze Arbeitszeiten, aber während dieser Zeit konnten die Frauen kräftig arbeiten und leisteten Erstaunliches.

„Allerdings waren die Frauen in den meisten Hotelwäschereien ständig müde. Sie zogen sich in allerletzter Minute aus dem Bett, lagen mittags in ihren Betten und krochen wieder hinein, sobald die Arbeit erledigt war. " Am Abend. Einige gingen tagelang nicht in die Luft. Das größte Leiden unter einer körperlichen Ursache kam von den Füßen. „Füße" waren das ständige Gesprächsthema. Aber die Frauen hatten keine Ahnung, womit sie Probleme hatten an ihren Füßen und wurde in vielen Fällen als unvermeidbares Unbehagen hingenommen, das durch Fußbäder, Pflege, Teller und richtiges Schuhwerk hätte gelindert werden können. Erkältungen hielten endlos an. Halsschmerzen waren an der Tagesordnung. Ein Mädchen, das Deckchen in eine Mangel fütterte, klagte dass ihr ständig die Augen wehtaten, wenn sie einer sich bewegenden Schürze zusah, so dass sie nicht deutlich sehen konnte und manchmal mehrere Deckchen gleichzeitig einfütterte, ohne es zu bemerken. Der Mangel an Luft hatte zweifellos einen tiefgreifenden Einfluss auf die Vitalität der Frauen. Bei den alten In einem Hotel in der Nähe des Flusses, in dem die Wäscherei sechzehn Fenster hatte, waren die Frauen bei bester Gesundheit.

„Im Allgemeinen waren die älteren Hotels trotz ihrer unhygienischeren Umkleidekabinen und weniger gut bewachten Maschinen rücksichtsvoller gegenüber ihren Arbeitern. Aber in einem der neueren, teureren Hotels wird ein krankes Mädchen vom Hotelarzt betreut , und wird mit Suppe, Milch usw. versorgt. Ihr Gehalt wird nicht gekürzt. Sie wird mit echtem Mitgefühl behandelt. Hier hörte ich einmal, wie eine Frau dem Chef erzählte, dass sie krank sei und um Erlaubnis bat, ins Wohnheim gehen zu dürfen. Er gab die Erlaubnis ohne Frage. Keine der Frauen hat jemals seine Freundlichkeit missbraucht. Die Frauen hier waren in ziemlich guter Verfassung, außer, das muss man zugeben, von der extremen Müdigkeit, die fast alle Wäschereifrauen zu überfallen scheint und die durch ihre stundenlangen Wäschereien entsteht Stehen.

„Mir ist ein Mädchen aufgefallen, das so leichtfüßig wie ein Kätzchen war und unermüdlich schien; aber jeden Mittag, sobald sie mit dem Mittagessen fertig war, wickelte sie sich in eine Decke und lag die ganze Zeit regungslos da Punkt. Eines Abends stolperte eine Frau in einen Schlafsaal, setzte sich auf einen Koffer, zog ihre Schuhe und Strümpfe aus und verfluchte, während sie ihren geschwollenen Fuß rieb, lange und systematisch alle ihre Umstände – verfluchte die anderen Arbeiter, die ihre Arbeit zurückgehalten hatten wegen ihrer Langsamkeit; verfluchte den Manager, der von ihr zusätzliche Arbeit verlangt hatte; verfluchte den Schlafsaal und die Wäscherei; verfluchte die ganze Welt. Beim ersten Wort des Mitgefühls , das ich ihr entgegenbrachte, hielt sie inne und sagte mit ruhiger Wahrheit: „Liebes Herz.“ „Wir sind alle müde.“

„Hier sind meine Notizen für einen Tag:—

Als ich kurz vor halb sieben den Schlafsaal betrat, kletterten einige der Mädchen gerade aus dem Bett, um sich anzuziehen. Diese gingen ohne Frühstück zur Arbeit und brauchten eine zusätzliche halbe Stunde Ruhe mehr, als sie sich nach Essen sehnten.

Zwei blieben im Bett. Bei einem wurde in der Nacht zuvor ein geschwüriger Zahn gezogen. Ich fragte die andere, ob sie krank sei. Sie stöhnte. „Ich stehe auf, sobald die Schmerzen aus meinem Magen verschwunden sind.“ Innerhalb einer Stunde war sie in der Wäscherei und trug Armvoll Männerarbeitsanzüge zum Trockenschrank. Sie arbeitete an diesem Abend bis halb acht.

Den ganzen Morgen stand ich neben Old Sallie, der immer wieder fragte: „Wie spät ist es jetzt, Liebes?“ weil sie die Uhr nicht sehen konnte.

Als wir mittags auf den Betten im Schlafsaal saßen oder lagen, sagte eines der Mädchen: „Mein Gott! Ich wünschte, ich könnte heute Nachmittag im Bett bleiben.“

Am Nachmittag stand ich neben Theresa, die immer wieder wiederholte: „Es ist so lange, bis halb fünf zu arbeiten! Wenn ich nur um halb fünf ins Bett gehen könnte!“

Ich ging mit einem Mädchen namens Kate zum Abendessen, die sich vor einer Woche den Knöchel verstaucht hatte. Ich sagte: „Hat der Arzt es nicht gesehen?“ Sie hat mich angemacht. „Mein Gott! Wann habe ich Zeit, einen Arzt aufzusuchen?“ Sie hat schlechte Laune im Gesicht, das scharlachrot und manchmal morgens mit feinen weißen Schuppen bedeckt ist. Linderung verschafft sie sich, indem sie sich mit den feuchten Servietten, die sie schüttelt, die Wangen abwischt.

Nach dem Abendessen ging ich für eine Minute in den Schlafsaal. Hier fand ich eine Cousine von Theresa, die ihr im Bett Tee gab, wo ich sie drängte, zu bleiben. Die Cousine schüttelte den Kopf. „Ah, nein “, sagte sie, „sie darf nicht aufgeben; sie ist noch neu im Job – sie möchten nicht, dass sie krank ist." Theresa stand auf und kroch zurück zum Schütteltisch, um bis sieben Uhr zu arbeiten.

Den ganzen Abend über stand ich neben einem Mädchen, dessen Fuß beim Gehen „bis zum Scheitel" schmerzte. Sie sagte: „Ich bin schon seit halb sieben dabei."

Als ich um halb acht zurück zum Wohnheim ging, erzählte mir eines der Mädchen, wie ihre Arme und ihre Beine schmerzten. Im Schlafsaal schluchzte und fieberte das Mädchen, das den ganzen Tag im Bett gelegen hatte. Sie hatte Halsschmerzen und spuckte Blut. Sie hatte den ganzen Tag dort gelegen, ohne sich darum zu kümmern, außer dass ihr von einem Dienstmädchen Tee und Toast gebracht wurden.

Wenn ich auf die vergangene Woche zurückblicke, scheint es unmöglich, dass es wahr sein könnte. Diese Frauen zu beobachten war, als würde man zusehen, wie Tiere gefoltert werden.

„Ein Tag mit langen Stunden wie dieser folgt im Allgemeinen auf ein großes Fest. Die Hudson-Fulton-Feier, die Automobilausstellung, ein großer Wohltätigkeitsball oder das Abendessen einer hervorragenden soziologischen Gesellschaft sind Anlässe für verstärkte Hotelunterhaltung und ein verschwenderisches Verwendung von wunderschöner Tischwäsche, die am nächsten Tag von den Wäschereimädchen unter der Erde getrocknet, gemangelt und gefaltet werden soll.

„All dieser zusätzliche Arbeitsdruck in den Hotels hier wird nicht von böswilligen Personen erzeugt, die bewusst Unterdrückung betreiben – tatsächlich wurde, wie man sehen wird, ein großer Teil davon durch bloßen sozialen guten Willen und Personen mit äußerst fortschrittlichen Absichten erzeugt. – sondern einfach durch die unregulierten Bedingungen in den Wäschereien."

IV

Dies ist also die Darstellung dessen, was Arbeiterinnen in ihrer Branche in den Wäschereien von Gewerbe-, Hotel- und Krankenhauswäschereien in New York geben und was sie erhalten.

Es kann nicht gesagt werden, dass die unglücklichen Merkmale der festgestellten Wäschereibedingungen auf die Gier der Arbeitgeber zurückzuführen sind. Diese Merkmale scheinen eher auf mangelnde Systematik und Regulierung zurückzuführen zu sein. Finanzielle Ausfälle im New Yorker Wäschereigeschäft kommen häufig vor. Selbst in der kurzen

Zeit, die zwischen der Inspektion der Wäschereimaschinen durch das Arbeitsministerium Anfang Februar und einer im August von Miss Westwood durchgeführten erneuten Inspektion der 26 Betriebe, die die Maschinen nicht ordnungsgemäß geschützt hatten, verging, waren zwei dieser 26 Firmen war zusammengebrochen. Miss Westwood fand einige der gleichen unglücklichen Merkmale, die bestehende gewerbliche Wäschereien und Hotelwäschereien charakterisierten, in Krankenhauswäschereien, die völlig außerhalb des Handels liegen.

Nachdem die New York City Consumers' League den Bericht der Ermittler erhalten hatte, kam sie zu dem Schluss, dass der klügste und effektivste Weg, um fairere Bedingungen für die Wäschereiarbeiter zu erreichen, darin bestehen würde, die folgende Gesetzgebung zu verabschieden: [37]

Erstens: Dass Mittel für zusätzliche Fabrikinspektoren bereitgestellt werden.

Zweitens: Dass keine Frau länger als zehn Stunden am Tag in einem mechanischen Betrieb, einer Fabrik oder einer Wäscherei in diesem Staat beschäftigt sein darf.

Drittens: Dass die Wäschereien von Hotels und Krankenhäusern der Zuständigkeit des Arbeitsministeriums unterstellt werden.

Mittlerweile gibt es ein Gesetz des Staates New York, das für ordnungsgemäße Sanitär- und Sanitäranlagen sowie sauberes Trinkwasser für Mitarbeiter in Fabriken und Wäschereien sorgt. [38] Es gibt ein Gesetz, das vorschreibt, dass Arbeitsräume, in denen Dampf erzeugt wird, so weit wie möglich belüftet werden müssen, um den Dampf unschädlich zu machen. [39]

Es gibt ein Gesetz, das die Bereitstellung geeigneter Sitzplätze für weibliche Arbeitnehmer in Fabriken und Wäschereien vorschreibt; und dieses Gesetz sollte die Einrichtung von Sitzen für eine große Anzahl von derzeit stehenden Arbeitern regeln. [40]

Die Einführung gerechterer Löhne sowie die Einhaltung aller dieser Gesetze und des 60-Stunden-Woche-Gesetzes könnten am praktischsten durch die Existenz einer Gewerkschaft in den Wäschereien gefördert werden, die durch stärkere staatliche Maßnahmen gestützt wird für die Inspektion.

V

Es wurde gesagt, dass die unglücklichen Entwicklungen in der Wäschereibranche in New York offenbar in erster Linie auf das Fehlen einer allgemeinen Regulierung zurückzuführen seien. Im Februar 1911 berieten sich die Laundrymen's Association of New York State (Präsident, Herr JA Beatty), die Manhattan Laundrymen's Association (Präsident, Herr JA

Wallach) und die Brooklyn Laundrymen's Association (Präsident, Herr Thomas Locken) mit den Verbrauchern ' League, und bat darum, mit ihr zusammenzuarbeiten , um eine zusätzliche Fabrikinspektion, die gesetzliche Einführung eines Zehn-Stunden-Tages in der Branche und die Unterstellung von Hotel- und Krankenhauswäschereien unter die Zuständigkeit der staatlichen Arbeitsgesetze zu erreichen.

Die Liga stimmte zu, die Namen der Wäschereien, die innerhalb eines Jahres einem auf der Konferenz festgelegten gemeinsamen Standard entsprechen, auf einer veröffentlichten weißen Liste zu veröffentlichen. Dies sind die wichtigsten vereinbarten und befürworteten Punkte.

WHITE-LIST-STANDARD FÜR WÄSCHEREIEN

Physische Verfassung

1. Waschräume sind entweder von anderen Arbeitsräumen getrennt oder ausreichend belüftet, so dass die Bildung von Dampf in der gesamten Wäscherei verhindert wird.

2. Arbeits-, Mittags- und Aufenthaltsräume sind voneinander getrennt und entsprechen in jeder Hinsicht den geltenden Hygienevorschriften.

3. Alle Maschinen werden bewacht.

4. Richtige Abflüsse unter Waschmaschinen und Stärkemaschinen, damit keine nassen Böden entstehen.

5. An die Maschinen angepasste Sitzplätze sind vorhanden

- *ein* . Kragenmangel-Zuführung.

- *b* . Kragenbügel-Fänger.

- *c* . Kragendämpferzuführung.

- *d* . Kragendämpferfänger.

- *e* . Kragenglätter.

- *f* . Futterspender für Kragenstärke.

- *g* . Kragenstärkefänger.

- *h* . Taschentuch-Zuführung und -Fänger für flache Arbeiten.

- *ich* . Ordner für kleine Arbeiten.

- *j* . Kragenformer.

- *k* . Kragennahtdämpfer.

●   *1*. Gerader Kragenformer.

6. Die Verordnungen der Stadt und die Gesetze des Staates werden in allen Einzelheiten befolgt.

Löhne

1. Für gleiche Arbeit gilt unabhängig vom Geschlecht der gleiche Lohn, und keine Frau, die achtzehn Jahre oder älter ist und über ein Jahr Berufserfahrung verfügt, erhält weniger als 6 US-Dollar pro Woche. Dieser Standard umfasst Akkordarbeiter.

Std

1. Die normale Wochenarbeitszeit beträgt nicht mehr als 54 Stunden und an keinem Tag darf nach 21 Uhr weitergearbeitet werden

2. Bei Fortsetzung der Arbeit nach 19.00 Uhr sind 20 Minuten für das Abendessen vorgesehen und es wird Abendessengeld gegeben.

3. Halber Feiertag pro Woche während zweier Sommermonate.

4. Während der Sommersaison wird ein bezahlter Urlaub von mindestens einer Woche gewährt.

5. Alle Überstunden, die über die 54 Stunden pro Woche hinausgehen, werden vergütet.

6. Gezahlte Löhne und geschlossene Räumlichkeiten an den sechs gesetzlichen Feiertagen, nämlich: Erntedankfest, Weihnachten und Neujahr, 4. Juli, Dekorationstag und Tag der Arbeit.

Die Laundrymen's Association des Staates New York trat bei der letzten Legislaturperiode zusammen mit der Consumers' League in Albany auf und schickte wiederholt Rechtsbeistände in die Hauptstadt, um einen Gesetzentwurf zu unterstützen, der jeden Ort, an dem Wäschereiarbeiten mit mechanischer Kraft erledigt werden, als Fabrik definiert. Die Unterstützung des Vereins war kompetent und entschlossen. Der Gesetzentwurf wurde inzwischen von beiden Häusern angenommen.

Solch verantwortungsvolles Handeln seitens der gewerblichen Wäscherei-Arbeitgeber des Staates New York, Brooklyn und Manhattan steht in deutlichem Kontrast zu der Haltung, die die gewerblichen Wäscherei-Arbeitgeber in Oregon in Bezug auf die gesetzlichen Arbeitszeiten der Beschäftigten in Wäschereien vertreten.

VI

Die Verfassungsmäßigkeit des aktuellen New Yorker Gesetzes über die Arbeitszeit erwachsener Frauen in Fabriken, Wäschereien und mechanischen Betrieben wurde praktisch durch die Bundesentscheidung in Bezug auf das Oregon Ten-Hour-Day-Gesetz für berufstätige Frauen bestimmt.

Vor etwa drei Jahren erließ der Bundesstaat Oregon zu demselben Thema ein Gesetz, das praktisch die gleiche Bedeutung hatte wie das New Yorker Gesetz, das jedoch insofern überlegen war, als es die Arbeitszeit erwachsener Frauen in mechanischen Betrieben, Fabriken und Wäschereien auf zehn Stunden begrenzte während der vierundzwanzig Stunden eines Tages, wobei das New Yorker Gesetz, das in anderer Hinsicht die gleiche Bestimmung vorsieht, die Arbeitsstunden erwachsener Frauen auf sechzig pro Woche begrenzt.

Die Wäschereien und der Bundesstaat Oregon einigten sich darauf, einen Testfall vor den Bundesgerichtshof zu bringen, um die Verfassungsmäßigkeit des neuen Gesetzes festzustellen.

Herr Curt Muller aus Oregon beschäftigte mehr als zehn Stunden lang eine berufstätige Frau in seiner Wäscherei. Ein Inspektor erstattete Anzeige gegen ihn. Der Prozess gegen Herrn Muller führte zu einem Urteil gegen ihn und einer Geldstrafe von zehn Dollar. Er legte gegen den Fall Berufung beim Obersten Gerichtshof des Staates Oregon ein, der seine Verurteilung bestätigte. Herr Müller legte daraufhin Berufung beim Bundesgericht ein.

Bei der Verteidigung des Gesetzes vor dem Obersten Bundesgericht hatte die National Consumers' League das Glück, in Zusammenarbeit mit dem Bundesstaat Oregon die Dienste von Louis D. Brandeis in Anspruch zu nehmen, die herausragendsten Dienste, die man hätte erhalten können. großzügig als Geschenk überreicht. Allein diese Tatsache verdeutlicht, wie wichtig der Fall ist und wie wichtig es für die künftige Arbeitsgerichtsbarkeit ist, ein positives Urteil für die Wäschereiarbeiter zu erwirken.

Das Argument von Herrn Muller war, dass das Zehn-Stunden-Gesetz von Oregon verfassungswidrig sei: Erstens, weil das Gesetz versuchte, Personen daran zu hindern, ihre eigenen Verträge abzuschließen, und damit gegen die Bestimmungen des Vierzehnten Verfassungszusatzes verstieß. [41] Zweitens, weil das Gesetz nicht für alle Personen in gleicher Lage gleichermaßen galt und eine Klassengesetzgebung darstellte. Und schließlich, weil das Gesetz keine gültige Ausübung der Polizeigewalt darstellte; das heißt, es bestand kein notwendiger oder vernünftiger Zusammenhang zwischen den im Gesetz beschriebenen Beschränkungen und der öffentlichen Gesundheit und dem Wohlergehen.

Herr Brandeis antwortete in seinem Schriftsatz, dass erstens die Garantie der Vertragsfreiheit rechtlich einer angemessenen Handlungsbeschränkung unterliegt, die der Staat bei der Ausübung der Polizeigewalt zum Schutz der allgemeinen Gesundheit und des Wohlergehens auferlegen kann. Es brachte vor, dass bestimmte allgemein bekannte Tatsachen schlüssig belegten, dass es berechtigte Gründe für die Annahme gebe, dass es für das Gemeinwohl gefährlich sei, Frauen in Oregon zu gestatten, mehr als zehn Stunden am Tag in einem mechanischen Betrieb, einer Fabrik oder einer Wäscherei zu arbeiten.

Diese allgemein bekannten Tatsachen, die von Miss Josephine Goldmark, der Veröffentlichungssekretärin der National Consumers' League, zusammengestellt wurden, wurden unter zwei Gesichtspunkten betrachtet: erstens der amerikanischen und ausländischen Gesetzgebung, die die Arbeitszeiten von Frauen einschränkt; und zweitens die weltweite Erfahrung, auf der die Gesetzgebung zur Begrenzung der Arbeitszeit von Frauen basiert.

Zu diesen Tatsachen gehörten die staatlichen Beschränkungen der Anzahl der Arbeitsstunden, die Arbeitgeber von Frauen in zwanzig Bundesstaaten der Vereinigten Staaten sowie in Großbritannien, Frankreich, der Schweiz, Österreich, den Niederlanden, Italien und Deutschland verlangen dürfen. Den Gesetzen folgten maßgebliche Stellungnahmen aus über neunzig Berichten von Ausschüssen, Statistikämtern, Hygienekommissaren und Regierungsinspektoren sowohl in diesem Land als auch in allen zivilisierten Ländern Europas, in denen festgestellt wurde, dass lange Arbeitsstunden für Frauen gefährlich sind . vor allem wegen ihrer besonderen körperlichen Organisation.

Auf den zweiten Vorwurf, dass es sich bei der fraglichen Handlung um eine Gruppengesetzgebung handele, da sie nicht für alle Personen in gleicher Lage gleichermaßen gelte, antwortete der Kläger, dass das konkrete Verbot von mehr als zehn Stunden Arbeit in einer Wäscherei kein Gesetz sei willkürliche Diskriminierung dieses Handels; Denn der gegenwärtige Charakter des Unternehmens und die besonderen Gefahren langer Arbeitszeiten bieten gute Gründe für eine gesetzliche Begrenzung der Arbeitszeit in dieser Branche sowie in Fertigungs- und Maschinenbaubetrieben . Aussagen von Industrie- und Medizinbehörden haben den gegenwärtigen Charakter des Wäschereigeschäfts schlüssig beschrieben.

Herr Brandeis brachte schließlich vor, dass angesichts all dieser Tatsachen das vorliegende Oregon-Statut in der Polizeimacht Oregons liege, da die öffentliche Gesundheit und das Wohlergehen von Oregon eine gesetzliche

Begrenzung der Arbeitszeit von Frauen in Produktions- und Maschinenbetrieben sowie in Wäschereien erforderten.

Justice Brewer gab die Stellungnahme des Obersten Gerichtshofs der Vereinigten Staaten ab. Der Fall wurde gewonnen. Hier sind auszugsweise die Worte der Entscheidung:

Es dürfte im vorliegenden Fall nicht schaden, vor der Prüfung der Verfassungsfrage den Verlauf der Gesetzgebung sowie Meinungsäußerungen aus anderen richterlichen Quellen zur Kenntnis zu nehmen. In dem von Herrn Brandeis eingereichten Schriftsatz ... ist eine umfangreiche Sammlung all dieser Angelegenheiten enthalten. Die ... Gesetze und Meinungen, auf die Bezug genommen wird ... sind bezeichnend für die weit verbreitete Überzeugung, dass die körperliche Struktur der Frau und die besonderen Funktionen, die sie infolgedessen ausübt, eine besondere Gesetzgebung rechtfertigen, die die Bedingungen, unter denen ihr die Arbeit gestattet werden sollte, einschränkt oder näher bestimmt.

Es ist wahr, dass Verfassungsfragen nicht einmal durch einen Konsens der gegenwärtigen öffentlichen Meinung geklärt werden können die Wahrheit in Bezug auf die Tatsache, ein weit verbreiteter und seit langem verbreiteter Glaube darüber ist es wert, in Betracht gezogen zu werden. Wir kümmern uns gerichtlich um alle Sachverhalte des Allgemeinwissens....

, dass die körperliche Struktur der Frau und die Ausübung mütterlicher Funktionen sie im Kampf ums Überleben benachteiligen. Dies gilt insbesondere dann, wenn die Lasten der Mutterschaft auf ihr lasten. Selbst wenn sie nicht über einen längeren Zeitraum bei der Arbeit auf den Beinen bleibt, kann dies von Tag zu Tag wiederholt werden, was zu schädlichen Auswirkungen auf ihren Körper führen kann, und da gesunde Mütter für kräftige Nachkommen unerlässlich sind, ist dies nach zahlreichen Zeugnissen der Ärzteschaft unentbehrlich. Das körperliche Wohlergehen der Frau wird zum Gegenstand des öffentlichen Interesses und der Fürsorge, um die Stärke und Kraft der Rasse zu bewahren.

Niemand, der die tatsächliche Belastung für Wäschereiarbeiterinnen kannte, niemand, der gesehen hatte, wie sie am Ende eines langen Tages regungslos und taub vor Müdigkeit dalagen oder aus Ruhegründen auf Essen verzichteten, konnte diesen mitreißenden Worten des Größten ungerührt zuhören Gericht unseres Landes.

Das beredteste Merkmal der Aussage des Obersten Gerichtshofs war die Tatsache, dass sie im Wesentlichen einfach auf einer klaren, menschlichen

Wahrheit beruhte, die fest und umfassend festgestellt wurde, und die auf Respekt nicht nur für die Vergangenheit, sondern für die Zukunft der gesamten Nation beruhte.

Allzu oft hört man, dass „Gesetz nichts mit Gerechtigkeit zu tun hat", bis man glauben könnte, dass das Gesetz um des Gesetzes willen und nicht als Mittel zur Befreiung von Ungerechtigkeit geschaffen wurde. „Das Ende eines Rechtsstreits ist Gerechtigkeit. Wir glauben, dass Wahrheit und Gerechtigkeit heiliger sind als jede persönliche Überlegung." Dies war die Vorstellung vom Amt des Gesetzes, die Richter Brewer zwanzig Jahre zuvor bei seiner Ernennung zum Obersten Gerichtshof zum Ausdruck gebracht hatte. Es war diese Rechtsauffassung, die die Entscheidung im Fall Oregon zu einer großen Entscheidung in der Geschichte unseres Landes machte.

Seit jeher sind sowohl Frauen als auch Männer Arbeiter der Welt. Das entscheidende Merkmal der Aussage, dass derzeit sechs Millionen Frauen in diesem Land erwerbstätig sind, ist nicht der „Eintritt" zahlreicher Frauen in die Industrie, sondern die Tatsache, dass ihre Industrie, die jetzt öffentlich statt privat betrieben wird, anerkannt und anerkannt wurde bezahlt. Diese Anerkennung hat dazu geführt, dass der Bundesgerichtshof gerechtere Bedingungen für die Arbeit von Frauen festgelegt hat . Eine solche Einrichtung ist, wie das Gericht bestätigte, sicherlich ein deutlicher Gewinn, nicht nur für Frauen, sondern auch für Kinder, Männer und die Rasse.

Als die Zubereitung von Nahrungsmitteln und Kleidung, die traditionelle Hausarbeit der Frauen, mit der Erfindung der Maschinen weitgehend von Haushaltsfeuern und Spinnrädern auf die Konservenfabriken und den Bekleidungshandel überging, setzten Frauen ihre traditionelle Arbeit stattdessen einfach außerhalb ihrer Häuser fort In ihnen. [42] Die Berichte über das Wäscherei-, Hemden- und Mantelherstellungsgewerbe in New York scheinen zu zeigen, dass ihre Arbeit dort, wo Männer und Frauen im gleichen Tätigkeitsbereich tätig sind, aufgrund einer natürlichen Aufteilung nicht konkurrenzfähig ist antagonistisch, aber komplementär. In der Tat ist es so wenig antagonistisch, dass der allererste Funke, der das Feuer des größten Frauenstreiks, der jemals in diesem Land stattgefunden hat, entzündet hat, durch eine beleidigende Ungerechtigkeit gegenüber einem Mann entfacht wurde.

Die Chroniken darüber, was selbsttragende Frauen in ihrer Arbeit an Lohn und Lebenskraft gegeben und erhalten haben, die Budgets dieser arbeitenden Mädchen, die von der Consumers' League erhalten wurden, werden ihre Geschichte nicht wahrheitsgetreu erzählt haben, wenn sie mit ihrer Erzählung nicht die Präsenz von hervorgerufen haben das unpersönliche Gefühl des richtigen Instinkts bei den Fabrikmädchen, die Jahr für Jahr nach Albany fahren, um gegen die langen Weihnachtsstunden der Ladenmädchen anzukämpfen, bei den Umhangmacherinnen in ihrem Bemühen, die schweißtreibende Hausarbeit zu beenden, im verantwortungsvollen gesunden Menschenverstand unzähliger berufstätiger Frauen. Damit die Tatsache, dass mittlerweile sechs Millionen Frauen in diesem Land erwerbstätig sind, endlich zu klügeren Anpassungen und gerechteren Erträgen für die Arbeit führen kann, nicht nur für Frauen, sondern für alle Arbeitnehmer auf der Welt.

<hr>

FUSSNOTEN:

[33] Der Schweregrad lässt sich anhand eines Berichts über die Arbeit verdeutlichen, die ein Wäschemangel in Illinois vor der Verabschiedung des Zehn-Stunden-Gesetzes von Illinois regelmäßig verrichtete, als die Bedingungen in diesem Bundesstaat in den Hotel- und Krankenhauswäschereien von New so waren wie heute York. Miss Radway bügelte täglich fünfhundert Hemdblusen. Sie hielt den losen Teil des Hemdes über ihren Kopf, um zu verhindern, dass sich der Musselin im Bügeleisen verfängt, und drückte den Busen in einer Maschine, die von drei schweren Stufen bedient wurde – indem sie ihr gesamtes Gewicht auf ihren rechten Fuß verlagerte und auf ein Pedal trat Nach rechts; dann indem sie ihr gesamtes Gewicht auf ihren linken Fuß verlagert und ein Pedal nach links niedertritt; dann durch sprunghaftes Durchdrücken beider Pedale. Um fünfhundert Hemdbusen zu bügeln, waren dreitausend Schritte pro Tag erforderlich.

[34] Landesarbeitsgesetz, Absatz 81. – Schutz von Arbeitnehmern, die Maschinen bedienen: „... Wenn sich eine Maschine oder ein Teil davon in einem gefährlichen Zustand befindet oder nicht ordnungsgemäß geschützt ist, kann der Einsatz derselben vom Arbeitskommissar verboten werden , und ein entsprechender Hinweis muss beigefügt werden. Dieser Hinweis darf nicht entfernt werden, bis die Maschine sicher gemacht wurde und die erforderlichen Sicherheitsvorkehrungen getroffen wurden, und in der Zwischenzeit dürfen solche unsicheren oder gefährlichen Maschinen nicht verwendet werden."

[35] Hier ist ein Brief der Sekretärin der Women's Trade-Union League, in dem sie die Ergebnisse der Organisation im Wäschereigewerbe im Westen darlegt: „Die Wäschereiarbeiterinnen in San Francisco konkurrierten vor acht Jahren mit den chinesischen Wäschereien. Die Mädchen." Die Arbeit in den

Wäschereien dort verdiente etwa 10 Dollar im Monat und hatte das Privileg, dort zu leben. An drei Tagen in der Woche begannen sie um 6 Uhr mit der Arbeit und arbeiteten bis 2 Uhr am nächsten Morgen. An den anderen drei Tagen arbeiteten sie von 7 bis 20 Uhr. Seit der Gründung haben sie den Neun-Stunden-Tag und den Mindestlohn von 7 US-Dollar eingeführt . Sie haben ihre Organisation fast über die gesamte Länge der Pazifikküste ausgedehnt."

[36] Einen besseren Überblick über die Lohnstandards für alle Wäschereiabteilungen, in denen Frauen beschäftigt sind, kann vielleicht die folgende Tabelle geben. Mit dem Wort „Standard" meine ich den üblichen Lohn eines Arbeiters mit durchschnittlicher Qualifikation, der seit mindestens einem Jahr in einer Wäscherei arbeitet.

Handstärken (Hemden)	13 $
Handbügeln	10
Handstärken (Halsbänder)	9
Händewaschen	8
Maschinelles Bügeln	7
Feeder	6
Ordner	6
Fänger	5
Maschinenstärkung (Hemden)	5
Kragen bügeln	5
Maschinelles Stärken (Halsbänder)	4,50
Shaker	4,50

[37] Einer der Vorschläge, die die Ermittler im Hinblick auf die Verletzungsgefahr gemacht hatten, war die Empfehlung zur Verabschiedung des State Compensation Act, der von der gemeinsamen Konferenz der Central Labour Bodies der Stadt New York ausgearbeitet wurde. Dieses Gesetz wurde im September 1910 zum Gesetz, wurde jedoch seitdem (22. Juli 1911) für verfassungswidrig erklärt.

[38] Gesetze von New York, Kapitel 229, Abschnitt 1, Absatz 88. Wurde am 6. Mai 1910 zum Gesetz.

[39] Laws of New York, Kapitel 31 der Consolidated Laws, geändert am 1. Juli 1909, Absatz 86. Vorschlag der Nachfrager: Dieses Gesetz wäre einfacher durchzusetzen, wenn eine Änderungsklausel vorschreiben würde, dass in Wäschereien gewaschen werden muss in einem vom Rest der Arbeit getrennten Raum.

[40] Laws of New York, Kapitel 3 der Consolidated Laws, geändert am 1. Juli 1909, Absatz 86.

[41] „Kein Staat darf ein Gesetz erlassen oder durchsetzen, das die Vorrechte oder Immunitäten der Bürger der Vereinigten Staaten einschränkt; auch darf kein Staat einer Person ohne ordnungsgemäßes Gerichtsverfahren das Leben, die Freiheit oder das Eigentum entziehen oder dies verweigern." jeder Person in seinem Zuständigkeitsbereich den gleichen Schutz durch die Gesetze."

[42] Jane Addams, „Demokratie und Sozialethik".

Kapitel VII

WISSENSCHAFTLICHES MANAGEMENT IN DER ANWENDUNG AUF DIE ARBEIT VON FRAUEN

In den letzten dreißig Jahren wurde in verschiedenen Betrieben der Vereinigten Staaten eine neue Methode der Arbeitsführung eingeführt, die sogenannte Wissenschaftliche Unternehmensführung, darunter „Maschinenwerkstätten und Fabriken, Stahlwerke und Papierfabriken, Baumwollspinnereien und Schuhgeschäfte, in Bleichereien und Färbereien". arbeitet, in Druckereien und Buchbindereien, in Lithographiebetrieben, in der Herstellung von Schreibmaschinen und optischen Instrumenten, in Bau- und Ingenieurarbeiten – und in gewissem Umfang auch in den Fertigungsabteilungen der Armee und der Marine." [43]

Drei der durch dieses neue System mehr oder weniger umstrukturierten Unternehmen in diesem Land beschäftigen weibliche Arbeitnehmer. Bei diesen Betrieben handelt es sich um eine Baumwollspinnerei in New Jersey, eine Bleicherei in Delaware und eine Textilveredlungsfabrik in Neuengland. Die Kostensenkung für die Eigentümerfirmen, die das Wissenschaftliche Management einführen, hat bereits große Aufmerksamkeit erregt. Ziel dieses Berichts ist es, eine möglichst klare Chronik der Auswirkungen zu präsentieren, die die Methoden des wissenschaftlichen Managements auf das Vermögen der Arbeiter hatten – insbesondere auf die Arbeitszeiten, die Löhne und die allgemeine Gesundheit der Frauen Arbeiter in diesen Häusern, die bisher die Ausbildung erlebt haben. [44]

Was sind nun die neuen Managementprinzipien, die eingeführt wurden? Was ist Wissenschaftsmanagement? Für Laienleser lässt sich der Ausdruck vielleicht am besten von einem Laienautor definieren, indem er einen Überblick über die Entwicklung seiner Arbeitsprinzipien in diesem Unternehmen gibt – einen Überblick, der so weit wie möglich in den Worten der Ingenieure nachgezeichnet wird, die das System entwickelt haben, deren Höflichkeit in Die Angelegenheit wird hier dankbar zur Kenntnis genommen.

ICH

Im Jahr 1881 schloss Herr Frederick W. Taylor, der weithin verehrte Autor von „The Art of Cutting Metals" und von „Shop Management", damals ein junger Mann von 21 Jahren, in großer Entmutigung einen langen, harten und siegreichen Wettbewerb ab seiner Zeit als Gangsterboss der Maschinisten der Midvale Steel Company in Pennsylvania. Im Laufe der letzten drei Jahre berichtet er in seinem Buch „Academic and Industrial Efficiency ": [45]

Durch die Entlassung von Arbeitern, die Senkung der Löhne der hartnäckigeren Männer, die sich weigerten, Verbesserungen herbeizuführen, die Senkung des Akkordlohnsatzes und andere ähnliche Methoden gelang es ihm (dem Autor), die Leistung der Maschinen in einigen Fällen erheblich zu steigern Fälle, in denen sich die Produktion verdoppelte, und er wurde von einem Gangsterboss zum anderen befördert, bis er Vorarbeiter der Werkstatt wurde ... Für jeden vernünftigen Mann ist dieser Erfolg jedoch keineswegs eine Entschädigung für die erbitterten Beziehungen die er gegenüber allen um ihn herum aufrechterhalten muss. Das Leben, das aus einem ständigen Kampf mit anderen Menschen besteht, ist kaum lebenswert. Bald nach seiner Ernennung zum Vorarbeiter beschloss er daher, entschlossene Anstrengungen zu unternehmen, um das Managementsystem so zu ändern, dass die Interessen der Arbeiter und der Arbeiter berücksichtigt werden Das Management sollte gleich statt antagonistisch werden.... Er erhielt daher die Erlaubnis von Herrn William Sellers, dem Präsidenten der Midvale Steel Company, etwas Geld für eine sorgfältige wissenschaftliche Untersuchung der Zeit aufzuwenden, die für die Erledigung verschiedener Arten von Arbeiten erforderlich ist .

Der Mangel an Informationen sowohl seitens der Arbeitnehmer als auch des Managements darüber, wann eine Arbeit am schnellsten erledigt werden kann, stellt das gewaltigste Hindernis auf dem Weg zu allen Fortschritten hin zu verbesserten industriellen Bedingungen dar ... Jede Verschwendung Operation, jeder Fehler, jede nutzlose Bewegung muss von irgendjemandem bezahlt werden, und auf lange Sicht müssen sowohl der Arbeitgeber als auch der Arbeitnehmer einen angemessenen Anteil tragen ... Für jeden Job gibt es die schnellste Zeit, in der er erledigt werden kann gemacht von einem erstklassigen Mann; Diese Zeit kann für diesen Zweck als „Standardzeit" bezeichnet werden ... Unter allen gewöhnlichen Systemen ist diese schnellste Zeit mehr oder weniger vollständig in Nebel gehüllt.

Über einen Zeitraum von etwa zwölf Jahren wurden nun die einfachsten Vorgänge in der Werkstatt von Absolventen naturwissenschaftlicher Studiengänge und verschiedenen Universitätsmännern im Auftrag von Herrn Taylor zeitlich festgelegt, beobachtet und studiert, bis ein allgemeines Gesetz bezüglich der Ausübung physikalischer Energie entdeckt wurde Ein erstklassiger Arbeiter könnte „anstellen und unter ihm gedeihen". Es wurde festgestellt, dass die Ermüdungsresistenz des Arbeiters beim Heben und Tragen der Last nicht von der Menge an Kraft in Pferdestärken abhing, die er zum Heben und Halten der Last aufwenden musste, sondern vom Anteil seines Tages, den er damit verbrachte im Ruhezustand. Zum Beispiel könnte ein Roheisenhändler, der Schweine mit einem Gewicht von jeweils 92 Pfund hebt und trägt, an einem Tag 47 Tonnen Eisen ohne übermäßige Ermüdung heben und tragen, wenn er 57 Prozent seiner Arbeitsstunden in Ruhe verbringt und 40 Drei Prozent wurden für die Arbeit aufgewendet. Wenn er eine Anzahl von Schweinen im Umfang von der Hälfte dieser Tonnage heben und an ihren Platz bringen würde, könnte er den größten Teil des Tages ohne übermäßige Ermüdung arbeiten. Unter einer bestimmten, weitaus geringeren Belastung konnte er den ganzen Tag ohne Ermüdung und ohne jegliche Pause arbeiten.

Auf der Grundlage einer genauen Zeitstudie ist der „schnellste Zeitpunkt" für jeden Auftrag sowohl für Arbeitgeber als auch für Arbeitnehmer jederzeit klar erkennbar und wird mit Genauigkeit, Präzision und Geschwindigkeit erreicht. [46]

OPERATION – SCHUBKARRENAUSHUB . Datum, 10. März 189 –

	Op.	Zeit	Ein V.	Nein. Shov.	Op.	Zeit	Ein V.	Nein. Shov.	Op.	Zeit	Ein V.	Nein. Shov.	Op.	Zeit	Ein V.
Abteilung – Bauwesen	A	1,37	1,37	15	A	1.12	1.12	12	A'	1,86		11			
Männer – Mike Flaherty	B	1,56	0,19		B	1,39	0,27		A'	1,81		13			
	C	1,82	0,26		C	1,58	0,19		A'	2.14		16			
Materialien – Sand, der keine Spitzhacke erfordert	D	1,97	0,15		D	1,70	0,12		A'	1,98		14			
Materialien: Harter Ton in der Bank	e	1,97	0,15		e	1,92	0,22								
Geräte – Nr. 3 Schaufel; Holzschubkarre für Bauunternehmer	F	2.36	0,09		F	2.36	0,09								
Bedingungen – Tagarbeit für einen Auftragnehmer.	A	1.24	1.24	13	A	2.05	0,13	13							

Nach vorheriger Beobachtung							
Eine durchschnittliche Sandkarrenladung beträgt 2,32 Kubikmeter. ft. gemessen im Schnitt	B	1,36	0,12		B	1,38	0,15
Eine durchschnittliche Tonkarrenladung beträgt 2,15 Kubikmeter. ft. gemessen im Schnitt	C	1,59	0,23		C	1,60	0,22
	D	1,83	0,24		D	1,78	0,18
	e	2.08	0,25		e	2.05	0,27
	F	2.23	0,25		F	2.23	0,18

Zeit	Schließen Sie die Operationen ab	Gesamtzeit min.	Gesamtkommissionierung min.	Gesamtschaufeln und -rollen min.	Zeiten pro Schubkarre min.	Detailoperationen	Kein Probl
7 UHR MORGENS	Mit dem Laden von Sand begonnen						
9.02	43 Lasten wurden über eine Distanz von 50 Fuß gerollt.	122		122	2,84	a – Karren mit Sand füllen	4
9.50	Harten Ton pflücken	48				b – Beginnt	4
11.39	29 Ladungen Lehm wurden über eine Distanz von 50 Fuß gerollt.	109				c – Volle Fahrt – 50 Fuß.	4

Zeit	Operation					Bemerkungen
11.46	Wieder Ton pflücken	7	55		1,67	d – Auskippen und Wenden
12.01	4 Ladungen Lehm wurden über eine Entfernung von 50 Fuß gerollt.	15		124	3,76	e – Rückkehr leer – 50 Fuß.
		301				f – Schubkarre fallen lassen und mit dem Schaufeln beginnen
						G-
						H-
						ich –
						J-
						k—
						l—
						M-
						a' – Karren mit Lehm füllen

HINWEIS : Ein Vergleich der Operationen „Detail" und „Vollständig" zeigt, dass etwa 27 Prozent der Gesamtzeit für Ruhezeiten und andere notwendige Verzögerungen aufgewendet wurden. Ungefähr die gleiche Menge lose wie am Anfang. Beobachter: JAMES MONROE .

Hier ist ein Bericht über die Auswirkungen, die das Ergebnis dieser Zeitstudie und dieser Festigkeitstests auf die Produktion und den Lohn einer Gruppe von Männern bei der Bethlehem Steel Co. hatte, deren Arbeit Mr. Taylor nach der der Midvale Steel Company neu organisierte :—

Zu Beginn des Spanischen Krieges wurden auf einem offenen Feld neben den Werken der Bethlehem Steel Company etwa 80.000 Tonnen Roheisen in kleinen Haufen aufgestapelt. Die Preise für Roheisen waren so niedrig, dass es nicht mit Gewinn verkauft werden konnte und daher gelagert wurde. Mit Beginn des Spanischen Krieges stieg der Preis für Roheisen und diese große Eisenmenge wurde verkauft. Die ... Roheisen-Truppe ... der ... Stahlfirma ... bestand aus etwa 75 Männern ... guten durchschnittlichen Roheisenhändlern unter einem hervorragenden Vorarbeiter ... Eine Eisenbahnweiche wurde direkt auf das Feld hinausgeführt der Rand der Roheisenhaufen. Eine schiefe Ebene wurde an die Seite eines Wagens gelegt, und jeder Mann nahm von seinem Stapel einen etwa 45 Kilogramm schweren Eisenrohling, stieg die schräge Planke hinauf und ließ ihn auf das Ende des Wagens fallen.

Wir fanden heraus, dass diese Bande auf diese Weise durchschnittlich etwa 12½ Tonnen pro Mann und Tag verlud. Nachdem wir die Angelegenheit untersucht hatten, stellten wir überrascht fest, dass ein erstklassiger Roheisenumschlag zwischen 47 und 48 Tonnen pro Tag bewältigen sollte, statt der 12½ Tonnen, die umgeschlagen wurden.

Diese Aufgabe schien so groß, dass wir unsere Arbeit mehrmals durchgehen mussten, bevor wir sicher waren, dass wir völlig richtig lagen ... Die Aufgabe, vor der wir als Manager im Rahmen des modernen wissenschaftlichen Plans standen ... bestand darin, ... zu sehen dass die 80.000 Tonnen Roheisen mit einer Rate von 47 Tonnen pro Mann und Tag anstelle von 12½ Tonnen auf die Waggons geladen wurden ... Es war außerdem unsere Pflicht, dafür zu sorgen, dass diese Arbeit durchgeführt wurde, ohne dass es zu einem Streik kam die Männer, ohne Streit mit den Männern, und um zu sehen, dass die Männer glücklicher und zufriedener waren, wenn sie mit der neuen Rate von 47 Tonnen verluden, als wenn sie mit der alten Rate von 12½ Tonnen verluden.

Der erste Schritt war die wissenschaftliche Auswahl der Arbeiter ... Unter ... wissenschaftlicher Leitung ... ist es eine unflexible Regel, jeweils nur mit einem Mann zu sprechen und zu verhandeln, da wir es nicht mit Männern in Massen zu tun haben , sondern versuchen, jeden einzelnen Menschen zu seinem höchsten Zustand der Leistungsfähigkeit und des Wohlstands zu entwickeln. Die 75 Männer der Bande wurden drei oder vier Tage lang sorgfältig beobachtet und untersucht. Am Ende dieser Zeit hatten wir vier Männer ausgewählt, von denen wir annahmen, dass sie körperlich in der Lage seien, Roheisen mit einer Geschwindigkeit von 47 Tonnen pro Tag zu handhaben. Anschließend wurde jeder dieser Männer sorgfältig untersucht. Schließlich wurde einer der vier Männer als der wahrscheinlichste Mann für den Anfang ausgewählt.

Dieser Mann, der 1,15 US-Dollar pro Tag erhalten hatte, erklärte sich bereit, für 1,85 US-Dollar pro Tag den Anweisungen des Zeitstudenten zu folgen, der den Anteil und die Ruheintervalle festgelegt hatte, die für die regelmäßige Bewältigung der Aufgabe ohne Überanstrengung oder übermäßige Ermüdung erforderlich waren. Der Arbeiter begann, seine gewohnte Last zu tragen, und in regelmäßigen Abständen wurde ihm vom Zeitschüler, der die richtige Ruhe- und Arbeitszeit mit einer Uhr einhielt, gesagt: „Jetzt nimm ein

Schwein und geh spazieren. Jetzt setz dich hin und ruh dich aus. Jetzt geh –
jetzt Ruhe usw."

Er ging, wenn man ihm sagte, er solle gehen, und ruhte sich aus, wenn man
ihm sagte, er solle sich ausruhen, und um halb fünf Uhr nachmittags wurden
seine 47½ Tonnen auf das Auto geladen. Und er versäumte praktisch nie, in
diesem Tempo zu arbeiten und die Aufgabe zu erfüllen, die ihm in den drei
Jahren, die der Schriftsteller in Bethlehem war, gestellt wurde ... Während
dieser Zeit verdiente er durchschnittlich etwas mehr als 1,85 Dollar pro Tag;
wohingegen er nie mehr als 1,15 Dollar pro Tag erhalten hatte, was zu dieser
Zeit in Bethlehem der übliche Lohn war ... Ein Mann nach dem anderen
wurde ausgesucht und in der Handhabung von Roheisen mit einer Rate von
47½ Tonnen pro Tag geschult, bis alle Der Roheisenhandel wurde zu diesem
Preis abgewickelt, und alle Mitglieder dieser Bande erhielten sechzig Prozent
mehr Lohn als die anderen Männer um sie herum.

Mit freundlicher Genehmigung von „Industrial Engineering "

DIE NEUE ART DER MATERIALVERSORGUNG DES MAURERS

Eine sehr brillante und ausführliche Untersuchung zur Beseitigung der
Verschwendung menschlicher Energie und Arbeit durch Bewegungsstudien
wurde unabhängig von Herrn Taylor von Herrn Frank Gilbreth
durchgeführt, dessen Entdeckungen auf diesem Gebiet bereits den
Arbeitsaufwand des Maurers verringert haben zwei Drittel. Die beiden
beigefügten Fotos zeigen, was das wissenschaftliche Management und die

Bewegungswissenschaft in einem Fall getan haben, um dem Arbeiter durch eine geordnete und praktische Anordnung seines Materials zu helfen.

Diese äußerst einfachen Vorgänge des Mauerns und des Roheisentransports wurden als Beispiele für das Verfahren des wissenschaftlichen Managements ausgewählt, weil sie eine seiner aufschlussreichsten Qualitäten offenbaren. Wissenschaftliches Management macht aus jeder Arbeit eine Kunst. Es gibt der primitivsten manuellen Aufgabe ihre rechte Würde und verwandelt Wissen, Wissenschaft und Führungskraft von der Position eines Tyrannen der Arbeit in die ihrer Diener.

Das wissenschaftliche Management beseitigt also nicht nur die Verschwendung menschlicher Energie, oder vielmehr durch die Beseitigung dieser Verschwendung, sondern beseitigt auch die Verschwendung von Ausrüstung und Maschinenleistung und entwickelt durch eine erweiterte Planungsabteilung bessere Geräte, ein verbessertes Arbeits- und Aufzeichnungsprogramm der Einzelarbeit, wie hier nur sehr unvollkommen angedeutet wurde.

Als Beispiel für die Eliminierung von Verschwendung in der Ausrüstung kann die Darstellung der Einsparungen angeführt werden, die ein Unternehmen durch die effiziente Nutzung seiner Förderbänder erzielt hat. Dies war die Arbeit von Herrn Harrington Emerson, der weithin als beratender Ingenieur bekannt ist. In den 70er Jahren interessierte sich Herr Emerson für das Thema Effizienztechnik durch seine Untersuchung des erfolgreichen Verhaltens der deutschen Armee während des Deutsch-Französischen Krieges; und er hat seitdem zahlreiche große Unternehmen gemäß den aus seiner Untersuchung abgeleiteten Grundsätzen neu organisiert. Zu diesen Betrieben gehörte eine Maschinenwerkstatt, in der Riemen hergestellt wurden [47]

„ Kosten (für Wartung und Erneuerung) in einer der Hauptwerkstätten etwa 12.000 US-Dollar pro Jahr – oder 1.000 US-Dollar pro Monat – und es war so schlecht installiert und überwacht, dass es jeden Arbeitstag durchschnittlich 12 Pannen gab, von denen jede mehr oder weniger kostete weniger Desorganisation der Pflanze in ihrem Teil oder als Ganzes." Die für die Bänder verantwortlichen Arbeiter erhielten nun Anweisungen zu ihrer Aufgabe von einem Generalvorarbeiter, der wiederum Anweisungen von einem Effizienzingenieur erhielt. Dieser Ingenieur hatte seine allgemeinen Informationen zu diesem Thema von einem Mann erhalten, der sich neun Jahre lang speziell mit Riemen beschäftigt hatte. Er legte einige allgemeine Regeln fest, die genaue Aufzeichnungen über Störungen, Reparaturen und Installationen, volle Befugnisse und Verantwortung für den Spezialarbeiter an den Bändern, eine bessere Arbeitsqualität bei der Installation und einen besseren Betrieb der Bänder vorsahen. Mit dieser Methode „sinkte die Zahl der Ausfälle von 12 pro Arbeitstag auf durchschnittlich 2 pro Tag, nicht einer davon schwerwiegend ... und aufgrund einer ursprünglich fehlerhaften Installation, die ohne ungerechtfertigten Aufwand nicht behoben werden konnte ...". Die Kosten für die Wartung der Riemen sanken von 1.000 US-Dollar pro Monat auf 300 US-Dollar pro Monat."

Diese Beseitigung der Verschwendung menschlicher Kraft und die damit verbundene Beseitigung der Verschwendung von Ausrüstung und Maschinenkraft wurden dann im Laufe der letzten dreißig Jahre in diesem Land in der von grob skizzierten Weise untersucht und angewendet Herr Taylor, Herr Gilbreth, Herr Gantt, Herr Sanford Thompson, Herr Barth, Herr Cook und Herr Hathaway; und in etwa der gleichen Weise von Herrn Harrington Emerson, Herrn Edward Emerson, Herrn WJ Power, Herrn Arion, Herrn Playfair und Herrn Chipman. Diese Ingenieure haben Methoden entwickelt, die es ihnen ermöglicht haben, die verschiedenen genannten Unternehmen, die sie konsultiert haben, neu zu organisieren, ihre Kosten zu senken und ihre Gewinne zu steigern. Es wird sofort ersichtlich, dass das Verfahren des wissenschaftlichen Managements, bei dem durch wissenschaftliche Analyse die Geschwindigkeit und die Arbeitsbedingungen bestimmt werden, unter denen Maschinenkraft und menschliche Energie gleichzeitig am produktivsten und kontinuierlichsten eingesetzt werden können, wirklich neu ist und sich grundlegend davon unterscheidet ehemalige Betriebswirtschaftslehre, jedoch geschickt systematisiert.

„Aber das", sagte Herr Taylor, als er über die Methoden des wissenschaftlichen Managements sprach, „sind Vorfälle im Verlauf des wissenschaftlichen Managements. Sein großes zugrunde liegendes Ziel ist die Erzielung von Wohlstand für die Arbeitnehmer und die Arbeitgeber." Mr. Taylors Definition von Wohlstand, die er bei einer anderen Gelegenheit gegeben hat, ist eine der besten, die der Autor dieses Buches je gehört hat. „Mit dem Wohlstand eines Menschen meine ich die bestmögliche Nutzung seiner höchsten Kräfte."

Nachdem die Leistungsfähigkeit der Arbeitnehmer durch wissenschaftliche Studien gesteigert wurde, kann man sich fragen, welche Vorkehrungen wissenschaftliche Studien für ihre höhere Vergütung treffen. Während Herr Taylor bei der Bethlehem Steel Company arbeitete, wandte Herr Henry L. Gantt, der damals mit ihm an der Umstrukturierung der Bethlehem Steel Works arbeitete, zunächst das Bonus- und Aufgabensystem der Vergütung an, das grob als Prämie beschrieben werden kann, die gezahlt wird, wenn a eine bestimmte vorgegebene Menge in einer bestimmten Zeit erreicht werden. Seine allgemeinen Grundsätze lauten wie folgt: [48] —

1. „Eine wissenschaftliche Untersuchung im Detail jeder Arbeit und die Festlegung der besten Methode und der kürzesten Zeit, in der die Arbeit erledigt werden kann."

2. „Ein Lehrer, der in der Lage ist, die besten Methoden und die kürzeste Zeit zu unterrichten."

3. „Belohnung für Lehrer und Schüler, wenn letzterer erfolgreich ist." [49]

II

Vor etwa fünf Jahren wurde Herr Gantt bezüglich der Anwendung des wissenschaftlichen Managements in einem Textilveredelungsbetrieb in New England konsultiert. Die Installation des neuen Systems begann hier am Vorabend eines Streiks, den die Arbeiter verloren. Die Geschichte dieses Streiks und seine Ursachen sind nicht Teil dieses Berichts. Nur diese diesbezüglichen Tatsachen haben für das vorliegende Thema Bedeutung. Der Streik begann unter den Ordnermännern, die damals 155 Stoffstücke pro Tag für einen Wochenlohn von 10 Dollar falteten und eine zehnprozentige Lohnerhöhung ohne Produktionssteigerung forderten. Der Lohn der Ordnerinnen für leichtere Arbeiten betrug 7,50 US-Dollar. Wie man sehen wird, wurde dieser Bitte von der wissenschaftlichen Leitung entsprochen. Der Lohn wurde um weit über zehn Prozent erhöht. Die Produktion wurde sowohl durch verbesserte mechanische Methoden als auch durch fachmännischere Arbeit von 447 auf 887 Stück pro Tag gesteigert. Die Ingenieure des Wissenschaftlichen Managements waren weder auf der einen noch auf der anderen Seite überhaupt an dem Streik beteiligt. Aber zweifellos war einer der Gründe dafür das Misstrauen, das durch das Gerücht geweckt wurde, dass ein neues Arbeitssystem eingeführt werden sollte.

Die Textilveredelungsanlage bleicht, stärkt und kalandriert Dimities, Musselin, Perkal und Hemden und faltet und verpackt sie für den Versand. Die Fabrik hat gutes Licht und gute Luft und eine ausgezeichnete Lage in offenem, leicht hügeligem Land. Ungefähr zweihundert junge Frauen, Amerikanerinnen, Schottinnen, Engländerinnen und Frankokanadierinnen, sind jetzt hier im Bonus- und Aufgabensystem beschäftigt, die meisten von ihnen, die ich mit ihren Familien in sehr attraktiven Häusern in hübschen Dörfern in der Nähe leben sah . Ein oder zwei befanden sich in den düsteren, schlammigen kleinen Straßen einer französisch-kanadischen Mühlenstadt. Auch diese Mädchen lebten in gut gebauten Häusern und nicht in überfüllten Verhältnissen. Aber ihre gesamte Umgebung war schmuddelig und unangenehm. In der Textilveredlungsfabrik und den beiden anderen Betrieben boten die Eigentümerfirmen den Arbeitern jede Gelegenheit, sich umfassend über die Auswirkungen des Systems auf sie zu informieren. Die Manager wiesen häufig auf die Schwierigkeiten der Branche für die Arbeitnehmer hin; und die Adressen und Namen der weniger gut bezahlten Arbeiter und derjenigen in härteren Positionen wurden ebenso freizügig zur Verfügung gestellt wie Informationen über die glücklicheren Auswirkungen des Systems. Sowohl dieses Unternehmen als auch das der Baumwollspinnerei sind bestrebt, so schnell, wie es die Handelsbedingungen erlauben, erstklassige Arbeit durch erstklassige Arbeitsbedingungen zu erhalten.

Der erste Prozess, bei dem Frauen beschäftigt sind, besteht darin, dafür zu sorgen, dass der Stoff gleichmäßig durch eine Spannmaschine läuft . Die Maschine hält an Spannhaken – den Haken der metaphorischen Referenz – das feuchte Tuch, das aus dem Bleichprozess stammt, und rollt es gleichmäßig in einen Trockner, wo es abrutscht. Es gibt zwei Arten von Spannmaschinen . Bei einer Art sitzen zwei Mädchen, jedes beobachtet eine Kante des Tuchs und hält es gerade auf den Spannhaken , damit es gleichmäßig gespannt wird. Die neueren Maschinen funktionieren so, dass ein Mädchen, das entweder stehen oder sitzen kann, beide Kanten beobachten kann. Aufgrund der Nähe des Trockenschranks wäre die Luft hier heiß und trocken, aber die Außenluft wird ständig von Ventilatoren durch Rohre mit Lüftungsöffnungen in der Nähe der Arbeiter eingeblasen.

Früher liefen die Spannmaschinen langsam. Diese Langsamkeit verstärkte die natürliche Monotonie und Ermüdung der Arbeit. Früher erhielten die Mädchen einen Lohn von 6 Dollar pro Woche und ruhten sich morgens eine dreiviertel Stunde und nachmittags eine dreiviertel Stunde aus, mit der gleichen Zeitspanne für das Abendessen mitten in der Mittagszeit -eine halbe Stunde am Tag. Nachdem Scientific Management eingeführt wurde, saßen die Mädchen nur noch eine Stunde und zwanzig Minuten am Stück. Anschließend ruhten sie sich zwanzig Minuten lang aus, und diese Arbeits- und Ruhepausen wurden den ganzen Tag über durch eine Schreibweise mit „Ersatzhänden" fortgesetzt. Die Maschinen liefen schneller als zuvor. Die Aufgabe des Mädchens bestand darin, an einem Tag 32.000 Meter zurückzulegen; und wenn sie den Bonus erreichte, was ihr ohne Schwierigkeiten gelang, könnte sie 9 Dollar pro Woche verdienen. Die Leistung der Spannmaschinen wurde um rund 60 Prozent gesteigert.

Die Mädels an den Spannmaschinen lobten begeistert das Bonussystem. Sie sagten, sie könnten es nicht ertragen, zur früheren Arbeitsweise zurückzukehren; dass die Arbeit jetzt einfacher und interessanter war als zuvor und die Bezahlung und die Stunden besser waren. Eine der „Ersatzhänden" zeigte mir als Andenken an eine neue Ära der Spannhakenmaschinen den schriftlichen Zettel, den ihr der Effizienzingenieur gegeben hatte und der ihr erklärte, wie sie die Ruhepausen einteilen und starten sollte die „Ruhe" mit einem anderen Mädchen an jedem Samstag – einem Fünf-Stunden-Tag –, damit dieselben Mädchen nicht jeden Samstag drei Ruhepausen hatten.

Aber in einem anderen Teil der Fabrik hatten die Mädchen an den Spannmaschinen den Wunsch geäußert, ihre Ruhepausen zusammenzufassen und sie jeweils in Fünfzig-Minuten-Abschnitten am Vormittag und am Nachmittag einzulegen. Hier waren die „Reserve-Hands"-Abstände an den Maschinen ungünstig, und die Maschinen mussten unangemessen lange arbeiten. Die Mädchen waren von der Monotonie dieser längeren Arbeitsabschnitte erschöpft; und ermüdeten sich in den langen Ruhezeiten zusätzlich mit dem Sticken und Nähen an ausgefallenen Arbeiten. Hier waren die Mädchen deutlich unzufriedener als in den anderen Abteilungen. [50]

Nachdem der Stoff trocken ist und durch Kalandriermaschinen geleitet wird , in denen Männer beschäftigt sind, wird er von einer Yard-Maschine oder „Hooker" in Meterlängen verarbeitet. An den Nähmaschinen stehen die Mädchen unter dem Rahmen und halten die Holzarme, mit denen sie den Stoff hin und her messen. Früher verdienten die Arbeiter hier 7,50 Dollar pro Woche. Sie beobachten die Maschine, markieren Mängel in einigen Stoffarten, indem sie Papierstreifen einlegen, stoppen die Maschine, wenn das Material aufgebraucht ist, und heben den abgemessenen Stoffstapel auf einen Tisch, wo er von den Zuschneidern, Faltern und Prüfern aufgenommen wird .

Nachdem das Bonussystem an den Maschinen eingeführt wurde, an denen das schwerere Material gemessen wird, wurden alle Yard-Maschinen auf kleine Plattformen angehoben, so dass der Stapel nach Fertigstellung auf gleicher Höhe mit einem benachbarten Tisch lag und der Arbeiter ihn nicht heben und tragen musste das schwere Gewicht des Stoffes auf dem Tisch, konnte aber die Arbeit verrutschen lassen. Die Maschine wurde schneller betrieben. Die Aufgabe wurde auf etwa 35.000 Yards oder von etwa 155 Stück auf etwa 610 erhöht. Der Lohn mit der Prämie betrug jetzt etwa 10 US-Dollar für Vollzeit, und die Stunden wurden wie an den Spannmaschinen um 45 Minuten verkürzt .

Die Arbeiterin stoppt die Gartenmaschine, indem sie ihr Gewicht mit ihrem rechten Fuß auf ein Pedal auf der rechten Seite verlagert. Die befragten Mädchen gaben an, dass sie dies nicht als Belastung empfanden, da es ihnen leicht fiel, es zu bewerkstelligen. Bei der Rücksprache mit einem Nachbarschaftsarzt stellte sich jedoch heraus, dass sich in den letzten zehn Jahren mehrere Frauen sowohl an der Yard- als auch an der Spannmaschine überanstrengt hatten, wahrscheinlich durch die Trittfläche an der Yard-Maschine und durch die leicht verdrehte Sitzposition der älteren

Spannmaschine Maschinen notwendig. Die Zahl dieser Fälle, die auf einen einzelnen Arbeitsprozess zurückzuführen sind, sei unter dem neuen System nicht gestiegen. Die Gesamtzahl dieser Fälle in der Fabrik sei dagegen durch das neue System entweder zurückgegangen oder sei nicht in die Obhut dieses Arztes geraten. Er glaubte jedoch, dass es zu einem Rückgang der Fälle gekommen sei und dass dieser Rückgang auf den besseren allgemeinen Gesundheitszustand zurückzuführen sei, der durch kürzere Arbeitszeiten, bessere Belüftung sowie bessere Arbeitsbedingungen und -geräte erreicht werde.

Mit freundlicher Genehmigung von „Industrial Engineering "

DIE ÜBLICHE ART, DEN MAURER MIT MATERIAL ZU VERSORGEN

Durch die erhöhte Tätigkeit an der Gartenmaschine scheint die Unfallgefahr zugenommen zu haben. Ein Messer ragt seitlich aus der Maschine heraus; und wenn die Aufmerksamkeit des Mädchens auf ihre Arbeit konzentriert ist, bringt sie manchmal ihre Finger zu nahe an die Klinge und schneidet sie, obwohl hier kein Fall des Verlusts eines Fingers oder einer ernsthaften Verletzung bekannt ist.

Die Mädchen stehen den ganzen Tag an der Gartenmaschine und den meisten darauf folgenden Vorbereitungsprozessen. Dabei handelt es sich um verschiedene Arten der Inspektion, des Zählens von Yards, des Faltens von

„Buchfalten" aus doppeltem Material oder von „langen Falten" über die gesamte Breite, des Ausstellens und Stempelns von Tickets, des Zusammenbindens von Webkanten mit Seidenfaden oder des Anbindens an Packpapier Mit Hilfe eines kleinen Instruments, das Knotentier genannt wird – dieser Prozess wird als Knüpfen bezeichnet – Binden mit Bändern, Aufkleben von Streifen aus silbernem Gewebeband, weiteres Ausstellen und Stempeln der Tickets und Durchlaufen der Ticketsätze mit Angabe der mehreren Yards in jedem Stück durch einen Addiermaschine, die dann auf einer gestempelten Karte die Gesamtzahl der Yards jeder Sendung ausgibt, bevor sie schließlich zum Versand gebracht wird.

Der Inspektionsprozess ist je nach Materialqualität unterschiedlich. Bevor das Material gebleicht wird, werden die Anzahl der Yards und die Art der Behandlung für jedes Stück auf abgestempelten Aufträgen angegeben, die vom Planungsraum ausgegeben und zusammen mit dem Stoff durch die Produktionsprozesse geschickt werden. An dieser Stelle kann man auch sagen, dass mehrere Mädchen von manuellen Arbeiten zu Arbeiten in diesem Planungsraum befördert wurden, wo sie Aufträge stempeln, und zwar gegen einen Bonus in unterschiedlichen Sätzen, was ihnen bei Vollzeit im Büro einen Lohn von etwa 10 US-Dollar pro Woche einbringt Stunden von 8 Stunden am Tag. [51]

Der Inspektor, der die Ballen von den Gartenmaschinen erhält, zählt nun die Anzahl der Yards und schneidet den Ballen gemäß diesen Anweisungen. Manches Material prüft sie Meter für Meter auf Unvollkommenheiten und Schmutz. Nachdem sie die Yards auf dem zugeschnittenen Stück markiert hat, schickt sie es an den Ordner, wenn es sauber ist, und wenn es Flecken aufweist, an Mädchen, die die Flecken auswaschen und das Tuch bügeln. [52] Auf anderem Material werden Unvollkommenheiten vom Mädchen an der Nähmaschine durch das Einlegen von Zetteln markiert. Da die Kontrolleurin mit diesen Teilen weniger zu tun hat, zählt und schneidet sie sie nicht nur, sondern faltet sie auch.

Vor der Einführung des Bonussystems pflegte ein Mädchen zu falten, zu kontrollieren und ein Ticket zu erstellen. Sie trug ihr Material auch von einem Tisch in der Nähe der Gartenmaschine. Jungen bringen jetzt das Material mit, außer dass es an den Schneidmaschinen für schwerere Materialien über den Tisch geschoben wird. Die Arbeitszeit wurde, wie bei fast allen Bonusarbeitern, um 45 Minuten verkürzt. Der Lohn, der früher 7,50 Dollar pro Woche betrug, liegt jetzt bei Vollzeit zwischen 10 und 11 Dollar. Fast alle Arbeitnehmer hier gaben an, dass sie das Bonussystem sehr bevorzugen und sehr ungern an einen anderen Arbeitsplatz zurückkehren würden.

Doch die Arbeit mit den schwereren Materialien war ermüdend, und zwar unter dem neuen System ermüdender als zuvor, da die Anzahl der angehobenen Teile erhöht worden war. Es wurde gesagt, dass das Management bei der Organisation der Arbeiten durchaus auf Fairness bedacht sei; In schwachen Zeiten war die Arbeitsleistung manchmal nicht gleichmäßig verteilt , da dieselben Mädchen immer wieder entlassen wurden und dieselben Mädchen sich dafür entschieden, wiederholt statt im Wechsel zu arbeiten.

Bei den weiteren Faltvorgängen ist ein Teil der Arbeit und das Heben der blanken, buchgefalteten Sachen zu den Stapeln leicht, erfordert aber große Geschicklichkeit; andere Teile der Arbeit und das Heben zu den Pfählen sind schwerer. [53] Der Lohn betrug vor Einführung des Bonus 7,50 US-Dollar pro Woche und stieg mit dem Bonus auf 11 US-Dollar pro Woche bei Vollzeitbeschäftigung. Wie bei den Kontrolleuren wurde die Arbeit nun in die Ordner gebracht und die Stunden um 45 Minuten verkürzt. Hier gab es große Unterschiede in der Darstellung des Systems.

Eine der Faltblätter über leichte Arbeit, eine wunderbar geschickte junge Frau, die am Tag zuvor 155 Teile gefaltet hatte und jetzt 887 gefaltet hatte, konnte ihre Aufgabe ohne Erschöpfung weit übertreffen und bis zu 15 Dollar pro Woche verdienen. Sie und einige der Fachkräfte machten mitten am Vormittag eine 10- bis 15-minütige Ruhepause und aßen Obst oder andere leichte Erfrischungen, und manchmal gönnten sie sich am Nachmittag noch einmal eine solche Ruhepause.

Eine andere starke Arbeiterin, die schweres Material bearbeitete, obwohl ihr das Bonussystem gefiel und sie sagte „es könnte nicht besser sein", war bei der Arbeit geblieben und hatte ungefähr den gleichen Lohn wie zuvor, weil sie den anderen vor und ein wenig voraus war verdiente 8 Dollar pro Woche; und jetzt, da es kaum mehr als genug Arbeit ihrer Art gab, um sie mehr als vier Tage in der Woche zu beschäftigen, verdiente sie immer noch etwa 8 Dollar.

Eine Ordnerin war sehr nervös, weil sie ständig befürchtete, ihren Bonus nicht zu verdienen. Sie hat immer die erforderliche Menge erledigt; Doch als das System zum ersten Mal eingeführt wurde, war sie Nacht für Nacht schlaflos gewesen. Obwohl diese Schlaflosigkeit vorüber war, nahm sie immer noch ein Nervenstärkungsmittel, um sich bei ihrer Arbeit zu stärken; und das war bei einem anderen Ordner der Fall. Die Mütter dieser beiden Mädchen drängten sie, zur Wochenarbeit zurückzukehren. Aber das war von schlechter Qualität – mit allen möglichen Kleinigkeiten – und den Mädchen gefiel es nicht und sie beharrten auf dem neuen System.

Während sie Bänder um die Stoffballen binden, sitzen die Mädchen bei der Arbeit. Ihr Lohn betrug 1 Dollar pro Tag für das Binden von etwa 600 Bändern; und jetzt, bei einem Bonus von 1200 Stück, beträgt er für schnelle Arbeiter zeitweise bis zu 11 $. Aber das Binden der Bänder war keine feste

Arbeit. Es wird nur auf einen Teil des Materials angewendet und die Aufgabe und der Bonus sind hier sporadisch. Die Mädchen, die Seidenfäden knüpfen oder durch die Webkanten ziehen, Lamettaband aufkleben und einwickeln, sind jünger als die anderen Arbeiterinnen. Ihr Lohn lag zuvor zwischen 5,80 und 6 Dollar pro Woche. Mittlerweile liegen sie teilweise über 8 $; in anderen etwa 7 $; in anderen etwa 6 $. Das Werk erreicht sie in einem besseren Zustand als zuvor. Sie sagten, es sei interessanter und die Hauptschwierigkeit bestehe darin, gelegentlich eine größere Anzahl schwerer Stücke in Stapeln anzuheben. Für diese Arbeiter wurden Sitzplätze bereitgestellt, mit Ausnahme derjenigen, die beim Flittern arbeiteten ; und wenn sie feststellten, dass sie die Aufgabe leicht erledigen konnten, setzten sie sich an die Arbeit. Bei der schwereren Arbeit arbeiteten das Gartenmädchen, der Falter, der Knüpfer und der Ticketer alle im Tandem, und wenn das Gartenmädchen ihren Bonus verliert, verlieren alle Mädchen den Bonus.

Beim letzten Vorgang des Stempelns und Ausstellens der Fahrscheine arbeiten die Mädchen ohne eine einzige überflüssige Bewegung, mit einer Geschicklichkeit, die sehr schön anzusehen ist; und sowohl hier als auch beim Buchfalten rechtfertigen sie die Behauptung von Scientific Management, dass Geschwindigkeit eine Funktion der Qualität sei. Der Lohn betrug hier vorher 6 Dollar, jetzt lag er in Vollzeit bei 9 bis 10 Dollar. Da die Aufgabe zuvor mit verschiedenen anderen Prozessen kombiniert worden war, war es wie in anderen Fällen nicht möglich, festzustellen, um wie viel sich die Arbeit jedes einzelnen Arbeiters erhöht hatte. Die vorliegende Aufgabe bestand darin, stündlich 39 Pakete zu je 5 Stück mit unterschiedlichen Tarifen für unterschiedliche Ticketmengen auszustellen, und wurde überhaupt nicht als anstrengend angesehen. Bei der mit den Rechenmaschinen verbundenen Ticketausgabe war die Arbeit jedoch nicht so sorgfältig differenziert. Diesen Ticketverkäufern fiel mehr schwere Arbeit zu, und das Heben war manchmal zu anstrengend. Aber die Arbeit war besser als früher, und der Lohn von 9 bis 10 Dollar hielt man für gerecht, wenn man hier für die schwerere Arbeit einen höheren Satz hinzugerechnet hätte.

III

Die ganze Arbeit, die beim Spannen , Spannen, Falten, Kontrollieren und Ausstellen der Tickets beschrieben wurde, hatte einen anderen Charakter als die Arbeit, die im Rahmen des Bonus- und Aufgabensystems in einem großen Raum durchgeführt wurde, in dem Bettlaken und Kissenbezüge hergestellt wurden. Diese Arbeit stellte das einzige Beispiel einer Anwendung des wissenschaftlichen Managements auf die Prozesse im großen Nadelgewerbe dar und war aus diesem Grund von besonderem Interesse.

Das weiße Tuch wird auf Lastwagen zu den Mädchen gebracht, die es gemäß den schriftlichen Anweisungen, die jeder Lieferung beiliegen, in Stücke reißen. Sie schneiden den Stoff mit einer Schere ab, legen den Schnitt an die Kante eines aufrecht stehenden Messers, stellen es in geeigneter Höhe auf eine Bank und ziehen an beiden Seiten des Stoffes, so dass das Messer gleichmäßig bis zum Ende durchreißt; Dann prägen sie das Material, falten es um und legen es auf einen Lastwagen, um es zum Maschinenkanal zu transportieren. Der Wochenlohn betrug vor der Einführung des Bonus 5,98 US-Dollar und lag jetzt mit dem Bonus bei 6,75 US-Dollar, obwohl die Arbeiter manchmal mehr als die 1190 Blätter rissen, die für die Aufgabe erforderlich waren, und durch eine Woche Arbeit zwischen 7 und 7,50 US-Dollar verdienten. Die schnellen Arbeiter hielten morgens gelegentlich für 10 oder 12 Minuten an und aßen ein leichtes Mittagessen. Die Aufgabe war eine schwere Belastung für die Hand- und Unterarmmuskulatur und führte leicht zu geschwollenen Fingern und überanstrengten Handgelenken, obwohl die Mädchen ihre Handgelenke banden, um dies zu verhindern. Die gesamte Arbeit wurde im Stehen erledigt. Die hier herumfliegende gelöste Stärke war ein Ärgernis, sowohl für die Reißer als auch für die Mädchen an den Nähmaschinen.

Seit der Untersuchung wurden alle Mädchen, die mit dem Reißen beschäftigt waren, abgelöst und auf andere Positionen versetzt, und die Arbeit des Reißens wurde von Männern übernommen.

Hier werden die Laken umgedreht und von Arbeiterinnen gesäumt, die im Tandem nähen, wobei ein Mädchen den breiteren Saum fertigstellt und die andere den schmaleren. Ihre Aufgabe beträgt 620 Laken pro Tag. Früher verdienten die Mädchen an den Automaten 7,50 Dollar, jetzt verdienen sie, wenn die Maschine auf die höhere Geschwindigkeit von 8 bis 11 Dollar eingestellt ist. Sie halten morgens für 10 Minuten an, reinigen die Maschinen und räumen den Müll um sie herum weg. Das Nähen und Bücken ist eintönig, und die Bonusarbeit kann aufgrund der Unsicherheit, die durch häufige Maschinenausfälle entsteht, zu Nervosität führen. [54]

An einer Seite der Abteilung gibt es einen Raum, in dem sich die Mädchen ausruhen sollten, wenn sie ihre Aufgaben erledigt hatten. Doch der jetzige Vorarbeiter, der das System nicht versteht, kommt in die Toilette und scheucht sie wieder raus, selbst nachdem die 620 Blätter fertig sind. [55] Eines der Mädchen in der Abteilung, eine Italienerin, die früher weit über die Arbeit an der Maschine hinaus lief, war unter der Belastung der Arbeit erkrankt oder verließ die Fabrik zumindest mit einem sehr schlechten Gesichtsausdruck und den Worten, sie sei zusammengebrochen und konnte nicht bleiben. Eine weitere unglückliche Folge der Geschwindigkeit an den Nähmaschinen ist, dass die Mädchen häufiger als zuvor dazu neigen, sich die Nadeln durch die Finger zu stechen.

Die Arbeit in dieser Abteilung ist ebenfalls anstrengend, und das Management versucht, ein besseres System zur Durchführung dieses Prozesses als das derzeit verwendete zu finden. Hier bücken sich die Ordner, nehmen die Blätter auf und falten sie längs und quer. Die Aufgabe beträgt 1200 pro Tag; und der Lohn mit Bonus beträgt zwischen 6 und 7 US-Dollar pro Woche. Aber nachdem der Bonus verdient wurde, erfolgt aus irgendeinem Grund keine angemessene Vergütung für die Arbeit, die über die Aufgabe hinausgeht. Eine Arbeiterin sagte, sie habe ein oder zwei Stücke über dem Betrag ohne Einwände gefaltet, aber in letzter Zeit habe sie ohne Bezahlung bis zu 200 Stücke darüber gefaltet.

Aus den Ordnern werden die Blätter zu einer Mangel getragen, wo sie von jungen Mädchen erneut gefaltet werden. Die Arbeit ist leicht, aber der Lohn von 5,80 bis 6 Dollar für 770 Stück pro Stunde ist niedrig. Die Mangel ist gut bewacht. Durch eine hervorragende Anordnung wird hier das Material auf einem kleinen Aufzug gestapelt, so dass das Mädchen an der Mangel sich nicht bücken oder heben muss, sondern den Aufzug leicht einstellen kann, sodass sie die Mangel nach Belieben aus dem Stapel entnehmen kann. Das Mädchen an der Mangel kann zwischen 7 und 8 Dollar verdienen und wird durch ihre Arbeit in keiner Weise müde.

Das abschließende Stempeln, das Einwickeln in Papier und das Binden mit Kordel werden von jungen Mädchen mit einer Geschwindigkeit von 25 Stück pro Stunde und einem Lohn von 6 US-Dollar pro Woche durchgeführt. und ansonsten ist die Situation ungefähr die gleiche wie bei den anderen Wrappern.

Abgesehen von der Mangel war der Betrieb der Bettlaken- und Kissenbezügefabrik für die Geschäftsleitung unbefriedigend, die kurz vor der Untersuchung damit begonnen hatte, die Abteilung für eine Umstrukturierung zu prüfen. Der Wettbewerb hatte den Preis für die Herstellung von Blättern so stark gedrückt, dass die Kommissionäre, für die diese beschriebenen Prozesse durchgeführt wurden, 25 Cent pro Dutzend Blätter für die Arbeit zahlten. Darin sind natürlich die Anschaffungskosten für das Material nicht enthalten. Es bedeutet jedoch, dass alle folgenden Arten der Maschinenpflege und Handarbeit an einem Blatt für 2½ Cent erledigt werden mussten:

- Reißen; (Männer Arbeiter)

- Säumen; (Arbeiterinnen)

- Falten; (Arbeiterinnen)

- Mangeln; (Arbeiterinnen)

- Buchfalten; (Arbeiterinnen)

- Verpackung; (Arbeiterinnen)

- Buchung; (Arbeiterinnen)

Das Management verlor hier an Lohn für die Arbeit und war dennoch der Meinung, dass die Arbeit für die Arbeiter zu hart sei und geändert werden müsse. Nun werden Änderungen bei den Ruhezeiten eingeführt. Für die Mädchen war das Arbeitssystem zum Zeitpunkt der Untersuchung in der Bettlaken- und Kissenbezügefabrik mit Ausnahme der Mangel zweifellos anstrengender als die alte Methode, obwohl ihr Lohn erhöht und ihre Arbeitszeit verkürzt worden war.

Im Allgemeinen wurden in der Textilveredelungseinrichtung die Löhne für die wissenschaftliche Leitung erhöht.

Es hatte die Öffnungszeiten verkürzt.

Was Gesundheit und Müdigkeit anbelangt, so blieb außerhalb der Blechfabrik, als man den allgemeinen vagen Eindruck herausfilterte, dass das neue System anstrengender sei als das andere, nur ein kleiner Kern der Tatsachen übrig, der aus den genannten Fällen bestand. Etwa vierzig junge Frauen erzählten mir von ihren Erfahrungen mit der Arbeit. Manchmal sprachen ihre Mütter und Väter mit mir darüber. Jeder, dessen Gesundheit unter der neuen Aufgabe gelitten hatte, war durch ein altes Problem erschöpft, das nicht behoben worden war. Dieser Punkt wird im Zusammenhang mit dem Fleiß der anderen Arbeiterinnen in den anderen Häusern betrachtet, nachdem über ihre Erfahrungen im wissenschaftlichen Management berichtet wurde.

IV

In der Baumwollspinnerei in New Jersey sind über 600 Arbeiter beschäftigt. Davon sind 188 Frauen. Einhundertzehn der weiblichen Arbeitnehmer sind derzeit im Rahmen des Prämien- und Aufgabensystems beschäftigt, obwohl das Management erwartet, irgendwann alle seine Arbeitnehmer im Rahmen dieses Systems zu beschäftigen, und in dieser Einrichtung deutlich mit dem wissenschaftlichen Management sympathisiert. Die Mühle ist ein großes, gut beleuchtetes Backsteingebäude mit Feldern drumherum und einer weiteren Fabrik auf der einen Seite, am Rande einer Fabrikstadt. Die Einrichtung besteht aus einem größeren und neueren, gut belüfteten Gebäude, in dessen Arbeitsräumen gewaschene Luft geblasen wird . und ein älteres Gebäude, in dem der Teil der Arbeit ausgeführt wird, der sowohl Hitze als auch Feuchtigkeit erfordert, um ein Reißen der Fäden zu verhindern.

Die Baumwolle, die von äußerst feiner Qualität ist, kommt in großen Ballen von unserer südlichen Meeresküste und aus Ägypten in das Pflückergebäude. Es wird dem ersten einer Reihe von Reinigern zugeführt, aus denen es in einem langen, flachen Blatt austritt, um die Prozesse des Kardierens, Kämmens, Ziehens und Verarbeitens zu Vorgarn zu durchlaufen. Das Kardierprodukt besteht aus einem sehr empfindlichen Vlies, das, nachdem es durch eine Trompete und zwischen Walzen geführt wurde, ein „Band" von der Größe von zwei Fingern bildet, aus dem es in einem langen Strang austritt. Dieser Strang oder dieses Faserband wird zusammen mit den anderen Enden der Faserbänder in eine Maschine eingefädelt und wieder zu einem stärkeren Strang ausgerollt; und dieser Vorgang des Verdoppelns und Ziehens wird unzählige Male wiederholt, bis das fertige Vorgarn einer Maschine zugeführt wird, die ihm alle Zentimeter eine Drehung verleiht und es auf eine Spule wickelt. Es gibt drei Arten oder Stufen des Zwirnens und Wickelns von Vorgarn auf diesen Maschinen, und in der letzten, den „Speedern", werden Frauen eingesetzt.

Bisher waren alle Arbeiter Männer. Diese Raser befinden sich in den Kardierräumen, die groß und hoch sind und mit großen, von oben gesteuerten Bändern und in langen Gassen angeordneten Maschinen gefüllt sind, in denen die Arbeiter stehen und gehen und ihrer Arbeit nachgehen. Durch den Raum verlaufen Befeuchtungsrohre, aus deren Lüftungsöffnungen Sprühnebel austritt. Die Flusenfasern werden von den Arbeitern ständig gebürstet und aufgewischt, dennoch sind immer noch beträchtliche Flusen in der Luft. Die Hitze, das Surren der Maschinen, die Schwere der Atmosphäre und die Flusen wirken auf den Besucher zunächst überwältigend. Während viele der Mädchen sagen, dass sie sich an diese Bedingungen gewöhnen, können andere nicht unter ihnen arbeiten und gehen nach ein paar Tagen oder manchmal auch nach ein paar Stunden der Probe weg. [56]

Die Speeder stehen an einem Ende einer langen Reihe von 160 Spulen und achten auf einen Bruch in den parallelen Reihen von 160 Fäden. Wenn dieser auftritt, drehen sie die beiden Enden zusammen. Die meisten Raser verdienten früher 6 Dollar pro Woche. Aber zwei oder drei Frauen verdienten im Akkord etwa 9 Dollar und leisteten fast doppelt so viel wie die anderen Arbeiter. Die Raser hatten Helfer, die ihnen beim Einfädeln auf der Rückseite der Maschine und beim Entfernen und Aufsetzen der Spulen auf der Vorderseite behilflich waren. Der Wechsel bzw. „Doff" dauerte etwa 20 Minuten. Bei der besseren Arbeiterin kam es in der Regel fünfmal am Tag vor und nahm somit eine Stunde und vierzig Minuten ihrer Arbeitszeit in Anspruch. Die Arbeitszeit in der Baumwollspinnerei beträgt zehneinhalb am Tag, davon fünfeinhalb am Samstag, also 58 Stunden pro Woche.

Um die richtige Aufgabe für die Raser zu ermitteln, wurde eine Zeitstudie über die Arbeit einer der fähigeren Arbeiterinnen angefertigt, die Mrs. MacDermott heißen könnte, einer starken und geschickten schottischen Frau, die in der Raserei als Raserin gearbeitet hatte Mühle seit 14 Jahren. Frau MacDermott wurde beauftragt, den anderen Rasern beizubringen, wie sie in derselben Zeit die gleiche Menge erreichen konnten. Mit ihrer Hilfe fädeln die Mädchen nun die Rückseite der Maschinen ein. Mrs. MacDermott, die Speeder-Tenderin selbst, und die Doff-Jungs arbeiten alle zusammen, entfernen die Spulen und füllen den Rahmen, wodurch der Wechsel in 7 statt 20 Minuten durchgeführt wird. Die Mädchen werden zu ihrem alten Satz von einem Dollar pro Tag bezahlt, während sie von Mrs. MacDermott bessere Methoden lernen. Wenn sie die ihnen zugewiesene Aufgabe erfüllen, erhalten sie pauschal einen Dollar mehr pro Woche, einen Bonus, der einigen Cent pro Pfund auf jedes Pfund entspricht, das das Management erhält; und das bringt den Lohn auf 1,65 Dollar pro Tag oder zwischen 8 und 10 Dollar pro Woche. Die Arbeit ermüdet die Mädchen nicht mehr als zuvor. Sie erhalten etwa dreißig Prozent mehr Lohn, und die Geschäftsführung erhält von den Rasern eine fast doppelt so hohe Leistung wie zuvor. Das Gehalt von Frau MacDermott als Lehrerin wurde auf 12 Dollar erhöht.

Von den Speedern schicken die Doff-Boys das Vorgarn – in der Mühle Feinvorgarn genannt, weil die anderen Vorgarne in den vorangegangenen Betrieben gröber sind – nach oben in das ältere Gebäude zu den Spinnern. Spinnen ist eine schwierigere Aufgabe als Beschleunigen. Dabei werden zwei Rovings von den Maschinen miteinander verdrillt. Die Spinner haben 104 Spulen auf einer Seite eines Rahmens, achten auf Brüche und wechseln die Spulen auf drei Rahmen oder sechs „Seiten". Früher arbeiteten Spinner im Akkord, und wenn man acht Seiten beobachtete und die Arbeit häufig sehr unvollkommen erledigte, verdiente man etwa 9 Dollar. Nachdem eine Zeitstudie durchgeführt worden war, wurde die Aufgabe auf sechs Seiten verteilt und nach einem Zeitplan abgenommen. Mit dem Bonus beläuft sich der Wochenlohn der Mädchen auf etwa 10 US-Dollar. In der Spinnerei gibt es eine Schule für Spinner. Die Leiter erhalten für jeden Absolventen, der die Aufgabe erfüllt, einen Dollar und einen Bonus.

Das Garn wird von den Spinnern zu den Spulern transportiert und zur einfacheren Handhabung von Spulen auf Spulen aufgewickelt. Die Arbeit der Spulenverkäufer schien dem Autor die schwerste Arbeit für Frauen in dieser Baumwollspinnerei zu sein. Die Spulen gehen sehr schnell zur Neige und müssen ständig ausgewechselt werden. Die Mädchen achten wie bei den anderen Maschinen darauf, dass der Faden nicht reißt. Beim Auswechseln der Spulen und beim Befestigen der gerissenen Fäden mit einem Knotenbinder müssen sich die Mädchen fast bis zum Boden bücken. Bevor die Zeitstudie durchgeführt wurde, beobachteten die Mädchen 75 Spulen, die sich an den Seiten auf und ab bewegten und sich bei dieser Arbeit ständig auf und ab beugten. Einige der Spulentender hatten 6 Dollar pro Woche für Akkordarbeit; andere, erfahrenere Arbeiter, konnten im Akkord 10,50 Dollar verdienen, obwohl die Arbeit häufig unbefriedigend war und offene Enden aufwies. Ein kleines italienisches Mädchen, das man Lucia nennen könnte, eine äußerst schnelle Arbeiterin, pflegte wild von einem Ende des Rahmens zum anderen zu rennen und fiel im Sommer bei ihrer Arbeit vor Erschöpfung mehrmals in Ohnmacht. Eine Zeitstudie wurde anhand der Arbeit einer sehr geschickten jungen Polin und von Lucia erstellt. Den anderen Spulern wurde beigebracht, mit der gleichen Geschwindigkeit zu arbeiten, und sie konnten mit der Prämie und der darüber hinaus geleisteten Arbeit bald eine Summe verdienen, die ihren Lohn auf fast 12 Dollar pro Woche erhöhte.

Dies dauerte etwa zwei Monate. Aber die Arbeit wurde so unsachgemäß ausgeführt und die Spulen waren so voller loser und loser Enden usw., dass die Anzahl der zu pflegenden Spindeln von 75 auf 50 reduziert wurde und die Maschinen mit einer niedrigeren Drehzahl betrieben wurden. Die Aufgabenstellung wurde entsprechend geändert, so dass der Lohn des Arbeiters, lediglich mit der Prämie, derselbe war wie zuvor. Aber sie war nicht in der Lage, die Aufgabe so weit zu übertreffen wie zuvor. Durch die ständige Aufmerksamkeit der Arbeiter verbesserte sich nun die Qualität der Arbeit, aber die Grenze der Quantität war natürlich niedriger. Mit dem Bonus sank der Lohn auf einen geringeren Überschuss, nämlich 1,47 Dollar pro Tag. Das war natürlich entmutigend, obwohl Lucia sagte, es sei besser, sie sei von der Arbeit viel weniger müde als zuvor. Aber die Arbeit ist zweifellos immer noch sehr ermüdend und schwierig. Die Spuler widmen ihrer Arbeit immer noch unablässige Aufmerksamkeit, geben immer noch ihr Bestes und verdienen dennoch durch sorgfältige Anwendung weit weniger, als sie es gewohnt waren, zu Recht oder zu Unrecht zu erwarten. [57] Die Aufgabe besteht nun aus 12 Abnehmern pro Tag, wobei jeder Abnehmer einen Wechsel von 208 Spulen erfordert. So müssen sich die Mädchen allein beim Spulenwechsel über 2000 Mal am Tag bücken, ganz zu schweigen vom Bücken zum Knotenbinden, was laut der Vorarbeiterin in etwa der Arbeit des Bückens und der Arbeit beim Spulenwechsel gleichkäme. Sie hatte mit der Geschäftsleitung darüber gesprochen, die Rahmen anzuheben, um den ermüdenden Prozess des Bückens für die Spuler zu vermeiden. Diese Änderung wurde bei zwei Maschinen vorgenommen und wird zweifellos ausgeweitet. [58]

Beim weiteren Zwirnen und Zwirnen der Baumwolle, den auf das Aufspulen folgenden Vorgängen, sind Männer beschäftigt. Von dort gelangt das Garn in den Spulraum im neueren Gebäude, wo bessere Luft und Temperatur möglich sind als in den Kardier- und Spinnräumen. Der verwinkelte Raum ist groß und hell. Auf der einen Seite stehen die Kettfäden, sehr hoch und interessant anzusehen, mit ihren feinen Fäden und den hohen Spulenreihen . In der Spulstube sind Mädchen an Maschinen beschäftigt, die das Garn von Spulen zurück auf Spulen wickeln, um es in den Webstühlen zu füllen und auch für die Kette zu verwenden.

Beim Aufwickeln der Füllspulen beobachten die Mädchen den Faden von achtzehn Spulen und ersetzen und stoppen die Spulen durch Betätigung der Fußpedale. Der Arbeiter hatte zwischen 7 und 7,50 Dollar pro Woche verdient, bevor eine Zeitstudie durchgeführt wurde und die Aufgabe zunahm. Sie kann jetzt zwischen 8 und 10,50 US-Dollar pro Woche verdienen. Die Arbeit wird ihr dadurch erleichtert, dass sie früher die Spulen auf die Kette legte, dies übernehmen jetzt Abnehmer für sie. Allerdings ist das durch die größere Aufgabe erforderliche verstärkte Treten der Pedale sehr ermüdend.

In der Weberei, wo jetzt die Kette und der Schuss getragen werden, gibt es keine Bonusfrauen. Nachdem das gewebte Produkt aus der Weberei kommt – ein extrem schwerer, fester Stoff von höchster Qualität, der für Filtertücher und Autoreifen verwendet wird – wird es in einem großen Endbearbeitungsraum im neueren Gebäude über einer mit sechzehn elektrischen Lichtern beleuchteten Glaswand aufgehängt die durch die Textur des Materials hindurchscheinen und den kleinsten Fehler offenbaren. Nachdem es über die Leinwand gerollt wurde, wird es an Mädchen geschickt, die diese Mängel durch Handarbeiten beheben.

Es wird erneut von den Kontrolleuren über den beleuchteten Bildschirm laufen gelassen und bei noch vorhandenen Mängeln an die Mädchen zurückgegeben. Bevor das Bonussystem eingeführt wurde, hatten die Mädchen 5,04 $ pro Woche verdient und etwa 5 Brötchen pro Tag fertiggestellt. Nachdem das System angewendet wurde, verdienten sie zwischen 7 und 8 US-Dollar und machten manchmal 10 und manchmal 12 Rollen pro Tag. Aber trotz der größten Sorgfalt von Herrn Gantt bei der Standardisierung der Qualität in dieser Abteilung hatten hier, wie auch bei den Spulenausschreibungen, Qualitätsanforderungen in letzter Zeit zu einem vorübergehenden Lohnrückgang geführt. Diese Änderung der Anforderungen wurde nicht wie bei der Spulenpflege durch die Nachlässigkeit der Arbeiter verursacht, sondern durch die etwas unvernünftige Willkür eines Kunden. Knoten in der Struktur, die früher festgenäht waren, werden jetzt anders geschnitten und befestigt. Diesen Prozess zu erlernen, bedeutete für die Mädchen ebenso harte Arbeit und brachte sie vorübergehend wieder zu ihrem alten Tagessatz zurück. [59] Allerdings waren sie in letzter Zeit im neuen Verfahren schnell genug, um den Bonus genauso gut zu verdienen wie zuvor.

Im Großen und Ganzen wurden die Löhne der Arbeiterinnen in der Baumwollspinnerei durch die wissenschaftliche Leitung erhöht.

Ihre Arbeitszeiten waren davon nicht betroffen. Diese betrugen in allen Fällen 10½ am Tag und 5½ am Samstag. Es gab keine Überstunden. Aber an fünf Abenden in der Woche arbeiteten Frauen, die Garn für den nächsten Tag vorbereiteten, von sechs Uhr abends bis sechs Uhr morgens am Spinnen und Spinnen, mit einer halben Stunde Mittagspause um Mitternacht. Diese Anordnung war schon immer der Brauch der Mühle gewesen. Die Mädchen gehen um sechs zum Frühstück nach Hause, schlafen bis etwa halb fünf, stehen auf, ziehen sich an, essen zu Abend und gehen um sechs wieder zur Arbeit in der Mühle. Die Nachtarbeiter, die ich besuchte, hatten in anderen Fabriken in Neuengland nachts gearbeitet, bevor sie in New Jersey arbeiteten. Ihre einzige Vorstellung von Arbeit war tatsächlich Nachtarbeit; und wenn es in einer Mühle verschlossen war, suchten sie es in einer anderen. Eines der jüngsten Mädchen, eine kluge kleine Ungarin von 17 Jahren, die erst seit drei Jahren in diesem Land war und kaum Englisch sprechen konnte, kannte Amerika einfach als ein Land der Nachtarbeit und der Sonntage und hatte ihr ganzes Leben hier verbracht kleiner Maulwurf. Der jetzige Eigentümer, der Verwalter und der Leiter der Planungsabteilung lehnten die Nachtarbeit von Frauen alle ernsthaft ab und sagten, sie wollten unbedingt darauf verzichten. Sie waren jedoch nicht in der Lage, ihre Produktion auf diese Änderung auszurichten, obwohl sie beabsichtigten, sie so schnell wie möglich einzuleiten.

Was die Gesundheit und Erhaltung der Kräfte der Arbeiterinnen in der Fabrik unter wissenschaftlicher Leitung betrifft, so ermüdete die Arbeit der Raser und der Frauen bei der Stoffinspektion die Mädchen nicht mehr als zuvor. Da die beiden anstrengendsten Vorgänge bei jedem Vorgang, das Bücken und das Treten der Pedale, beim Spulen-Bedienen und Aufwickeln durch die erhöhte Aufgabe zugenommen hatten, steigerte sich auch die Erschöpfung der Arbeiter. Aber die Arbeit des oben erwähnten aufgeregten kleinen Spulenarbeiters war schließlich so angeordnet, dass sie bei besserer Gesundheit zurückblieb als in den Tagen, als sie im Akkord beschäftigt war, und die Geschäftsleitung bemühte sich nun, das Bücken an den Spulen zu beseitigen. Beim Spinnen fiel die Arbeit fast allen Spinnern leichter als zuvor, wahrscheinlich weil die wissenschaftliche Leitung eine bestmögliche Überwachung und Unterstützung der Maschinen verlangt. Man muss bedenken, dass die Anpassung der Bedingungen in der Mühle hier vergleichsweise neu ist. Fast alle Mädchen sagten: „Sie fahren dich nicht zur Mühle. Sie machen es dir so einfach wie möglich." Es war von besonderem Wert, die Arbeit des wissenschaftlichen Managements in einer Einrichtung zu beobachten, in der alle industriellen Bedingungen für Frauen schwierig sind. Wie in der Weißwaren-Näherei für den Textilveredelungsbetrieb werden diese industriellen Bedingungen leider in hohem Maße durch Wettbewerb und Gewohnheiten sowohl für den Arbeitgeber als auch für die Arbeitnehmer bestimmt. Das beste Omen für die Erhaltung der Gesundheit der Arbeiterinnen unter der wissenschaftlichen Leitung der Baumwollspinnerei war die völlige Gerechtigkeit und Offenheit, die das Management angesichts von Situationen zeigte, die für die Gesundheit der Arbeiterinnen ungünstig waren, und ihre aufrichtige Absicht, die bestmöglichen Anpassungen vorzunehmen .

V

Die Anwendung des wissenschaftlichen Managements auf die Frauenarbeit in der Bleiche in Delaware war sehr begrenzt und erstreckte sich nur auf etwa 12 Mädchen, die alle mit dem Falten und Einwickeln von Stoffen beschäftigt waren. [60] Die Fabrik am Rande einer bezaubernden Altstadt in Delaware ist ein riesiger, malerischer Betonhaufen, der sich wie eine Bastion entlang des Brandywine River erstreckt und dessen Fenster auf das bewaldete Ufer des Baches blicken.

Die Mädchen stehen in einem großen Raum vor Tischen, auf denen sich große Materialballen stapeln, und stempeln Tickets und Stilkarten, befestigen sie an der Rolle, falten die rohen Kanten des Materials auf einen Schoß und binden zwei Bandstücke um den Ballen , wickeln Sie es in Papier ein, stempeln Sie es, befestigen Sie weitere Tickets und binden Sie es mit einer Kordel für den Versand fest. Hier wurden nach einer Zeitstudie der schnelleren Mädchen in allen Operationen unterschiedliche Aufgaben für unterschiedliche Materialgewichte gestellt; und wenn die Aufgabe erfüllt war, wurde eine Prämie gezahlt, die ungefähr einem Viertel des Stundenlohns des Arbeiters entsprach. Die Anordnung der verschiedenen Prozesse war für jede Arbeiterin nach und vor der Installation des Systems so unterschiedlich, dass keines der Mädchen die unterschiedlichen Arbeitsmengen, die sie zu den verschiedenen Zeiten erledigte, vergleichen konnte. Aber die Gesamtleistung wurde teilweise durch eine bessere Verteilung der Arbeit an die Tische und durch die Zahlung einer Prämie von 5 Cent an die Jungs, die die Arbeit brachten, für jeden Arbeiter, der ihre Prämie erhielt, von 25 auf 50 Prozent gesteigert.

Die Stundenzahl der Mädchen wurde von 10¼ pro Tag mit häufigen Überstunden bis neun Uhr abends auf 9¼ pro Tag ohne Überstunden reduziert, wobei der halbe Feiertag am Samstag unverändert blieb. Hier finden Sie eine Auflistung der Änderungen der Wochenlöhne. Die Arbeit war zum Zeitpunkt der Untersuchung schleppend. Manchmal gab es am Tag nur wenige Stunden, in denen die Aufgabe und der Bonus angewendet wurden. Außerdem befanden sich diese Arbeiter inmitten eines Betriebes, der von einem anderen System verwaltet wurde. Der Bonus wurde auf Basis des früheren Lohns gewährt. Bei Arbeitnehmern, die weniger Jahre im Unternehmen beschäftigt waren, blieb dieser Wert geringer, obwohl ihre Aufgabe manchmal dieselbe war wie die von Arbeitnehmern, die länger beschäftigt waren. Wo die Mädchen sowohl die schwereren als auch die leichteren Materialien einwickelten, lag der Anteil davon in den Händen eines Untervorarbeiters, der nicht die neue Position eines Lehrers innehatte, der dafür belohnt wurde, dass er jeder Arbeiterin dabei half, ihre Prämie zu verdienen, sondern in die alte Position eines Gefälligkeitsverteilers. Die Flaute der Arbeit hatte dazu geführt, dass die Geschäftsleitung in einem wohlwollenden Versuch, die Angestellten so gut wie möglich zu versorgen, mehrere Mädchen aus anderen Abteilungen diesem Untervorarbeiter unterstellte. Eines dieser weniger starken und erfahrenen Mädchen erhielt zum Zeitpunkt der Untersuchung so viel schwere Arbeit, dass sie die Aufgabe nur so weit bewältigen konnte, dass sie zwischen 3 und 5 Dollar pro Woche verdienen konnte. Die Politik des Unternehmens war paternalistisch, und obwohl es in vielerlei Hinsicht von echter Freundlichkeit zeugte, war es im Großen und Ganzen keine Sympathie für das wissenschaftliche Management, obwohl der Superintendent ein gründlicher und konsequenter Befürworter des neuen Systems ist. Allerdings war es ihm nicht im Alleingang gelungen, alle notwendigen Anpassungen zu erreichen, obwohl die neuen Methoden dem Unternehmen bereits eine deutliche Leistungssteigerung beschert hatten.

	PRO WOCHE	FRÜHER
Falten und Ticketerstellung auf leichtem Material	5 bis 6 $	4,84 $
Falten und Ticketerstellung auf leichtem Material	5 bis 6	4,84
Leichtes Material einwickeln	6 bis 7	4.56
Leichtes Material einwickeln	7 bis 8	4,84
Verpacken von leichtem und schwerem Material	6 bis 6,50	4.56
Einwickeln von leichten und schweren Stoffen kombiniert mit Serviettenbinden	6 bis 7	4,84
Falten und Ticketausstellung von leichtem und schwerem Material	5 bis 6	4,84
Falten und Ticketausstellen sowohl von leichtem als auch schwerem Material (für die Arbeit ungewohnt)	4,59 (einmal 6,69)	4.56
Falten und Ticketausstellen sowohl von leichtem als auch schwerem Material (für die Arbeit ungewohnt)	5	4.56
Falten und Ticketausstellen sowohl von leichtem als auch schwerem Material (für die Arbeit ungewohnt)	3 bis 5	7
	(in einer anderen Abteilung)	

Selbst unter Berücksichtigung der Nachlässigkeit können diese Steigerungen pro Woche für erstklassige Geschwindigkeit und Arbeit, obwohl die Arbeit in vielen Fällen leicht war, nur gering erscheinen. Alle Mädchen lebten in attraktiven Häusern und angenehmen Orten. Alle bis auf einen waren bei ihren Familien. Die Stadt hat einen offenen Markt. Menschen aller Einkommensstufen gehen ordnungsgemäß mit Marktkörben auf den Markt, wählen Lebensmittel von ausgezeichneter Qualität und haben den Winter über frisches Gemüse. Die Damen des Hauses, die Mütter der Mädchen, konservieren Obst von Juni-Erdbeeren bis Herbst-Apfelbutter und stellen es stolz in einer Reihe von Gläsern zur Schau. Doch der Lohn der Mädchen konnte diese Lebensbedingungen nicht decken. Das Mädchen, das im Internat wohnte und dessen Lohn manchmal 5 Dollar pro Woche betrug, konnte ihre Rechnung für die Verpflegung nicht immer bezahlen und hatte fast nichts mehr für andere Ausgaben übrig. [61]

Im Hinblick auf Gesundheit und Ermüdung bestand die Hauptschwierigkeit hier, wie auch in der Tuchveredelungsfabrik, im Heben schwererer Stoffstücke. Zwei der Mädchen hatten seit Einführung der Prämie und Aufgabe unter dieser Überanstrengung gelitten. Einer von ihnen war eine Woche lang krank zu Hause und jetzt geht es ihm wieder ganz gut. Das andere Mädchen war zwei Monate lang weg und obwohl sie jetzt bei der Arbeit ist, hatte sie ihre Gesundheit noch nicht vollständig wiedererlangt. Die Firma hatte der ersten dieser Mädchen sofort eine weniger anstrengende Anstellung verschafft, und die zweite sagte, dass die Firma bei der Organisation der Arbeit stets fair zu ihr gewesen sei. Es hieß, es sei die Absicht von Herrn Gantt gewesen, das schwerere Heben von Männern und Jungen durchführen zu lassen, anstatt es mit den größeren Aufgaben zu kombinieren, die die Mädchen nun im neuen System erledigten. Aber die Abteilung hatte ihre Absicht nie vollständig umgesetzt, und leider war seit Mr. Gantts Weggang weitaus mehr schweres Material aus dem Haus bestellt worden als zuvor.

Der allgemeine Wohlwollen des Unternehmens, das malerische Fabrikgelände, die angenehmen Arbeitsräume und die attraktiven Lebensbedingungen der Delaware-Arbeiter gaben ihnen eine außergewöhnliche Gelegenheit, ihrer Arbeit gesund nachzugehen. Aber aufgrund seiner unvollständigen Einführung hatte sich das Wissenschaftliche Management, obwohl es die Arbeitszeit verkürzte und in den meisten Fällen die Löhne erhöhte, für die Arbeiter als weniger potenziell wertvoll erwiesen als für diejenigen, die sich in der schwierigeren industriellen Situation in der Baumwollspinnerei befanden.

VI

Im Allgemeinen kann man also sagen, dass das wissenschaftliche Management für Arbeitnehmerinnen in diesem Land, soweit es angewendet wurde, zu höheren Löhnen und kürzeren Arbeitszeiten geführt hat und in einigen Fällen zum Glück und leider auch zu einer Verbesserung der Gesundheit von Arbeitnehmerinnen geführt hat Andere.

Wo immer ein Prozess eine Schwierigkeit darstellte, die nicht behoben werden konnte, vervielfachte sich die Aufgabe natürlich auch, wenn die Aufgabe vervielfacht wurde. Ganz gleich, wie stark das Gewicht eines Wagens verringert wird, wenn sich in der Durchgangsstraße ein Loch befindet und die Straße jetzt sechzigmal am Tag befahren werden muss, statt wie zuvor zwanzigmal, die daraus resultierende physische Schwierigkeit Das Loch wird nicht nur verdreifacht, sondern während es zwanzig Mal mit Geduld ertragen werden kann, ist es beim Sechzigsten nicht nur eine Muskel- , sondern auch eine Nervenanstrengung. Dies war die Situation im Hinblick auf alle unentlasteten schweren Hebearbeiten überall dort, wo Stoff manipuliert wurde, die Situation im Hinblick auf das Bücken für die Spulenhalter, das Stampfen an der Spulmaschine und das Bücken und Brechen an der Nähmaschine. Doch anstatt diese Punkte von der Unternehmensleitung zu ignorieren, betrachteten die Arbeitgeber sie ernsthaft als schädlich für ihre eigenen Interessen und die ihrer Arbeitnehmer, und in allen Betrieben befanden sich Anpassungsprozesse.

Nach Einschätzung des Autors wäre diese Anpassung früher in mehreren Prozessen eingeleitet worden und hätte schneller und wirksamer sowohl im Interesse des Arbeitgebers als auch der Arbeitnehmerinnen gewirkt, wenn die Schwierigkeiten der Arbeitnehmerinnen durch die Berufsorganisation fair und klar spezifiziert worden wären. Eine solche Organisation wäre auch wertvoll, wenn es darum geht, Verletzungsgefahren für Arbeitnehmer zu verhindern, deren Aufmerksamkeit sich im Rahmen der wissenschaftlichen Leitung auf ihre Aufgaben konzentrieren sollte, und von Wert, wenn sie die Tendenz der wissenschaftlichen Leitung unterstützt, die Arbeit absolut entsprechend der vom Arbeitnehmer geleisteten Leistung zu vergüten. und nicht unter einem bestimmten festgelegten Satz für diesen Betrag.

Wissenschaftliches Management, wie es in diesem Land auf die Arbeit von Frauen angewendet wird, ist natürlich sehr neu. Diese Zusammenfassung ihrer kurzen Geschichte ist aus den Aussagen von etwa achtzig Arbeiterinnen, von Herrn Gantt und vom Eigentümer, Superintendenten und Leiter der Planungsabteilung der Baumwollspinnerei, vom Superintendenten und einem der Angestellten zusammengestellt Eigentümer der Tuchveredelungsfabrik und der Superintendent und einer der

Eigentümer der Bleicherei. Der Bericht sollte durch einige allgemeine Bemerkungen ergänzt werden.

Erstens ist es schwierig festzustellen, wo die Gesundheit eines Arbeitnehmers durch die Industrie und wo durch andere Ursachen belastet wurde. Ganz außerhalb der erwähnten Erzählungen standen die Geschichten zweier junger Frauen, die unter der wissenschaftlichen Leitung beschäftigt waren und deren Gesundheitszustand hoffnungslos angeschlagen war. Beide armen Mädchen wurden zu Hause misshandelt und misshandelt. Tatsächlich hatte eines der Mädchen vor der Unterdrückung zu Hause immer wieder Zuflucht und Schutz in der Rücksichtnahme gefunden, die ihr von der Einrichtung entgegengebracht wurde, in der sie arbeitete. Nicht sie war es, die für ihren Zusammenbruch die neue Art des Managements verantwortlich machte, sondern Menschen, deren Eindruck von ihrer Situation unklar war und denen es an Wissen mangelte.

Die gesamte Tendenz des wissenschaftlichen Managements zur Wahrheit über die Industrie, zur Gerechtigkeit, zu einer klaren persönlichen Arbeitsaufzeichnung, die ohne Furcht oder Bevorzugung erstellt wurde, hatte in den Köpfen sowohl der Manager als auch der Arbeiterinnen dort, wo das System existierte, etwas wirklich Neues und Revolutionäres inspiriert eingeweiht worden. Fast alle von ihnen wollten, soweit sie konnten, die tatsächliche Wahrheit über das Experiment überall erzählen und erfahren. Fast niemand wollte „einen Fall klären". Dieses zum Ausdruck gebrachte Gefühl der Offenheit und Zusammenarbeit auf beiden Seiten erschien dem Autor des vorliegenden Artikels bewegender und lebenswichtiger als die Zuwächse bei Löhnen und Stunden, viel ernster sogar als die gelegentliche Belastung der Gesundheit, die die unvollkommene Einführung des wissenschaftlichen Managements manchmal verursacht hatte.

Diese Belastungen für die Gesundheit von Frauen in der Industrie in Amerika – Bücken und Monotonie bei allen Nadelarbeiten, Treten in die Pedale bei der Maschinenbedienung, Feuchtigkeit und Hitze in der Baumwollproduktion, stundenlanges Stehen ohne Pause den ganzen Monat über, das Heben schwerer Lasten Gewichte beim Verpacken und im Vertrieb – all diese industriellen Belastungen für Frauen stellen schwerwiegende öffentliche Fragen dar, die das Wohl der ganzen Nation beeinträchtigen und weder in vier Jahren noch von einer einzigen Firma beantwortet werden können. Es ist zweifellos die Tendenz des wissenschaftlichen Managements, all diese Belastungen zu lindern.

Niemand kann die Komplikationen der zeitgenössischen Fabrikarbeit auch nur teilweise erkennen, die hundert Operationen menschlicher Hände und Muskeln, die erforderlich sind, um einen einzigen Meter Baumwollstoff auf den Markt zu bringen, die tausend Fäden, die sich drehen und drehen, die tausend fliegenden Schiffchen, die vielfältigen Faltungen und beim Neufalten, Einwickeln und Binden, die unzähligen Mädchen, die an diesen surrenden Rädern arbeiten, stehen und gehen und Fäden und hochgestapelte Klapptische drehen, ohne das starke Gefühl zu haben, dass unsere Zivilisation tatsächlich eine industrielle Zivilisation ist und dass die Bedingungen der Industrie nicht nur die völlige Kontrolle darüber haben Sie betreffen das Leben unzähliger Menschen, wirken sich aber bis zu einem gewissen Grad auf jedes Leben in diesem Land aus.

Es wurde noch nie ein schönerer Traum geträumt, als dass die Industrie, von der die Nation lebt, so verwaltet werden sollte, dass sie den darin tätigen Männern und Frauen echten Wohlstand und die bestmögliche Nutzung ihrer höchsten Kräfte sichert. Im Großen und Ganzen wird die große Aufgabe der gemeinsamen täglichen Arbeit, die unser Land heute erledigt, sicherlich nicht so bewältigt, weder durch Absicht noch durch Ergebnis, weder für die Arbeiter noch für die „erfolgreichsten" Dividendenbesitzer. Wie weit das wissenschaftliche Management bei der Verwirklichung seines großartigen Traums in der Zukunft gehen wird, wird von der Größe des Geistes und der Führungsgenie bestimmt, mit der seine Prinzipien von allen an seiner Einführung interessierten Menschen, den Arbeitgebern, den Arbeitern und den Ingenieuren, getragen werden .

[43] Brief im Namen des Traffic Committee of Commercial Organizations of Atlantic Seaboard, S. 70. Louis D. Brandeis.

[44] Vor vierzehn Jahren wurde wissenschaftliches Management auf die Arbeit von Frauen in einer Walzmaschinenfabrik in Massachusetts angewendet. Hier wurde die Arbeitszeit der Frauen von 10½ auf 8½ Tage reduziert; ihre Löhne wurden um etwa 100 Prozent erhöht; und ihre Leistung etwa 300 Prozent. Alle Frauen hatten zwei Tage Ruhe im Monat gegen Bezahlung. Die Arbeit bestand in der Inspektion von Kugellagern für Fahrräder. Ihre Geschäftsabteilung wurde jedoch vor zwölf Jahren geschlossen. Genaue Fakten über die aufgeführten hinausgehend zu den Arbeitsstunden, Löhnen und dem allgemeinen Gesundheitszustand der Arbeitnehmer im Rahmen der wissenschaftlichen Leitung gibt es zum jetzigen Zeitpunkt zu wenig, um wertvoll zu sein.

[45] „Academic and Industrial Efficiency" von FW Taylor und Morris Llewellyn Cook.

[46] Die fachmännische und detaillierte Sorgfalt, die für eine praktische und genaue Zeitstudie erforderlich ist, kann durch die nachstehende Reproduktion einer Aufzeichnungsmethode veranschaulicht werden, die Herr Sanford E. Thompson bei der Zeitplanung von Schubkarrenausgrabungen verwendet hat. (Erklärung. Die Buchstaben a, b, c usw. geben elementare Einheiten des Vorgangs an: „Schubkarre füllen" = (a); „Starten" = (b); „Voll fahren" = (c) usw.)

[47] „Effizienz." Harrington Emerson.

[48] „Arbeit, Löhne und Gewinne", S. 110 bis 111. HL Gantt.

[49] Auch wenn das Bonussystem als Vergütungsform im Zusammenhang mit der wissenschaftlichen Unternehmensführung sehr häufig zum Einsatz kommt, darf jedoch nicht davon ausgegangen werden, dass es sich bei dieser Vergütungsart allein um eine wissenschaftliche Unternehmensführung handelt. Tatsächlich ist es, da es ohne wissenschaftliches Management eingesetzt wird, mit einiger Besorgnis zu betrachten.

[50] Außerdem war die Arbeit in dieser Abteilung zu der Jahreszeit, als ich die Fabrik besuchte, eher lasch, und die Löhne einiger dieser Arbeiter betrugen 6 Dollar pro Woche, so niedrig wie vor Einführung der Prämie.

[51] Das Mädchen, das sie leitet und die Befehle erteilt, erhält einen Bonus für jeden Stampfer, der einen Bonus verdient, und verdient in Vollzeit zwischen 12 und 15 US-Dollar.

[52] Diese Mädchen werden nicht im Rahmen des Bonus- und Aufgabensystems beschäftigt. Es ist jedoch interessant zu beobachten, dass sie zum Bügeln entweder sitzen oder stehen können, je nachdem, was sie möchten.

[53] Die Männer, die hier die schwerste Arbeit leisten, erhalten jetzt einen Bonus von 14 bis 17 US-Dollar pro Woche.

[54] Eine Arbeitnehmerin verliert nicht ihren regulären Lohn, wenn sie durch einen Arbeitsausfall gestoppt wird. Ihre Zeitkarte wird geändert. Und für den Zeitraum, in dem die Maschine nicht läuft, erhält sie eine Zeitgutschrift. Ein Bruch in der ersten Maschine eines Tandempaares stoppt beide Abwasserkanäle. Aber ein Bruch in der zweiten Kanalisation bedeutet, dass sich die Arbeit für die zweite Kanalisation anhäuft, und wenn sie diese nicht nachholt, wird sie ihren Begleiter daran hindern, einen Bonus zu verdienen, jedoch keinen Zeitlohn.

[55] Als die Geschäftsleitung davon erfuhr, sagte sie, dass die Praxis sofort eingestellt werde.

[56] „Die Baumwolle füllt sich beim Wachsen auf dem Feld mehr oder weniger mit aufgewirbeltem Staub ... Bei allen Prozessen bis hin zum Spinnen werden Flusen abgegeben ... Die einzig praktische Möglichkeit, den Staub im Inneren niedrig zu halten." Alle diese Arbeiten erfolgen durch häufiges Fegen und Wischen des Bodens und Abwischen der Maschinen." Bericht über die Lage von Frauen und Kinderverdienern in den Vereinigten Staaten. Bd. Ich, S. 365.

„Welcher Feuchtigkeitsgrad vom Standpunkt der Gesundheit des Arbeiters aus sicher zulässig ist, ist eine ungeklärte Frage ... Wenn der Arbeiter nach einem Arbeitstag in einer feuchten und entspannenden Atmosphäre in eine relativ trockenere Atmosphäre geht, greift der Angriff auf die empfindliche Membran an Die Luftwege sind scharf. Die Wirkung dieser Veränderungen besteht darin, den Lebenswiderstand stark zu senken und den Arbeiter besonders anfällig für Lungen-, Bronchial- oder katarrhalische Erkrankungen zu machen. Es ist sehr wahrscheinlich, dass der in der Mühle vorhandene Staub und die Flusen dafür verantwortlich sind mit Auswirkungen, die teilweise auf diese atmosphärischen Bedingungen zurückzuführen sind." Bericht über die Lage von Frauen und Kinderverdienern in den Vereinigten Staaten. Bd. Ich, S. 362.

[57] Außerdem war es in letzter Zeit zu einer Flaute bei der Arbeit gekommen, wodurch die Löhne weiter gesunken waren.

[58] Seit seinem Besuch in der Baumwollspinnerei in New Jersey hat der Autor des vorliegenden Artikels gesehen, wie Spulenhalter an einer Maschine arbeiteten, die kein Bücken erforderte und mit einem Brett unter den Spulen

ausgestattet war, das in einer solchen Höhe platziert war, dass die Arbeiterin
währenddessen ihren Platz einnehmen konnte Stehend, indem sie ihr
Gewicht auf das Brett stützt, über einem Knie und dann über dem anderen.

[59] Gleichzeitig herrschte Flaute bei der Arbeit, so dass der Wochenlohn auf
3 und 4 Dollar sank.

[60] Eines der Mädchen gibt stapelweise Tickets aus. Ein anderes Mädchen
faltet ein Ende einiger Pakete auseinander, steckt ein Ticket ein und stempelt
ein äußeres Etikett ab, um mit dem Rechnungssystem einiger Käufer
übereinzustimmen. Diese Mädchen hatten zuvor 5,40 bzw. 4,84 US-Dollar
pro Woche erhalten und erhalten jetzt 5,73 US-Dollar und das andere
zwischen 5 und 6 US-Dollar.

[61] Alle Firmen verfügen über Toiletten für die Mädchen. Die Firma in
Delaware und die Baumwollspinnerei in New Jersey verfügen über
angenehme Speiseräume, in denen ein ausgezeichnetes Mittagessen zum
Selbstkostenpreis serviert wird.